Heidelberger Taschenbücher Band 250

Volker Böhm

Arbeitsbuch zur
Mikroökonomik II

Zweite, verbesserte Auflage

Mit 73 Abbildungen

Springer-Verlag Berlin Heidelberg GmbH

Professor Volker Böhm, Ph. D.
Lehrstuhl Volkswirtschaftslehre, Wirtschaftstheorie
Universität Mannheim
Postfach 10 34 62
D-6800 Mannheim 1

ISBN 978-3-540-56173-6   ISBN 978-3-642-58068-0 (eBook)
DOI 10.1007/978-3-642-58068-0

Dieses Werk ist urheberrechtlich geschützt. Die dadurch begründeten Rechte, insbesondere die der Übersetzung, des Nachdruckes, der Entnahme von Abbildungen, der Funksendung, der Wiedergabe auf photomechanischem oder ähnlichem Wege und der Speicherung in Datenverarbeitungsanlagen, bleiben, auch bei nur auszugsweiser Verwertung, vorbehalten. Die Vergütungsansprüche des § 54, Abs. 2 UrhG werden durch die „Verwertungsgesellschaft Wort", München, wahrgenommen.

© Springer-Verlag Berlin Heidelberg 1988, 1993
Ursprünglich erschienen bei Springer-Verlag Berlin Heidelberg New York 1993

Die Wiedergabe von Gebrauchsnamen, Handelsnamen, Warenbezeichnungen usw. in diesem Werk berechtigt auch ohne besondere Kennzeichnung nicht zu der Annahme, daß solche Namen im Sinne der Warenzeichen- und Markenschutz-Gesetzgebung als frei zu betrachten wären und daher von jedermann benutzt werden dürften.

Bindearbeiten: Buchbinderei Schäffer, Gründstadt
42/7130-543210 – gedruckt auf säurefreiem Papier

Vorwort zur zweiten Auflage

Die Aufteilung des ursprünglichen Arbeitsbuches in zwei Bände, den ersten mit Aufgaben für das Grundstudium und diesen zweiten Band mit Aufgaben für das Hauptstudium bzw. zur Examensvorbereitung, hat sich als überaus zweckmäßig herausgestellt, da der Umfang des inzwischen in den Standardvorlesungen dargebotenen Materials bei weitem den Rahmen eines Arbeitsbuches übersteigt, wenn eine hinreichende Abdeckung möglicher Klausurthemen bzw. -fragen angestrebt wird.

Die jetzt neu erscheinende zweite Auflage enthält keine inhaltlich neuen Aufgaben. Alle Aufgaben und Lösungen sowie die Abbildungen sind in mehreren Stufen kritisch durchgesehen und dort, wo es erforderlich war, erweitert bzw. verbessert worden. Darüberhinaus sind alle Aufgaben mit einer thematischen Überschrift sowie einer kurzen stichwortartigen Inhaltsangabe versehen worden, um ein leichteres Auffinden der Elemente der jeweiligen Aufgaben zu ermöglichen. Zusätzlich enthält die neue Auflage ein Stichwortverzeichnis, mit dessen Hilfe ebenfalls das Auffinden bestimmter ökonomischer Themenkomplexe so wie der häufig verwendeten Konzepte erleichtert wird. Im Laufe der vergangenen Jahre hat sich in der deutschen Volkswirtschaftslehre eine leichte sprachliche Veränderung durchgesetzt, die mich dazu veranlaßt hat, die Verwendung des Wortes Mikroökonomie zugunsten des sprachlich korrekteren Begriffes Mikroökonomik im Titel des Buches aufzugeben.

Mein Dank gilt auch diesmal wieder ganz besonders den Studenten und Studentinnen der Universität Mannheim. Sie haben im Laufe der letzten Jahre durch ihre kritischen Fragen und Kommentare wesentlich dazu beigetragen, daß (hoffentlich!) alle Schwachstellen und Fehler in den Musterlösungen gefunden wurden und behoben werden konnten. Die Mithilfe der wissenschaftlichen Hilfskräfte und Tutoren im Rahmen der Vorlesungen zur Mikroökonomik sind dabei ebenso unersetzliche Hilfe gewesen wie die stete Bereitschaft meiner Assistenten und Übungsleiter, ein Optimum an Klarheit, mathematischer Stringenz und pädagogischer Darstellung anzustreben.

Schließlich wurde das neue Manuskript mit Hilfe des Textverarbeitungssystems TeX erstellt, das neben der Qualität der Präsentation auch die Lesefreundlichkeit des Buches wesentlich verbessert hat. Ohne den Elan und die Experimentierfreudigkeit meiner wissenschaftlichen Hilfskräfte wäre die neue Auflage nie in der jetzt vorliegenden, nahezu perfekten Layoutgestaltung zustandegekommen. Ihnen gebürt ein großes Lob und mein besonderer persönlicher Dank.

Mannheim, im Juli 1992 $\qquad$ Volker Böhm

Vorwort zur ersten Auflage

Der Erfolg des Arbeitsbuches zur Mikroökonomie (1984), aber auch eine konzeptionelle Neuorientierung, haben mich veranlaßt, das bisherige Werk in erweiterter Fassung in zwei Bänden herauszugeben. Dabei richtet sich Band I ausschließlich an Studenten im Grundstudium und der hier vorliegende Band II an Studenten des Hauptstudiums und an Examenskandidaten. Die einzelnen Kapitel des Arbeitsbuches II entsprechen den Gliederungspunkten einer Vorlesung in Mikroökonomik im Hauptstudium. Die Aufgaben haben das Ziel, zu jedem Bereich die wesentlichen inhaltlichen Resultate und Aussagen der Mikroökonomik exemplarisch darzustellen. Die Anwendung der methodischen Grundlagen der mikroökonomischen Analyse stehen dabei ebenso im Vordergrund wie die Vertiefung der in einer entsprechenden Vorlesung dargestellten ökonomischen Resultate. Beides zu üben und zu erlernen stellt sicherlich das Hauptziel eines vorlesungsbegleitenden Übungsbuches dar und dürfte somit eine ideale Ergänzung zu einer Vorlesung sein.

Wie in dem Vorgängerbuch wurde bei der Darstellung der Lösungen versucht, der Systematik des Lösungsweges einen breiten Raum einzuräumen, um die Leistungsfähigkeit der wenigen, aber essentiellen mathematischen Methoden in der Mikroökonomik zu demonstrieren. Pragmatische Kriterien mit dem Ziel der Lösbarkeit haben dabei die Gestaltung der Aufgaben wesentlich beeinflußt. Dies hat zu einer Mischung aus numerisch spezifizierten Aufgabenteilen mit solchen, in denen nur allgemeine Funktionsformen angegeben wurden, geführt. Viele Aufgaben entspringen unmittelbar dem exemplarischen Darstellungsbedürfnis der Vorlesung, andere wiederum stammen aus Diplomklausuren der vergangenen Jahre an der Universität Mannheim.

Inhaltlich ist Band II eine umfangreiche Erweiterung der Kapitel 3–7 aus dem Vorgängerbuch. Die von dort übernommenen Aufgaben wurden vollständig überarbeitet und nach der Beseitigung der leider aufgetretenen Fehler mit zum Teil neuen und besseren Lösungen versehen. Daneben stehen eine große Anzahl vollständig neuer Aufgaben, die sich zusätzlichen ökonomischen Fragestellungen widmen.

Mein Dank gilt zu allererst den Hörern meiner Vorlesung und Examenskanditaten an der Universität Mannheim, die durch zahlreiche Anregungen, Bemerkungen sowie Kritik an der ersten Ausgabe einen wertvollen Beitrag zur Neugestaltung und Erweiterung des Arbeitsbuches geleistet haben. Mein ganz besonderer Dank gilt in diesem Zusammenhang den Herren cand. rer. oec. Martin Faßnacht und Frank Trompeter, die sich mit ungewöhnlichem Engagement und nie nachlassendem Bestreben für Verbesserungen bei der Darstellung der Lösungen große Verdienste erworben haben. Die stete konzeptionelle Kritik meines Mitarbeiters Dipl.–Math. Rolf Schmachtenberg beim Entwurf von Übungsaufgaben und ihrer inhaltlichen Einbettung in den Vorlesungsstoff war für mich eine unersetzliche Quelle von Hinweisen und Anregungen bei der Neugestaltung des Buches. Den wissenschaftlichen Hilfskräften meines Lehrstuhles fiel der größte Teil der Erstellung der Diagramme sowie das Korrekturlesen zu, das sie gemeinsam mit größter Sorgfalt und Zuverlässigkeit bewältigt haben. Schließlich schulde ich einen ganz besonderen Dank meiner Sekretärin Frau Sabine Wolter für ihre nie nachlassende Sorgfalt und Geduld beim Schreiben der endgültigen Druckfassung des Buches. Ihre stete Bereitschaft und ihr Bestreben nach einem perfektem Manuskript hat trotz zahlreicher anderer Belastungen nie nachgelassen.

Mannheim, im Februar 1988   Volker Böhm

Inhaltsverzeichnis

1 Intertemporale Entscheidungen und Unsicherheit 1
2 Stabilitätsanalyse auf Partialmärkten 59
3 Monopoltheorie 75
4 Oligopoltheorie und oligopolistische Konkurrenz 107
5 Theorie des allgemeinen Gleichgewichtes 161
6 Wohlfahrtstheorie 205

Kapitel 1

Intertemporale Entscheidungen und Unsicherheit

Mehrperiodische Entscheidungsprobleme von Wirtschaftssubjekten sind fast immer eng mit denen bei Unsicherheit verknüpft. Wenn dennoch in der Literatur häufig eine getrennte analytische Betrachtung vorliegt, so beruht dies auf der Tatsache, daß es sich bei den beiden Aspekten strukturell um zwei analytisch voneinander trennbare Probleme handelt, die zu ökonomisch unterschiedlichen Resultaten führen, die durch eine simultane Berücksichtigung nicht voneinander zu trennen wären.

Die ersten sechs Aufgaben dieses Abschnittes führen in einige Grundprobleme der intertemporalen Optimierung bei sequentiellen Entscheidungsabläufen in diskreter Zeit ein. Dabei wird in allen Fällen die Annahme getroffen, daß die Erwartungen der Wirtschaftssubjekte mit subjektiver Sicherheit vorliegen. Die Beschränkung dieses Abschnitts auf solche Modelle und damit die Vernachlässigung des umfangreichen Materials an Modellen mit stetiger Zeit, findet ihre Rechtfertigung zum Teil darin, daß wirtschaftliche Entscheidungsprobleme auf mikroökonomischem Niveau im Gegensatz zu physikalischen typischerweise diskreter und nicht stetiger Natur sind, ebenso wie der jeweils vorhandene Rahmen an Beobachtungsdaten. Die Übungsaufgaben sind zum Teil aus dem Bereich der mikroökonomischen Fundierung der Makroökonomik gewählt. Sie geben damit auch einen Einblick in die dort verwendeten Grundmodelle, ohne jedoch den entscheidenden Aspekt der Rationierung ausführlich zu behandeln.

Kaum eine wirtschaftliche Entscheidung in der Realität wird mit vollständiger, sicherer Kenntnis aller wichtigen Einflußgrößen getroffen. Die sich daraus ergebene Konsequenz, daß Unsicherheit einen entscheidenden Einfluß auf wirtschaftliches Verhalten haben muß, kommt in ihrer Bedeutung nur selten in den traditionellen Lehrbüchern der Mikroökonomik zur Geltung. Um so wichtiger erscheint es in einer Aufgabensammlung, einige der grundlegenden Elemente der Theorie der Entscheidung bei Unsicherheit exemplarisch vorzuführen. Dabei wurde bewußt auf fortgeschrittenes Material verzichtet. Die Aufgaben 1.7–1.13 widmen sich den grundlegenden Problemen des Entscheidungsansatzes überhaupt, d.h. der Erwartungsnutzenhypothese, dem Problem der Risikoaversion, der Investitions–, Versicherungsnachfrage sowie dem Kreditrisiko. Als allgemeine Literaturgrundlage dafür dienen die Arbeiten von Arrow (1974), Borch (1969), und Varian (1984). Probleme der Suchtheorie, der Informationsökonomik und der Finanzmärkte werden nicht behandelt. Zum weiterführenden Studium sei jedoch auf die ausgezeichneten Arbeiten von Lippmann und McCall (1981), Diamond und Rothschild (1978) und Fama und Miller (1972) hingewiesen.

Literaturhinweise

Arrow, K.J. (1974) Essays in the Theory of Risk–bearing, Amsterdam.

Borch, K.H. (1969) Wirtschaftliches Verhalten bei Unsicherheit, Wien / München.

Diamond, P. and M. Rothschild (eds.) (1978) Uncertainty in Economics: Readings and Exercises, New York.

Fama, E.F. and M.H. Miller (1972) The Theory of Finance, New York.

Lippmann, S.A. and J.J. McCall (1981) The Economies of Uncertainty: Selected Topics and Probabilistic Methods. In: Arrow, K.J. and M.D. Intriligator (eds.) Handbook of Mathematical Economics, Vol. I, Amsterdam, Chapter 6, 211–284.

Varian, H.R. (1984) Microeconomic Analysis, second edition, New York, Chapter 3.

Aufgabe 1.1

Intertemporale Entscheidung eines Haushalts

(Arbeitsangebot, Sparen, Preiserwartungen)

Betrachtet sei ein Haushalt, der seinen Nutzen aus dem Konsum eines nicht lagerbaren Gutes in zwei aufeinander folgenden Perioden $(c_1, c_2) \geq 0$ maximiert und nur in der ersten Periode durch Arbeitseinsatz $8 \geq \ell_1 \geq 0$ zum Lohnsatz $w_1 > 0$ ein Einkommen erzielen kann. Zur Finanzierung seines Verbrauchs in der zweiten Periode steht nur der Betrag seiner Kassenhaltung zu Beginn der zweiten Periode zur Verfügung. Die Nutzenfunktion des Haushalts sei durch

$$u(c_1, \ell_1, c_2) = 2\ln c_1 + \ln(8 - \ell_1) + \ln c_2$$

gegeben. Bei gegebenem Preis p_1 erwartet der Haushalt gemäß seiner Preiserwartungsfunktion $\psi : \mathbf{R}_{++} \to \mathbf{R}_{++}$ den Preis $p_2 = \psi(p_1)$ für die zweite Periode. Die Funktion ψ sei dabei eine stetige, monoton wachsende Funktion des Preises der ersten Periode.

a) Bestimmen Sie die intertemporale Nutzenfunktion

$$v(c_1, \ell_1, m_1, p_1)$$
$$= \max\left\{u(c_1, \ell_1, c_2) \mid m_1 \geq \psi(p_1)c_2;\ c_2 \geq 0\right\},$$

und überprüfen Sie sie auf Konkavität in (c_1, ℓ_1, m_1) und Monotonie in allen Argumentvariablen.

b) Angenommen, für $p_1 = \bar{p}_1$ werde ein Preis von Null erwartet, d.h. $\psi(\bar{p}_1) = 0$. Was bedeutet dies für die intertemporale Nutzenfunktion v?

c) Ermitteln Sie mit Hilfe der intertemporalen Nutzenfunktion die Güter- und Geldnachfrage- sowie die Arbeitsangebotsfunktion in der ersten Periode für eine Anfangskassenhaltung von $m_0 \geq 0$ zu Beginn dieser Periode.

d) Überprüfen Sie die unter c) abgeleiteten Funktionen auf Stetigkeit, und stellen Sie fest, wie eine Erwartungsänderung, d.h. eine Änderung der Funktion ψ, auf diese Angebots- und Nachfragefunktion wirkt.

Lösung:

Das Problem des Haushalts besteht darin, den Nutzen $u(c_1, \ell_1, c_2)$ unter den Nebenbedingungen $m_0 + w_1 \ell_1 \geq p_1 c_1 + m_1$ und $m_1 \geq \psi(p_1) c_2$, sowie $c_1 \geq 0$, $c_2 \geq 0$, $8 \geq \ell_1 \geq 0$, $m_1 \geq 0$, durch Wahl eines Vektors (c_1, ℓ_1, m_1, c_2) zu maximieren.

a) Da $u(c_1, \ell_1, c_2) = 2\ln c_1 + \ln(8 - \ell_1) + \ln c_2$ für eine gegebene Entscheidung (c_1, ℓ_1, m_1) streng monoton wachsend in c_2 ist, wird die Nebenbedingung der zweiten Periode immer bindend sein, d.h. es gilt $m_1 = \psi(p_1) c_2$. Somit erhält man für $\psi(p_1) > 0$ als optimale Entscheidung $c_2 = m_1/\psi(p_1)$ und durch Substitution der optimalen Entscheidung in die Zielfunktion als intertemporale Nutzenfunktion

$$v(c_1, \ell_1, m_1, p_1) = 2\ln c_1 + \ln(8 - \ell_1) + \ln m_1 - \ln \psi(p_1).$$

Da der Logarithmus eine monoton wachsende Funktion ist, $d(\ln x)/dx = 1/x > 0$, folgt, daß die intertemporale Nutzenfunktion in den Argumenten (c_1, m_1) monoton wachsend und in den Argumenten (ℓ_1, p_1) monoton fallend verläuft (Beachte, daß $d\psi/\partial p_1 > 0$ gilt). Denn man erhält für die Ableitungen von $v(\cdot)$:

$$\frac{\partial v(\cdot)}{\partial c_1} = \frac{2}{c_1} > 0, \qquad \frac{\partial v(\cdot)}{\partial \ell_1} = -\frac{1}{8 - \ell_1} < 0,$$

$$\frac{\partial v(\cdot)}{\partial m_1} = \frac{1}{m_1} > 0, \qquad \frac{\partial v(\cdot)}{\partial p_1} = -\frac{1}{\psi(p_1)}\psi'(p_1) < 0.$$

Da sich als Hessesche Matrix in den ersten drei Argumentvariablen

$$\begin{bmatrix} \frac{\partial^2 v}{\partial c_1^2} & \frac{\partial^2 v}{\partial c_1 \partial \ell_1} & \frac{\partial^2 v}{\partial c_1 \partial m_1} \\[6pt] \frac{\partial^2 v}{\partial \ell_1 \partial c_1} & \frac{\partial^2 v}{\partial \ell_1^2} & \frac{\partial^2 v}{\partial \ell_1 \partial m_1} \\[6pt] \frac{\partial^2 v}{\partial m_1 \partial c_1} & \frac{\partial^2 v}{\partial m_1 \partial \ell_1} & \frac{\partial^2 v}{\partial m_1^2} \end{bmatrix} = \begin{bmatrix} -\frac{2}{c_1^2} & 0 & 0 \\[6pt] 0 & -\frac{1}{(8-\ell_1)^2} & 0 \\[6pt] 0 & 0 & -\frac{1}{m_1^2} \end{bmatrix}$$

ergibt, überprüft man die Konkavität (Negativdefinitheit) anhand der Vorzeichen der Hauptminoren. Für diese ergibt sich

$$H_1 = -2/c_1^2 < 0,$$

$$H_2 = 2/c_1^2(8 - \ell_1)^2 > 0,$$

$$H_3 = -2/c_1^2(8 - \ell_1)^2 m_1^2 < 0,$$

so daß die intertemporale Nutzenfunktion v konkav in den ersten drei Variablen (c_1, ℓ_1, m_1) sein muß.

b) Da $u(c_1, \ell_1, c_2)$ streng monoton wachsend in c_2 ist, folgt aus $\psi(\bar{p}_1) = 0$, daß kein maximales c_2 existiert, denn c_2 ist unbeschränkt. Die intertemporale Nutzenfunktion ist in einem solchen Fall nicht mehr definiert.

c) Mit Hilfe der intertemporalen Nutzenfunktion läßt sich das eingangs beschriebene Optimierungsproblem des Haushalts äquivalent zu dem folgenden Problem umformen:

$$\max_{(c_1, \ell_1, m_1)} v(c_1, \ell_1, m_1, p_1)$$

unter der Nebenbedingung

$$p_1 c_1 + m_1 \leq w_1 \ell_1 + m_0$$

und

$$c_1 \geq 0, \quad 8 \geq \ell_1 \geq 0, \quad m_1 \geq 0 .$$

Als Lagrangefunktion erhält man

$$\mathcal{L} = v(c_1, \ell_1, m_1, p_1) + \lambda[m_0 + w_1 \ell_1 - p_1 c_1 - m_1] + \mu \ell_1 ,$$

wobei die Nebenbedingungen $c_1 \geq 0$, $8 \geq \ell_1$, $m_1 \geq 0$ nicht in die Lagrangefunktion aufgenommen wurden, da diese Beschränkungen nie bindend sein können. Als notwendige und hinreichende (vgl. Teil **a**)) Bedingungen für ein Optimum ergeben sich dann:

$$\frac{\partial \mathcal{L}}{\partial c_1} = \frac{\partial v(\cdot)}{\partial c_1} - \lambda p_1 = 0,$$

$$\frac{\partial \mathcal{L}}{\partial \ell_1} = \frac{\partial v(\cdot)}{\partial \ell_1} + \lambda w_1 + \mu = 0,$$

$$\frac{\partial \mathcal{L}}{\partial m_1} = \frac{\partial v(\cdot)}{\partial m_1} - \lambda = 0,$$

$$\lambda[m_0 + w_1\ell_1 - p_1c_1 - m_1] = 0 \quad \text{und} \quad \mu\ell_1 = 0.$$

Da $\partial v(\cdot)/\partial m_1 > 0$ für alle $m_1 > 0$ gilt, folgt $\lambda > 0$ und damit $m_0 + w_1\ell_1 = p_1c_1 + m_1$. Aus der Elimination von λ ergeben sich außerdem die Bedingungen $2m_1 = p_1c_1$ und $m_1 = w_1(8 - \ell_1)$ für $\ell_1 > 0$. Aus diesen drei Gleichungen errechnet man als Nachfrage- bzw. Angebotsfunktionen:

$$c_1(p_1, w_1, m_0) = \max\left\{\frac{m_0 + 8w_1}{2p_1}, \frac{2m_0}{3p_1}\right\},$$

$$\ell_1(p_1, w_1, m_0) = \max\left\{\frac{24w_1 - m_0}{4w_1}, 0\right\},$$

$$m_1(p_1, w_1, m_0) = \max\left\{\frac{m_0 + 8w_1}{4}, \frac{m_0}{3}\right\}.$$

d) Wie aus der Lösung von **c)** ersichtlich ist, sind die Angebots- und Nachfragefunktionen von der Erwartungsfunktion ψ unabhängig, so daß eine Veränderung der Erwartungen ψ keinen Einfluß auf diese Funktionen hat.

Da die Funktionen $f_1(p_1, w_1, m_0) = m_0 + 8w_1/2p_1$ und $f_2(p_1, w_1, m_0) = 2m_0/3p_1$ stetig sind, muß auch $c_1(p_1, w_1, m_0) = \max\{f_1(p_1, w_1, m_0), f_2(p_1, w_1, m_0)\}$ als maximaler Wert der beiden Funktionen stetig sein. Analog kann überprüft werden, daß $\ell_1(\cdot)$ und $m_1(\cdot)$ stetige Funktionen sind.

Aufgabe 1.2

Intertemporale Entscheidung einer Firma

(Investitions- und Kreditentscheidung, Modigliani–Miller–Theorem)

Eine Firma sei im Besitz einer Technologie, die es ihr erlaubt, mit zwei Faktoren $(v_1, \ell_1) \in \mathbf{R}_+^2$ ein Gut $x_1 \in \mathbf{R}_+$ gemäß der Produktionsfunktion $x_1 = (v_1 \ell_1)^{\frac{1}{4}}$ herzustellen. Da die Produktionsdauer gerade eine Periode beträgt, kann der in der ersten Periode produzierte Output x_1 erst in der zweiten Periode zum erwarteten Preis $\bar{p}_2 > 0$ abgesetzt werden. Die Inputkäufe müssen jedoch bereits in der ersten Periode zu den Preisen $q_1 > 0$ und $w_1 > 0$ vorgenommen werden.

a) Angenommen, der Firma steht nur ein Betrag $y_1 > 0$ zur Finanzierung von Inputkäufen in der ersten Periode zur Verfügung. Bestimmen Sie den maximal möglichen monetären Ertrag, den die Firma mit y_1 erwirtschaften kann als Funktion des eingesetzten Betrags y_1 und der Faktorpreise.

b) Zeichnen Sie für die Faktorpreise $q_1 = 1$, $w_1 = 4$ und den erwarteten Absatzpreis $p_2 = 24$ die unter a) hergeleitete Ertragsfunktion und ihre Ableitung bezüglich y_1 in ein Schaubild.

c) Angenommen, der Firma stünde ein finanzielles Vermögen $A_0 > 0$ zu Beginn der ersten Periode zur Verfügung. Außer der Investition in den Produktionsprozeß sei es ihr möglich, Kredit $k_1 \geq 0$ zum Zinssatz $r_k = 0,5$ aufzunehmen, der in der folgenden Periode zuzüglich der Zinsen zurückgezahlt werden muß. Andererseits sei eine Geldanlage $b_1 \geq 0$ zum Zinssatz $r_b = 0,2$ möglich. Der angelegte Betrag wird ebenfalls in der folgenden Periode einschließlich Zinsen zurückgezahlt. Wieviel wird die Firma bei den in b) gegebenen Preisen in die Produktion einsetzen, wieviel Kredit wird sie aufnehmen, und wieviel Geld wird sie anlegen, wenn sie den Ertrag aus diesen Anlageformen maximieren will und

(i) $A_0 = 9$,

(ii) $A_0 = 18$,

(iii) $A_0 = 36$ beträgt?

d) Zeigen Sie anhand dieses Modells die Gültigkeit der Aussage des Modigliani–Miller–Theorems, daß bei gleichem Kredit- und Anlagezinssatz der in die Produktion investierte Betrag unabhängig vom Anfangsvermögen A_0 ist.

Lösung:

a) Der monetäre Ertrag, den die Firma erwirtschaften kann, wenn sie in der ersten Periode einen Faktoreinsatz (v_1, ℓ_1) leistet, beträgt $p_2 x_1 = p_2 (v_1 \ell_1)^{\frac{1}{4}}$. Da annahmegemäß nur der Betrag y_1 zum Kauf von Faktoren zur Verfügung steht, muß $q_1 v_1 + w_1 \ell_1 \leq y_1$ gelten. Die optimale Faktoreinsatzmenge erhält man dann als Lösung des Maximierungsproblems:

Maximiere $p_2(v_1 \ell_1)^{\frac{1}{4}}$ unter den Nebenbedingungen

$$q_1 v_1 + w_1 \ell_1 \leq y_1 \quad \text{und} \quad v_1 \geq 0, \quad \ell_1 \geq 0.$$

Da $v_1 = 0$ oder $\ell_1 = 0$ aufgrund der Produktionsfunktion $(v_1 \ell_1)^{\frac{1}{4}}$ offensichtlich keinen Maximierer beschreiben, kann die Lagrangefunktion

$$\mathcal{L} = p_2(v_1 \ell_1)^{\frac{1}{4}} - \lambda(y_1 - q_1 v_1 - w_1 \ell_1)$$

angesetzt werden. Anhand der Hesseschen Matrix der Produktionsfunktion

$$H = \begin{bmatrix} -\frac{3}{16} v_1^{-\frac{7}{4}} \ell_1^{\frac{1}{4}} & \frac{1}{16} v_1^{-\frac{3}{4}} \ell_1^{-\frac{3}{4}} \\ \frac{1}{16} v_1^{-\frac{3}{4}} \ell_1^{-\frac{3}{4}} & -\frac{1}{16} v_1^{\frac{1}{4}} \ell_1^{-\frac{7}{4}} \end{bmatrix}$$

überprüft man leicht, daß die Hauptminoren $-(\frac{3}{16}) v_1^{-\frac{7}{4}} \ell_1^{\frac{1}{4}} < 0$ und $(\frac{1}{32}) v_1^{-\frac{3}{2}} \ell_1^{-\frac{3}{2}} > 0$ von negativ nach positiv alternieren. Damit ist die Hessesche Matrix der Produktionsfunktion negativ definit und die Zielfunktion des Problems ist konkav.

Als notwendige und hinreichende Bedingungen für ein Maximum ergeben sich somit die folgenden Gleichungen:

$$\frac{\partial \mathcal{L}}{\partial v_1} = \frac{p_2}{4} v_1^{-\frac{3}{4}} \ell_1^{\frac{1}{4}} - \lambda q_1 = 0 \,,$$

$$\frac{\partial \mathcal{L}}{\partial \ell_1} = \frac{p_2}{4} v_1^{\frac{1}{4}} \ell_1^{-\frac{3}{4}} - \lambda w_1 = 0 \,,$$

$$\lambda [y_1 - q_1 v_1 - w_1 \ell_1] = 0 \,.$$

Da $\lambda = (p_2/4w) v_1^{\frac{1}{4}} \ell_1^{-\frac{3}{4}}$ für positive Preise größer als Null ist, folgt $y_1 = q_1 v_1 + w_1 \ell_1$ und durch Eliminierung von λ ergibt sich $q_1 v_1 = w_1 \ell_1$. Als Optimierer des Maximierungsproblems erhält man damit

$$v_1 = \frac{y_1}{2q_1} \quad \text{und} \quad \ell_1 = \frac{y_1}{2w_1}.$$

Der maximale Ertrag ist somit eine Funktion $R_1(y_1, q_1, w_1)$, die von dem eingesetzten Betrag y_1 und den Faktorpreisen (q_1, w_1) abhängt:

$$R_1(y_1, q_1, w_1) = p_2 \left(\frac{y_1}{2q_1}\right)^{\frac{1}{4}} \left(\frac{y_1}{2w_1}\right)^{\frac{1}{4}} = p_2 q_1^{-\frac{1}{4}} w_1^{-\frac{1}{4}} \left(\frac{y_1}{2}\right)^{\frac{1}{2}}.$$

b) Für einen Preisvektor $(p_2, q_1, w_1) = (24, 1, 4)$ erhält man als Ertragsfunktion:

$$R_1(y_1) = 12\sqrt{y_1}$$

und als Ableitung

$$R_1'(y_1) = 6 y_1^{-\frac{1}{2}}.$$

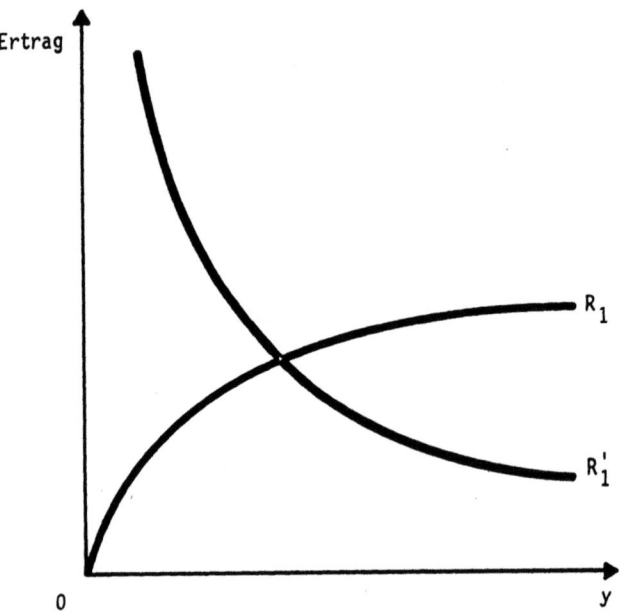

Aus der Abbildung wird deutlich, daß der mit y_1 aufgrund der gegebenen Technologie und den gegebenen Preisen maximal mögliche Ertrag mit steigendem Kapitaleinsatz y_1 zwar steigt, daß die Grenzrendite jedoch kontinuierlich fällt.

c) Durch die Berücksichtigung einer alternativen Anlageform b_1 mit konstantem Zinssatz $r_b = 0,2$ und der Möglichkeit Kredit aufzunehmen, wird die Entscheidung des Unternehmens darüber, wie es sein Anlagevermögen A_0 anlegen soll, zu einem Investitionsproblem, das wie folgt beschrieben ist:

Wähle (b_1, k_1, y_1) so, daß $R_1(y_1) + (1+r_b)b_1 - (1+r_k)k_1$ maximiert wird unter den Nebenbedingungen

$$y_1 + b_1 - k_1 = A_0, \quad y_1 \geq 0, \quad b_1 \geq 0, \quad k_1 \geq 0.$$

Die zugehörige Lagrangefunktion lautet dann:

$$\begin{aligned}\mathcal{L} = &\; R_1(y_1) + (1+r_b)b_1 - (1+r_k)k_1 \\ &+ \lambda[A_0 + k_1 - y_1 - b_1] + \mu_1 b_1 + \mu_2 k_1 + \mu_3 y_1.\end{aligned}$$

Da die Zielfunktion, wie im Schaubild unter b) zu sehen ist, konkav verläuft, ergibt sich als notwendige und hinreichende Bedingung für ein Maximum, daß

$$\frac{\partial \mathcal{L}}{\partial b_1} = (1+r_b) - \lambda + \mu_1 = 0,$$

$$\frac{\partial \mathcal{L}}{\partial k_1} = -(1+r_k) - \lambda + \mu_2 = 0,$$

$$\frac{\partial \mathcal{L}}{\partial y_1} = R_1'(y_1) - \lambda + \mu_3 = 0,$$

$$\lambda[A_0 + k_1 - y_1 - b_1] = 0,$$

$$\mu_1 b_1 = 0, \quad \mu_2 k_1 = 0, \quad \mu_3 y_1 = 0$$

erfüllt sein müssen. Aus den ersten beiden Gleichungen folgt unmittelbar, daß $\mu_1 + \mu_2 = r_k - r_b > 0$ gilt. Somit kann eine Lösung mit $b_1 > 0$ *und* $k_1 > 0$ nie optimal sein, d.h. die Firma wird nie gleichzeitig Kredit aufnehmen und Geld anlegen. Aus der dritten Gleichung folgt $\lambda = R_1'(y_1) + \mu_3 > 0$, denn $R_1'(y_1)$ ist für alle y_1 streng positiv, und damit $A_0 + k_1 = y_1 + b_1$ mit $k_1 b_1 = 0$.

Fall I: $\mu_1 > 0$, $\mu_2 > 0$.
Es folgt $k_1 = b_1 = 0$ und $y_1 = A_0$. Außerdem muß die Ungleichung $(1+r_k) > R_1'(A_0) > (1+r_b)$ gelten.

Fall II: $\mu_1 > 0$, $\mu_2 = 0$.
Es folgt $b_1 = 0$ und $R_1'(y_1) = (1+r_k)$. Die letzte Bedingung bestimmt das optimale y_1, und über das Budget folgt $k_1 = y_1 - A_0$.

Fall III: $\mu_1 = 0$, $\mu_2 > 0$.
Es folgt $k_1 = 0$ und $R_1'(y_1) = (1+r_b)$. Außerdem muß $b_1 = A_0 - y_1$ gelten.

Die folgende Abbildung zeigt die drei Fälle:

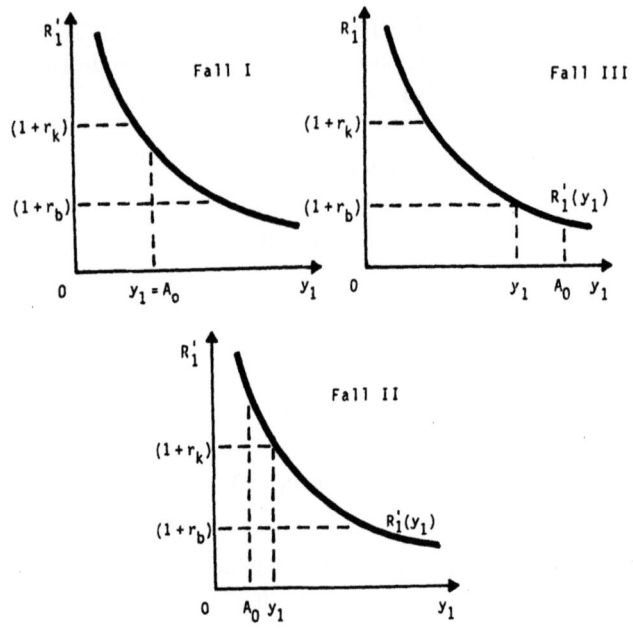

Für die Zinssätze $(r_k, r_b) = (\frac{1}{2}, \frac{1}{5})$ und die Grenzertragsfunktion $R_1'(y_1) = 6y_1^{-\frac{1}{2}}$ folgt:

(i) $A_0 = 9$ und $6y_1^{-\frac{1}{2}} = R_1'(y_1) \stackrel{!}{=} (1 + r_k) = 1,5$
implizieren $y_1 = 16$, $k_1 = 7$, $b_1 = 0$.

(ii) $A_0 = 18$ und $y_1 = 18$, $b_1 = 0$, $k_1 = 0$, denn
$(1 + r_k) = 1,5 > R_1'(18) = \sqrt{2} > 1,2 = (1 + r_b)$.

(iii) $A_0 = 36$ und $6y_1^{-\frac{1}{2}} = 1,2$ implizieren
$y_1 = 25$, $b_1 = 11$, $k_1 = 0$.

Offensichtlich entspricht (ii) dem oben diskutierten **Fall I**, (i) dem **Fall II** und (iii) dem **Fall III**.

d) Falls $r = r_b = r_k$ gilt, so überprüft man anhand der notwendigen Bedingungen unter **c)** unmittelbar, daß $R_1'(y_1^*) = (1+r)$ immer erfüllt sein muß. Die Firma wird also immer den gleichen Betrag y_1^* in die Produktion einsetzen, unabhängig vom Eigenkapital A_0. Die Kreditaufnahme ergibt sich dann als $k_1 = \max\{y_1^* - A_0, 0\}$ und die Geldanlage als $b_1 = \max\{A_0 - y_1^*, 0\}$. Das folgende Schaubild verdeutlicht diesen Zusammenhang noch einmal.

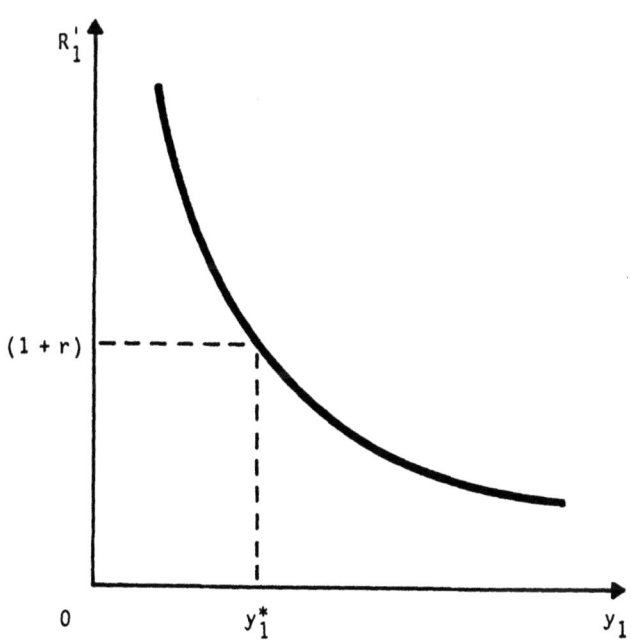

Aufgabe 1.3

Intertemporale Entscheidung eines Haushalts

(Bondnachfrage, Preiserwartungen)

Gegeben sei eine Ökonomie mit 150 Konsumenten, die alle die gleiche Nutzenfunktion $u(c_1, c_2) = c_1 c_2$ besitzen. Die Konsumenten planen über jeweils zwei Perioden ihren Güterverbrauch $c_i \in \mathbf{R}^+ (i = 1, 2)$. Als Anfangsausstattung stehen 50 Konsumenten $(\omega_1^a, \omega_2^a) = (1, 1)$ zur Verfügung, während die restlichen Haushalte eine Anfangsausstattung $(\omega_1^b, \omega_2^b) = (1, 0)$ besitzen. Der Preis des Konsumgutes in der ersten Periode sei $p_1 \in \mathbf{R}^{++}$, und der erwartete Preis in der zweiten Periode sei $p_2 \in \mathbf{R}^{++}$. Zur Wertübertragung zwischen den Perioden stehe ein Wertpapier $b_1 \in \mathbf{R}$ zur Verfügung, das in der ersten Periode zum Preis 1 (pro Stück) gekauft oder verkauft werden kann. Der Verkäufer muß dem Käufer jedoch zu Beginn der zweiten Periode $(1 + r_1)$ pro Wertpapier zurückzahlen, wobei $r_1 \in \mathbf{R}^+$ den Zinssatz bezeichnet. Die von einem Konsumenten angebotene Wertpapiermenge b_1 ist negativ, die nachgefragte Menge an Wertpapieren ist positiv. Es gebe keine Bondverpflichtungen zu Beginn der ersten Periode und keinen Wertpapiermarkt in der zweiten Periode.

a) Ermitteln Sie Güternachfrage (-angebot) und Bondnachfrage (-angebot) eines typischen Konsumenten bei gegebener Preiserwartungsfunktion $p_2 = \psi(p_1, r_1)$.

b) Überprüfen Sie die Nachfragefunktion auf dem Gütermarkt in der ersten Periode und die Bondnachfragefunktion auf Homogenität im Güterpreis p_1 bei folgenden Erwartungsfunktionen:

(i) $\psi(p_1, r_1) = p_1$

(ii) $\psi(p_1, r_1) = (1 + r_1) p_1$

(iii) $\psi(p_1, r_1) = \max\{30, \min\{p_1, 100\}\}$

(iv) $\psi(p_1, r_1) = p_1^{\frac{1}{2}}$

Zeichnen Sie den Verlauf der Erwartungsfunktionen (i) – (iv) in Abhängigkeit von p_1 für gegebenes $r_1 \geq 0$.

c) Gilt bei den unter **b)** gegebenen Erwartungen das Walras–Gesetz?

d) Überprüfen Sie für die unter b) gegebenen Erwartungsfunktionen, ob ein Gleichgewicht existiert, und bestimmen Sie gegebenenfalls Gleichgewichtspreis und Gleichgewichtszinssatz. Welches ist der niedrigste Gleichgewichtszinssatz in diesen Fällen?

Lösung:

a) Ein typischer Konsument maximiert seinen Nutzen aus dem Verbrauch eines Gutes in zwei aufeinanderfolgenden Perioden. Ein Transfer von Kaufkraft aus der Zukunft (Kredit: $b_1 < 0$) oder in die Zukunft (Ersparnis: $b_1 > 0$) ist zum gleichen Zinssatz r_1 mittels des Wertpapiers b_1 möglich. Das Vermögen des Konsumenten in der ersten Periode $p_1\omega_1$ ist bekannt, während das Vermögen in der zweiten Periode $\psi(p_1, r_1)\omega_2$ eine erwartete Größe ist. Das Optimierungsproblem des Konsumenten kann daher wie folgt geschrieben werden:

Maximiere $u(c_1, c_2) = c_1 c_2$ unter den Nebenbedingungen

$$p_1 c_1 + b_1 = p_1 \omega_1 \,,$$

$$\psi(p_1, r_1) c_2 = \psi(p_1, r_1)\omega_2 + (1 + r_1) b_1 \,,$$

$$c_1 \geq 0 \,, \quad c_2 \geq 0 \,.$$

Wegen der Zielfunktion $c_1 c_2$ ist es für den Konsumenten nie optimal in einer der beiden Perioden nicht zu konsumieren, solange er positive Vermögenswerte besitzt. Da also derartige Randlösungen ($c_1 = 0$ oder $c_2 = 0$) ausgeschlossen werden können, erhält man die folgende Lagrangefunktion:

$$\begin{aligned}\mathcal{L} = {}& c_1 c_2 + \lambda_1 [p_1 \omega_1 - p_1 c_1 - b_1] \\ & + \lambda_2 [\psi(p_1, r_1)\omega_2 + (1 + r_1) b_1 - \psi(p_1, r_1) c_2]. \end{aligned}$$

Da die Zielfunktion für positive (c_1, c_2)-Vektoren streng quasikonkav ist und durch eine monotone Transformation in eine streng konkave Funktion umgeformt werden kann, (z. B. durch Logarithmieren, vgl. die erste Aufgabe dieses Kapitels), sind die folgenden Bedingungen notwendig und hinreichend für ein Maximum:

$$\frac{\partial \mathcal{L}}{\partial c_1} = c_2 - \lambda_1 p_1 = 0 \,,$$

$$\frac{\partial \mathcal{L}}{\partial c_2} = c_1 - \lambda_2 \psi(p_1, r_1) = 0,$$

$$\frac{\partial \mathcal{L}}{\partial b_1} = -\lambda_1 + (1 + r_1)\lambda_2 = 0,$$

$$\lambda_1 [p_1 \omega_1 - p_1 c_1 - b_1] = 0,$$

$$\lambda_2 [\psi(p_1, r_1)\omega_2 + (1 + r_1)b_1 - \psi(p_1, r_1)c_2] = 0.$$

Aus den ersten beiden Gleichungen folgt, daß für positive Preise $(p_1, \psi(p_1, r_1))$ und positive Konsumwünsche (c_1, c_2) die Lagrange-Multiplikatoren (λ_1, λ_2) positiv sein müssen. Durch Eliminierung von λ_1 und λ_2 aus den ersten drei Gleichungen erhält man daher

$$(1 + r_1)p_1 c_1 = \psi(p_1, r_1)c_2,$$

$$p_1 \omega_1 = p_1 c_1 + b_1,$$

$$\psi(p_1, r_1)\omega_2 + (1 + r_1)b_1 = \psi(p_1, r_1)c_2,$$

und als Nachfragefunktionen ergeben sich daraus

$$c_1(p_1, r_1) = \frac{(1 + r_1)p_1 \omega_1 + \psi(p_1, r_1)\omega_2}{2(1 + r_1)p_1},$$

$$b_1(p_1, r_1) = \frac{(1 + r_1)p_1 \omega_1 - \psi(p_1, r_1)\omega_2}{2(1 + r_1)},$$

$$c_2(p_1, r_1) = \frac{(1 + r_1)p_1 \omega_1 + \psi(p_1, r_1)\omega_2}{2\psi(p_1, r_1)}.$$

Aus den Nachfrage–/Angebotsfunktionen wird deutlich, daß der Konsument jeweils die Hälfte seines erwarteten, abgezinsten Gesamtvermögens in den beiden Perioden für Konsumzwecke ausgeben will. Das bedeutet, daß der Konsument Wertpapiere anbieten wird (Kredit nehmen wird), wenn sein für die Zukunft erwartetes Vermögen $\psi(\cdot)\omega_2$ größer ist als sein gegenwärtiges Vermögen zuzüglich der Zinsen $(1 + r_1)p_1\omega_1$. Umgekehrt wird der Konsument Wertpapiere nachfragen (sparen), wenn sein künftiges Vermögen seinen Erwartungen nach geringer ist als das aufgezinste gegenwärtige Vermögen.

b) Die Abbildungen (i)–(iv) stellen die verschiedenen Erwartungsfunktionen graphisch dar.

Für die vier verschiedenen Preiserwartungsfunktionen $\psi(p_1, r_1)$ ergeben sich die folgenden Güternachfrage- und Bondnachfragefunktionen in der ersten Periode:

(i)
$$c_1(p_1, r_1) = \frac{(1+r_1)p_1\omega_1 + p_1\omega_2}{2(1+r_1)p_1},$$

$$b_1(p_1, r_1) = \frac{(1+r_1)p_1\omega_1 - p_1\omega_2}{2(1+r_1)};$$

(ii)
$$c_1(p_1, r_1) = \frac{(\omega_1 + \omega_2)}{2},$$

$$b_1(p_1, r_1) = \frac{p_1(\omega_1 - \omega_2)}{2};$$

(iii)
$$c_1(p_1, r_1) = \frac{(1+r_1)p_1\omega_1 + \max\{30, \min\{p_1, 100\}\}\omega_2}{2(1+r_1)p_1},$$

$$b_1(p_1, r_1) = \frac{(1+r_1)p_1\omega_1 - \max\{30, \min\{p_1, 100\}\}\omega_2}{2(1+r_1)};$$

(iv)
$$c_1(p_1, r_1) = \frac{(1+r_1)p_1\omega_1 + \sqrt{p_1}\omega_2}{2(1+r_1)p_1},$$

$$b_1(p_1, r_1) = \frac{(1+r_1)p_1\omega_1 - \sqrt{p_1}\omega_2}{2(1+r_1)}.$$

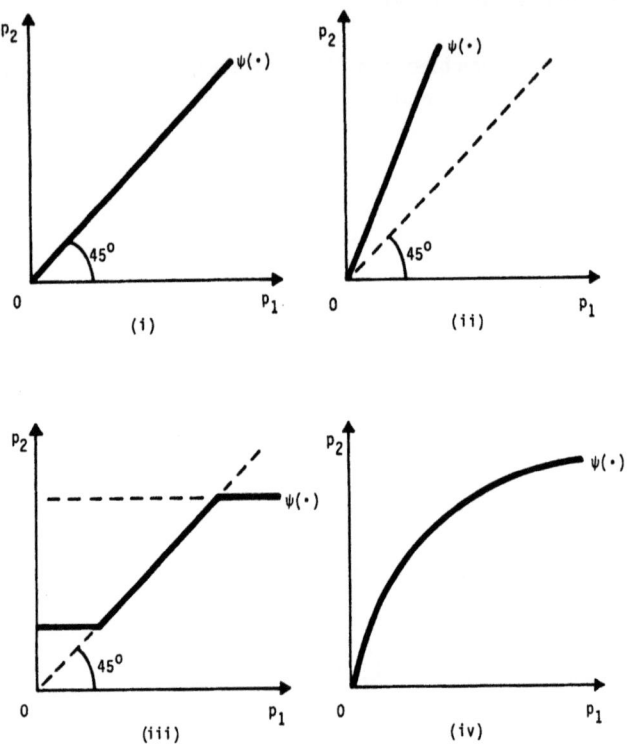

Man überprüft leicht, daß die Güternachfragefunktionen in den Fällen (i) und (ii) homogen vom Grade Null im Güterpreis sind, während Homogenität vom Grade Null im Fall (iii) nur für Preise $p_1 \in [30, 100]$ vorliegt. Im Fall (iv) ist die Güternachfrage inhomogen.

Analog rechnet man leicht nach, daß die Bondnachfragefunktionen in den Fällen (i) und (ii) homogen vom Grade Eins sind, während im Fall (iii) wieder nur für $p_1 \in [30, 100]$ Homogenität vom Grade Eins vorliegt. Auch die Bondnachfrage ist im Fall (iv) inhomogen.

c) Falls das Walras–Gesetz gilt, so muß die Summe der bewerteten Überschußnachfragen einer Periode gleich Null sein. Für die

Summe der Überschußnachfragewerte gilt:

$$p_1 \sum_{i=1}^{150} \left(c_1^i(p_1,r_1) - \omega_1^i\right) + \sum_{i=1}^{150} b_1^i(p_1,r_1)$$
$$= \sum_{i=1}^{150} \left[p_1 c_1^i(p_1,r_1) + b_1^i(p_1,r_1) - p_1 \omega_1^i\right] = 0 \ .$$

Offensichtlich ist das Walras–Gesetz erfüllt, da aufgrund der individuellen Budgetrestriktionen die Summanden der letzten Summe alle gleich Null sein müssen. Dies gilt für jede Erwartungsfunktion.

d) Ein Gleichgewicht existiert in der Ökonomie in Periode 1, wenn eine Preis–Zins–Kombination zu finden ist, so daß der Gütermarkt geräumt wird. Da das Walras–Gesetz gilt, muß der Bondmarkt ebenfalls im Gleichgewicht sein (vgl. Teil c)). Als Überschußnachfrage auf dem Gütermarkt erhält man:

$$\begin{aligned}
Z_1(p_1,r_1) &= 50 c_1^a(p_1,r_1) + 100 c_1^b(p_1,r_1) - 50\omega_1^a - 100\omega_1^b \\
&= 50 \frac{(1+r_1)p_1 + \psi(\cdot)}{2(1+r_1)p_1} + 100 \frac{(1+r_1)p_1}{2(1+r_1)p_1} - 150 \\
&= \frac{50}{2(1+r_1)p_1} \left[\psi(\cdot) - 3(1+r_1)p_1\right] \ .
\end{aligned}$$

Offensichtlich ist der Gütermarkt genau dann im Gleichgewicht (d.h. $Z_1(p_1,r_1) = 0$), wenn ein Vektor von Preis und Zinssatz (p_1,r_1) existiert, bei dem $\psi(p_1,r_1) = 3(1+r_1)p_1$ gilt.

(i) Da $\psi(p_1,r_1) = p_1 < 3(1+r_1)p_1$ für alle (p_1,r_1) gilt, gibt es kein Gleichgewicht auf den Märkten bei dieser Preiserwartungsfunktion. Auf dem Gütermarkt herrscht bei allen Preis-Zinssatz-Konstellationen Überschußangebot ($Z_1(p_1,r_1) < 0$) und auf dem Bondmarkt Überschußnachfrage (vgl. Teil c)).

(ii) Da $\psi(p_1,r_1) = (1+r_1)p_1 < 3(1+r_1)p_1$ für alle (p_1,r_1) gilt, gibt es auch in diesem Fall kein Marktgleichgewicht.

(iii) Da

$$\psi(p_1, r_1) = \max\{30, \min\{p_1, 100\}\}$$

$$= \begin{cases} 30 & \text{für } p_1 \leq 30 \\ p_1 & \text{für } 30 < p_1 < 100 \\ 100 & \text{für } p_1 \geq 100 \end{cases}$$

gilt, und $p_1 < 3(1 + r_1)p_1$ ist, muß der Gleichgewichtspreis kleiner als 30 sein. Aus $30 = 3(1 + r_1)p_1$ erhält man sofort $p_1 = 10/(1 + r_1)$. Offensichtlich gibt es bei dieser Erwartungsfunktion für alle (p_1, r_1), die der Gleichung $p_1 = 10/(1 + r_1)$ genügen, ein Gleichgewicht. Insbesondere für $r_1 = 0$ und $p_1 = 10$, d.h. für einen Zinssatz von Null, existiert ein Gleichgewicht.

(iv) Für $\psi(p_1, r_1) = \sqrt{p_1}$ muß $p_1 = [3(1 + r_1)p_1]^2$ oder $p_1 = \frac{1}{9}(1 + r_1)^2$ erfüllt sein, damit ein Gleichgewicht existiert. Auch hier ist für den (niedrigsten) Zinssatz $r_1 = 0$ beim Preis $p_1 = \frac{1}{9}$ ein Gleichgewicht gewährleistet.

Aufgabe 1.4

Intertemporale Entscheidung eines Haushalts
(Bond- und Kreditnachfrage, Bankrottproblem)

Ein Haushalt maximiert seinen Nutzen aus dem Konsum eines Gutes $c_t \geq 0$ in zwei aufeinanderfolgenden Perioden ($t = 1, 2$). Seine Präferenzen seien durch die Nutzenfunktion $u(c_1, c_2) = c_1 + c_2$ repräsentiert. Seine Anfangsausstattung in jeder der beiden Perioden betrage $\omega > 0$. Der Güterpreis in der ersten Periode sei $p_1 > 0$ und der erwartete Güterpreis in der zweiten Periode sei konstant $p_2 > 0$. Durch den Kauf eines Wertpapiers $b_1 \geq 0$ zum Preis von Eins pro Einheit kann der Haushalt Zahlungsmittel in die zweite Periode bringen. Durch den Verkauf eines Wertpapiers $b_1 \leq 0$ kann er zum selben Preis Kredit aufnehmen. Das Wertpapier b_1 trägt einen festen Zinssatz $r_1 > 0$. Zu Beginn der zweiten Periode ist die Rückzahlung einschließlich Zinsen, d.h. $(1 + r_1)b_1$, fällig. Falls die Rückzahlungsverpflichtung eines Kreditnehmers ($b_1 < 0$) sein Vermögen in der zweiten Periode übersteigt, d.h. falls $(1 + r_1)b_1 + p_2\omega < 0$ gilt, so ist der Haushalt bankrott (eine

Neuverschuldung sei in diesem Fall nicht möglich) und sein Vermögen $p_2\omega$ fällt an den Gläubiger, so daß sein Konsum in der zweiten Periode in diesem Fall gleich Null ist. In der zweiten Periode sei weder Kreditaufnahme noch Geldanlage möglich.

a) Stellen Sie das intertemporale Optimierungsproblem des beschriebenen Haushalts auf und zeichnen Sie die Budgetmenge in ein (c_1, c_2)-Diagramm ein. Ist die Budgetmenge beschränkt und konvex?

b) Bestimmen Sie die intertemporale Nutzenfunktion des Haushalts und zeichnen Sie die Indifferenzkurve der intertemporalen Nutzenfunktion für das Niveau Eins. Ist die intertemporale Nutzenfunktion quasi-konkav?

c) Zeichnen Sie die Budgetmenge der ersten Periode in ein (b_1, c_1)-Diagramm ein, und überprüfen Sie, ob diese Menge beschränkt und konvex ist.

d) Zeigen und begründen Sie, warum Nutzenmaximierung zu unbeschränkter Kredit- und Güternachfrage führt.

Lösung:

a) Das Problem des betrachteten Haushalts besteht darin, seinen Nutzen aus dem Konsum eines Gutes in den Perioden 1 und 2 zu maximieren. Sein gegenwärtiges Vermögen ist durch $p_1\omega$ und sein zukünftiges Vermögen durch $p_2\omega$ gegeben. Um Kaufkraft in die Zukunft zu transferieren, kann der Haushalt Wertpapiere kaufen $b_1 \geq 0$, die ihm einen Zinsertrag $r_1 b_1$ erbringen. Umgekehrt kann der Haushalt aus der Zukunft Kaufkraft in die Gegenwart bringen, indem er Wertpapiere anbietet $b_1 \leq 0$, die in der zweiten Periode zuzüglich der Zinsen zurückgezahlt werden müssen. Falls der Haushalt Kreditverpflichtungen eingeht, die sein Vermögen in der zweiten Periode übersteigen, so ist der Haushalt bankrott und kann nicht mehr maximieren. Das Problem kann damit folgendermaßen geschrieben werden:

Maximiere $c_1 + c_2$ unter den Nebenbedingungen

(i)
$$p_1 c_1 + b_1 = p_1 \omega,$$
$$p_2 c_2 = (1 + r_1) b_1 + p_2 \omega,$$
$$c_1 \geq 0, \quad c_2 \geq 0,$$

falls $(1 + r_1) b_1 + p_2 \omega \geq 0$ gilt, bzw.

(ii)
$$p_1 c_1 + b_1 = p_1 \omega,$$
$$c_1 \geq 0, \quad c_2 = 0,$$

falls $(1 + r_1) b_1 + p_2 \omega < 0$ gilt.

Äquivalent dazu ist:

Maximiere $c_1 + c_2$ unter den Nebenbedingungen

$$p_1 c_1 + b_1 = p_1 \omega,$$
$$p_2 c_2 = \max\{(1 + r_1) b_1 + p_2 \omega, 0\},$$
$$c_1 \geq 0, \quad c_2 \geq 0.$$

Um die Budgetmenge in ein (c_1, c_2)-Diagramm zu zeichnen, muß die Variable b_1 aus den Nebenbedingungen eliminiert werden. Man erhält dann

$$p_2 c_2 = \max\{(1 + r_1) p_1 \omega + p_2 \omega - (1 + r_1) p_1 c_1, 0\}$$

oder äquivalent dazu:

$$p_2 c_2 + (1 + r_1) p_1 c_1 = (1 + r_1) p_1 \omega + p_2 \omega,$$

falls $(1 + r_1) p_1 \omega + p_2 \omega \geq (1 + r_1) p_1 c_1$, bzw.

$$p_2 c_2 = 0,$$

falls $(1 + r_1) p_1 \omega + p_2 \omega < (1 + r_1) p_1 c_1$.

Im Schaubild ergibt sich damit die folgende Budgetmenge:

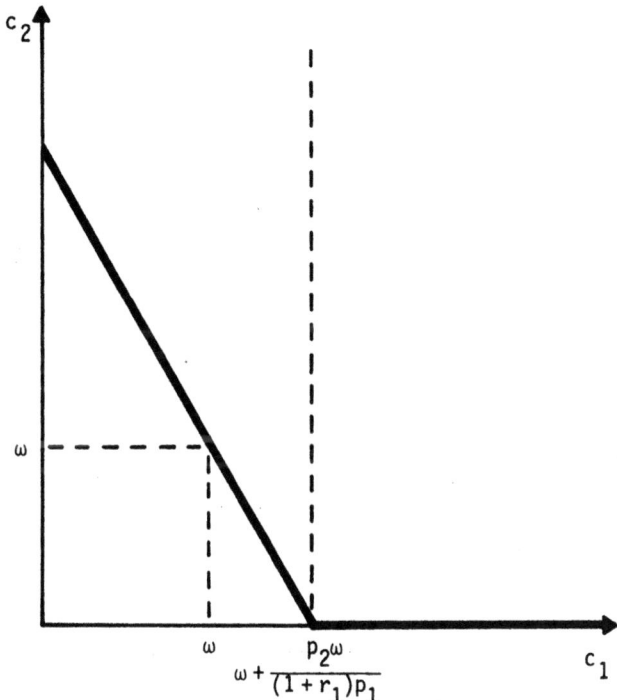

Offensichtlich ist die Budgetmenge nicht konvex und unbeschränkt.

b) Die intertemporale Nutzenfunktion ist definiert als

$$v(c_1, b_1) = \max \left\{ c_1 + c_2 \left| \begin{array}{l} p_2 c_2 = \max\{(1+r_1)b_1 + p_2\omega, 0\}, \\ c_2 \geq 0 \end{array} \right. \right\}.$$

Für $b_1 \geq -p_2\omega/(1+r_1)$ folgt $c_2 = [(1+r_1)b_1 + p_2\omega]/p_2$ und für $b_1 < -p_2\omega/(1+r_1)$ folgt $c_2 = 0$ als Maximierer dieses Problems. Damit gilt aber

$$v(c_1, b_1) = \begin{cases} c_1 + \dfrac{(1+r_1)b_1 + p_2\omega}{p_2} & \text{für} \quad b_1 \geq -\dfrac{p_2\omega}{1+r_1} \\ c_1 & \text{für} \quad b_1 < -\dfrac{p_2\omega}{1+r_1}. \end{cases}$$

Der Verlauf der Indifferenzkurve für das Niveau Eins $(v(c_1, b_1) = 1)$ kann nun unmittelbar in ein Schaubild eingezeichnet werden.

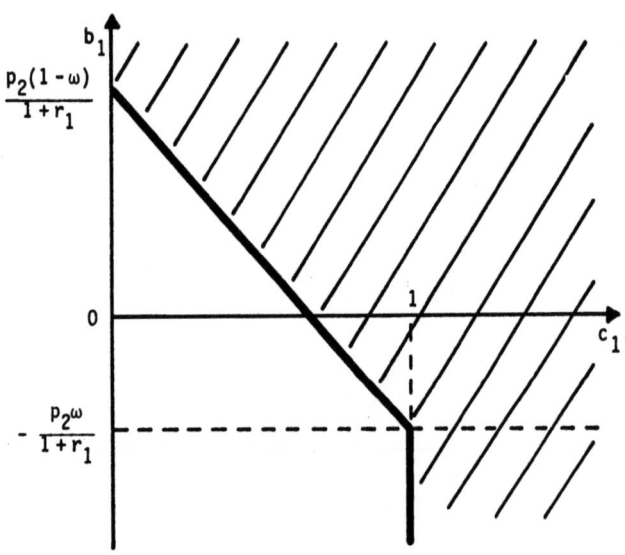

Eine Funktion ist genau dann quasi-konkav, wenn die Menge der Argumentvariablen, für die die Funktion Werte annimmt, die mindestens so groß sind wie ein vorgegebenes Niveau, konvex ist. Die Menge $\{(c_1, b_1) \in \mathbf{R}_+ \times \mathbf{R} \mid v(c_1, b_1) \geq 1\}$ ist im Schaubild schraffiert eingezeichnet. Da sie offensichtlich nicht konvex ist, kann die intertemporale Nutzenfunktion nicht quasi-konkav sein.

c) Die Budgetmenge der ersten Periode

$$\{(c_1, b_1) \in \mathbf{R}_+ \times \mathbf{R} \mid p_1 c_1 + b_1 = p_1 \omega_1\}$$

kann unmittelbar in ein Diagramm eingezeichnet werden.

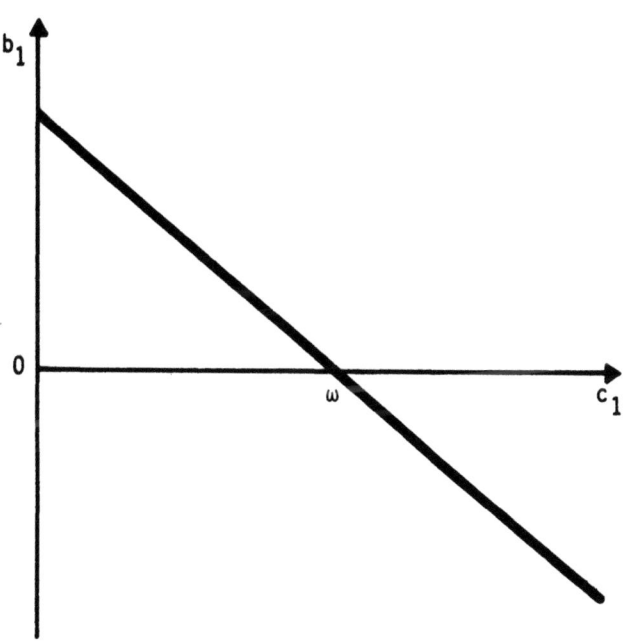

Da b_1 beliebig negativ werden kann, ist die Budgetmenge nicht beschränkt. Man kann dem Diagramm unmittelbar entnehmen, daß die Budgetmenge konvex ist.

d) Das unter a) aufgestellte Optimierungsproblem ist äquivalent zu dem Problem:

Maximiere $v(c_1, b_1)$ unter den Nebenbedingungen

$$p_1 c_1 + b_1 = p_1 \omega_1, \quad c_1 \geq 0.$$

Da die Budgetmenge unbeschränkt ist, und die indirekte Nutzenfunktion eine vollständige Substitution zwischen c_1 und b_1 zuläßt, kann kein Maximum existieren. Dies kann leicht durch Widerspruch bewiesen werden.

Angenommen $(\bar{c}_1, \bar{b}_1)$ sei ein Maximierer des Problems. Für jedes $\epsilon > 0$ erfüllt ein Plan $(\bar{c}_1 + \epsilon/p_1, \bar{b}_1 - \epsilon)$ dann ebenfalls die Budgetbedingung. Für ϵ groß genug ist darüber hinaus

$$\bar{b}_1 - \epsilon < -\frac{p_2 \omega}{1 + r_1} \quad \text{und damit}$$

$$v(\bar{c}_1 + \frac{\epsilon}{p_1}, \bar{b}_1 - \epsilon) = \bar{c}_1 + \frac{\epsilon}{p_1}$$

erfüllt. Falls

$$v(\bar{c}_1 + \frac{\epsilon}{p_1}, \bar{b}_1 - \epsilon) = \bar{c}_1 + \frac{\epsilon}{p_1} < v(\bar{c}_1, \bar{b}_1)$$

für ein solches ϵ gilt, so findet sich ein

$$\epsilon^0 > \max \left\{ p_1 v(\bar{c}_1, \bar{b}_1) - \bar{c}_1, \bar{b}_1 + \frac{p_2 \omega}{1 + r_1} \right\}.$$

Für den Plan $(\bar{c}_1 + \epsilon^0/p_1, \bar{b}_1 - \epsilon^0)$ gilt die Abschätzung

$$v(\bar{c}_1, \bar{b}_1) < v(\bar{c}_1 + \frac{\epsilon^0}{p_1}, \bar{b}_1 - \epsilon^0).$$

Somit kann $(\bar{c}_1, \bar{b}_1)$ kein Maximierer sein. Die Annahme, es gäbe einen Maximierer, führt somit zum Widerspruch. Folglich existiert kein Maximierer.

Der ökonomische Grund für die Nichtexistenz eines Maximierers ist leicht einzusehen. Da gemäß der Nutzenfunktion vollständige Substitution möglich ist, wird ein Haushalt einen Plan, bei dem er in der zweiten Periode nur seinen Minimalkonsum von Null realisiert, jeden anderen Plan vorziehen, bei dem sein gegenwärtiger Konsum entsprechend erhöht wird. Da der Haushalt aufgrund seiner unbeschränkten Kreditmöglichkeiten, d.h. seines unbeschränkten Bondangebots, einen beliebig hohen Konsum in der Gegenwart realisieren kann, folgt aus der Monotonie der Nutzenfunktion in c_1, daß kein Maximierer existieren kann.

Aufgabe 1.5

Intertemporale Entscheidung eines Haushalts

(Arbeitsangebot, Unterbeschäftigung, Sparen, Geldnachfrage)

In einer Volkswirtschaft, in der es nur die drei Güter "Konsumgut", "Arbeit" und "Geld" gibt, plant ein Konsument über zwei Perioden seines Lebens. In der ersten Periode will er arbeiten und konsumieren, in der zweiten hingegen nicht mehr arbeiten, sondern nur noch konsumieren. Seine Präferenzen sind durch die Nutzenfunktion

$$v(c_1, c_2, \ell) = c_1^2 c_2 (\bar{\ell} - \ell)$$

darstellbar, wobei c_i den Konsum in der Periode i, $(i = 1, 2)$, ℓ die Arbeit in der ersten Periode und $\bar{\ell}$ den maximalen physiologisch möglichen Arbeitseinsatz darstellen.

a) Formulieren Sie das Entscheidungsproblem des Konsumenten als Maximierungsproblem unter Nebenbedingungen. Gehen Sie dabei von folgenden Annahmen aus:

- im Gegensatz zu Geld ist das Konsumgut nicht in die zweite Periode transferierbar;
- der Konsument ist zu Beginn der ersten Periode mit einer Geldmenge $m_0 \geq 0$ ausgestattet;
- der Preis des Konsumgutes ist in beiden Perioden gleich $p > 0$;
- der Lohnsatz ist gleich $w > 0$.

b) Bestimmen Sie die optimalen Werte c_1^*, c_2^* und ℓ^*.

c) Wie groß ist der Geldbetrag, den der Haushalt in die zweite Periode transferiert, um seine Konsumausgaben zu finanzieren? Wie groß ist die Ersparnisbildung?

d) Dem Konsumenten gelingt es nicht Arbeit zu finden. Das führt zu einem Überdenken seines Konsumplanes. Bestimmen Sie unter Verwendung der zusätzlichen Restriktionen $\ell = 0$ die optimale Konsumgüternachfragemenge der ersten Periode und die Ersparnisbildung, und vergleichen Sie beides mit den entsprechenden Werten im Fall b) bzw. c).

e) Ein anderer Konsument mit den gleichen Präferenzen erfährt zu Beginn der ersten Periode, daß er in der ersten Periode nur die Hälfte der für ihn optimalen Güternachfragemenge c_1^* kaufen kann, da auf dem Gütermarkt ein Angebotsdefizit besteht. Welche Auswirkungen hat dies auf seine optimale Arbeitsangebotmenge? Wird er seinen geplanten Konsum der zweiten Periode vergrößern oder verkleinern? Warum?

Lösung:

a) Das Entscheidungsproblem des Konsumenten hat die folgende Form:

Maximiere $c_1^2 c_2 (\bar{\ell} - \ell)$ unter den Nebenbedingungen

$$m_0 + w\ell = pc_1 + m_1,$$
$$m_1 = pc_2,$$
$$c_1 \geq 0, \quad c_2 \geq 0, \quad \bar{\ell} \geq \ell \geq 0, \quad m_1 \geq 0.$$

b) Man überprüft leicht, daß eine Lösung dieses Problems immer die Ungleichungen $c_1 > 0$, $c_2 > 0$, $\bar{\ell} > \ell$, $m_1 > 0$ erfüllen muß, da sonst der Wert der Zielfunktion gleich Null wäre. Für einen beliebig kleinen Arbeitseinsatz $0 < \epsilon < \bar{\ell}$ wäre aber ein Plan $(\ell, c_1, m_1, c_2) = (\epsilon, w\epsilon/2p, w\epsilon/2, w\epsilon/2p)$ mit den Nebenbedingungen vereinbar und würde einen streng positiven Nutzen erbringen. Folglich müssen die anderen Nebenbedingungen in der Lagrangefunktion berücksichtigt werden. Dies ergibt

$$\mathcal{L} = c_1^2 \frac{m_1}{p} (\bar{\ell} - \ell) + \lambda[m_0 + w\ell - pc_1 - m_1] + \mu\ell,$$

wobei die zweite Nebenbedingung in die Zielfunktion eingesetzt wurde. Da die Zielfunktion quasi-konkav ist und durch eine monotone Transformation in eine konkave Funktion umgeformt werden kann, sind die folgenden Bedingungen notwendig und hinreichend für ein Maximum:

$$\frac{\partial \mathcal{L}}{\partial c_1} = 2c_1\frac{m_1}{p}(\bar{\ell}-\ell) - \lambda p = 0,$$

$$\frac{\partial \mathcal{L}}{\partial \ell} = -c_1^2\frac{m_1}{p} + \lambda w + \mu = 0,$$

$$\frac{\partial \mathcal{L}}{\partial m_1} = c_1^2\frac{1}{p}(\bar{\ell}-\ell) - \lambda = 0,$$

$$\lambda[m_0 + w\ell - pc_1 - m_1] = 0,$$

$$\mu\ell = 0.$$

Aus der dritten Gleichung folgt, daß $\lambda > 0$ sein muß. Für $\ell > 0$ und $\mu = 0$ kann λ aus den ersten drei Gleichungen eliminiert werden. Man erhält $2m_1 = pc_1$, $m_1 = w(\bar{\ell}-\ell)$ und $m_0 + w\ell = pc_1 + m_1$ als Gleichungen, die die Lösung für $\ell > 0$ beschreiben. Falls $\mu > 0$ und $\ell = 0$ ist, so wird die Lösung durch $2m_1 = pc_1$, $\ell = 0$, $m_0 = pc_1 + m_1$ bestimmt. Dies führt zu den folgenden optimalen Werten:

$$c_1^* = \max\left\{\frac{m_0 + w\bar{\ell}}{2p}, \frac{2m_0}{3p}\right\},$$

$$\ell^* = \max\left\{\frac{3w\bar{\ell} - m_0}{4w}, 0\right\},$$

$$c_2^* = \max\left\{\frac{m_0 + w\bar{\ell}}{4p}, \frac{m_0}{3p}\right\}.$$

c) Da $c_2^* = m_1^*/p$ ist, folgt für die optimale Kassenhaltung:

$$m_1^* = \max\left\{\frac{m_0 + w\bar{\ell}}{4}, \frac{m_0}{3}\right\}.$$

Die Ersparnis $s_1^* = w\ell^* - pc_1^*$ muß aufgrund der Budgetgleichung $s_1^* = m_1^* - m_0$ erfüllen. Somit ergibt sich:

$$s_1^* = \max\left\{\frac{w\bar{\ell} - 3m_0}{4}, -\frac{2}{3}m_0\right\}$$

als optimale Ersparnis.

d) Angenommen, der Haushalt habe Arbeit angeboten, d.h. es gelte $3w\bar{\ell} > 3m_0$. Seine unbeschränkte Konsumgüternachfrage und Ersparnisbildung wäre in diesem Fall:

$$c_1^* = \frac{m_0 + w\bar{\ell}}{2p} \quad \text{und} \quad s_1^* = \frac{w\bar{\ell} - 3m_0}{4}.$$

Aus der Analyse des Optimierungsproblems unter b) folgt, daß eine optimale Lösung durch die Bedingungen $2m_1 = pc_1$, $\ell = 0$ und $m_o = p_1 c_1 + m_1$ bestimmt wird. Dies führt zu einer Konsumgüternachfrage

$$\bar{c}_1 = -\frac{2}{3}\frac{m_0}{p}$$

und zu einer Ersparnisbildung

$$\bar{s}_1 = -\frac{2}{3}m_0.$$

Man rechnet leicht nach, daß

$$\begin{aligned}
c_1^* - \bar{c}_1 &= \frac{1}{6p}[3m_0 + 3w\bar{\ell} - 4m_0] \\
&= \frac{1}{6p}[3w\bar{\ell} - m_0] > 0 \quad \text{und} \\
s_1^* - \bar{s}_1 &= \frac{1}{12}[3w\bar{\ell} - 9m_0 + 8m_0] \\
&= \frac{1}{12}[3w\bar{\ell} - m_0] > 0
\end{aligned}$$

gilt. Das bedeutet, sowohl der Konsum als auch die Ersparnis nehmen aufgrund der Beschränkung $\ell = 0$ ab.

e) Falls ein Konsument auf das Niveau

$$\bar{c} = \frac{1}{2}\max\left\{\frac{m_0 + w\bar{\ell}}{4p}, \frac{2m_0}{3p}\right\}$$

in seinem Konsum beschränkt wird, so folgt wiederum aus der Analyse unter b), daß durch $c_1 = \bar{c}$, $m_0 + w\ell = p\bar{c} + m_1$ und

$m_1 = w(\bar{\ell} - \ell)$ sein optimaler Arbeitseinsatz und seine optimale Kassenhaltung bestimmt ist, falls $\ell > 0$ gilt, und durch $c_1 = \bar{c}$, $m_0 = p\bar{c} + m_1$, falls $\ell = 0$ gilt. Damit ermittelt man als optimale Lösung unter der Beschränkung $c_1 \leq \bar{c}$:

$$\ell = \max\left\{\frac{w\bar{\ell} + p\bar{c} - m_0}{2w}, 0\right\},$$

$$m_1 = \max\left\{\frac{m_0 + w\bar{\ell} - p\bar{c}}{2}, m_0 - p\bar{c}\right\}.$$

Man sieht aus diesen Funktionen unmittelbar, daß das Arbeitsangebot mit $\bar{c}$ steigt (falls Arbeit angeboten wird) und daß die Kassenhaltung mit $\bar{c}$ fällt. Dies gilt solange wie $\bar{c} < c_1^*$ ist, d.h. solange die Beschränkung $\bar{c}$ bindend ist. Da $\bar{c} = 1/2 c_1^* < c_1^*$ immer erfüllt ist, folgt, daß die Kassenhaltung und damit der Konsum in Periode 2 steigt und das Arbeitsangebot fällt (falls in der Ausgangslage $\ell^* > 0$ galt). Die reduzierten Kaufmöglichkeiten auf dem Gütermarkt führen zu verringerten Ausgaben. Die dadurch erzwungene Ersparnis wird zu vermehrtem Freizeitkonsum (d.h. verringertem Arbeitsangebot) und zu erhöhtem Konsum in der zweiten Periode verwendet.

Aufgabe 1.6

Entscheidung eines Produzenten bei Unsicherheit

(Absatzunsicherheit, Arbeitsnachfrage)

Ein Einproduktunternehmen produziert mit Hilfe des einzigen Inputfaktors Arbeit gemäß einer streng monoton steigenden und streng konkaven Produktionsfunktion $y = f(\ell)$ mit $f(0) = 0$. Bei gegebenen Preisen $p > 0$ für den Output und $w > 0$ für den Input weiß das Unternehmen nicht mit Sicherheit, welche Menge des Outputs abgesetzt werden kann. Auf dem Arbeitsmarkt kann das Unternehmen jede beliebige Menge realisieren.

Die Absatzerwartungen des Unternehmens seien gegeben durch eine stetige Dichtefunktion $g(x)$, $x \geq 0$.

a) Bestimmen Sie die optimale Entscheidung des Unternehmens, wenn dieses seinen erwarteten Gewinn maximiert. Dabei sei unterstellt, daß auf dem Gütermarkt nur das Minimum der jeweiligen realisierten Nachfrage und des Angebots verkauft werden kann, und daß $f'(0) > w/p$ gilt.

b) Zeigen Sie, daß das Unternehmen weniger Arbeit nachfragt, als es im Falle eines unbeschränkten sicheren Absatzes beim gleichen Reallohn nachfragen würde.

Lösung:

Die unsicheren Absatzerwartungen des Unternehmens, charakterisiert durch die Dichtefunktion $g(x)$, $x \geq 0$, haben zur Folge, daß für jede gewählte Produktionsentscheidung $y \geq 0$ des Unternehmens dessen tatsächlicher Absatz eine Zufallsvariable der Form $\tilde{x} = \min\{x, y\}$ ist.

a) Für jede technologisch mögliche Produktionsentscheidung (y, ℓ) mit $f(\ell) - y \geq 0$ und $\ell \geq 0$ ergibt sich damit als erwarteter Gewinn des Unternehmens

$$\int_0^\infty \{p \cdot \min\{x, y\} \cdot g(x)\}\, dx - w\ell.$$

Seien $\alpha \geq 0$ und $\beta \geq 0$ die zu den beiden Nebenbedingungen gehörigen Lagrangevariablen. Als Lagrangefunktion erhält man

$$\begin{aligned}
\mathcal{L} &= \int_0^\infty p \cdot \min\{x, y\} \cdot g(x) dx - w\ell + \alpha(f(\ell) - y) + \beta\ell \\
&= p\int_0^y x g(x) dx + py \int_y^\infty g(x) dx - w\ell + \alpha(f(\ell) - y) + \beta\ell \\
&= p\int_0^y x g(x) dx + py(1 - G(y)) - w\ell + \alpha(f(\ell) - y) + \beta\ell,
\end{aligned}$$

wobei G die zu g gehörige Verteilungsfunktion ist. Als notwendige Bedingungen für eine optimale Lösung $(y^*, \ell^*, \alpha^*, \beta^*)$ erhält man nach dem Kuhn–Tucker-Theorem

(i) $\quad \dfrac{\partial \mathcal{L}}{\partial y} = py^* g(y^*) + p(1 - G(y^*)) - py^* g(y^*) - \alpha^*$
$\qquad\qquad = p(1 - G(y^*)) - \alpha^* = 0$

(ii) $\quad \dfrac{\partial \mathcal{L}}{\partial \ell} = -w + \alpha^* f'(\ell^*) + \beta^* = 0$

(iii) $\alpha^*(f(\ell^*) - y^*) = 0$; $\alpha^* \geq 0$

(iv) $\beta^*\ell^* = 0$; $\beta^* \geq 0$; $\ell^* \geq 0$.

Angenommen es gelte $y^* = 0$. Dann folgt aus (i): $\rho = \alpha^* > 0$ und somit $\ell^* = 0$ aus (iii). Die Bedingungen (ii) und (iv) ergeben dann

$$\alpha^* f'(0) + \beta^* = pf'(0) + \beta^* = w,$$

was im Widerspruch zu der Annahme $f'(o) > w/p$ steht. Deshalb muß $y^* > 0$ gelten. Daraus folgt $\ell^* > 0$ und $\beta^* = 0$. Es ergibt sich aus (i) und (ii)

$$f'(\ell^*) = \frac{w}{p}\frac{1}{1 - G(y^*)}.$$

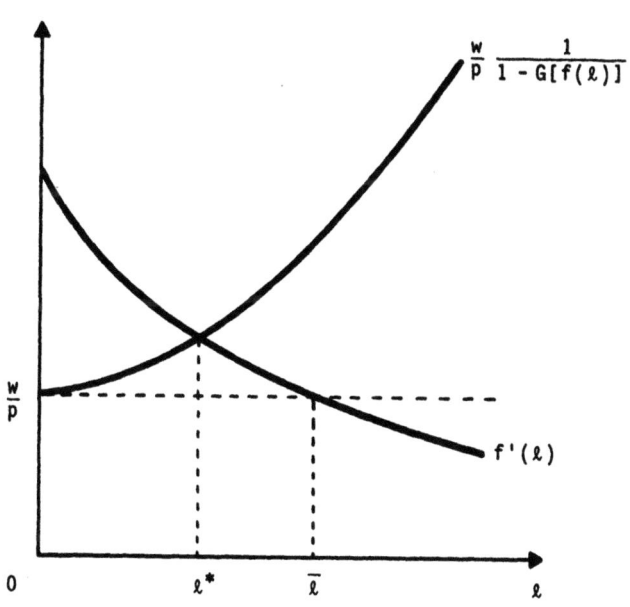

b) Wie aus dem Diagramm ersichtlich, ist die rechte Seite der letzten Gleichung eine steigende Funktion in ℓ. Damit ist $f'(\ell^*) > w/p$. Bei sicherem Absatz würde diejenige Nachfrage nach Arbeit $\bar{\ell}$ geltend gemacht, die $f'(\bar{\ell}) = w/p$ ergibt. Da $f'' < 0$ ist, folgt $\bar{\ell} > \ell^*$.

Aufgabe 1.7

Vermögensanlageentscheidung bei Unsicherheit

(Präferenzen, Erwartungsnutzen, Erwartungswert)

Ein Investor besitzt ein Geldvermögen $A > 0$. Er kann dieses als Kasse halten oder einen beliebigen Teil a, $0 \leq a \leq A$, in einem riskanten Projekt anlegen. Dieses liefert mit Wahrscheinlichkeit p einen Ertrag $-ra$, mit Wahrscheinlichkeit $1-p$ einen Ertrag ra ($r > 0$). Die Wahlmöglichkeiten des Investors können somit als eine Menge von Lotterien

$$\mathcal{L} = \{(p \circ (A - ra) \oplus (1-p) \circ (A + ra)) \mid 0 \leq a \leq A\}$$

aufgefaßt werden. Diese habe der Investor durch eine Präferenzrelation geordnet.

a) Formulieren Sie die Erwartungsnutzenhypothese für den vorliegenden Sachverhalt.

b) Nehmen Sie im weiteren an, daß die Präferenzordnung des Investors die Erwartungsnutzenhypothese erfülle und daß eine Erwartungsnutzendarstellung für die Funktion

$$u(y) = 1 - e^{-y}$$

sei. Zeigen Sie, ob der Investor risikoavers oder risikofreudig ist.

c) Der Investor glaubt, daß $p \geq 1/2$ ist. In welcher Höhe a wird er in das Projekt investieren?

d) Ein zweiter Investor mit der gleichen Präferenzstruktur ist der Ansicht, daß der Erwartungswert einer Investition in das Projekt positiv ist. Zeigen Sie, daß dieser eine positive Menge a investieren wird.

e) Wie ändert sich der investierte Betrag a unter **c)** und **d)**, wenn sich der zur Verfügung stehende Betrag A erhöht?

Lösung:

a) Die Erwartungsnutzenhypothese besagt, daß die Präferenzordnung eines Individuums über einer Menge von Prospekten, im hier vorliegenden Fall über der Menge der Lotterien $\mathcal{L}$ mit Hilfe einer Nutzenfunktion $U(\mathcal{L})$ dargestellt werden kann, wobei zu U eine Nutzenfunktion $u: \mathbf{R} \to \mathbf{R}$ gehört, so daß für alle Lotterien $L \in \mathcal{L}$ gilt:

$$U\left((p \circ (A - ra) \oplus (1-p) \circ (A + ra)\right)$$
$$= pu(A - ra) + (1-p)u(A + ra).$$

b) Für die spezielle Nutzenfunktion

$$u(y) = 1 - e^{-y}$$

gilt

$$u'(y) = e^{-y} > 0,$$
$$u''(y) = -e^{-y} < 0.$$

Damit ist das Individuum risikoavers. Man sieht weiter, daß die absolute Risikoaversion konstant und gleich eins ist,

$$R_A = -\frac{u''(y)}{u'(y)} = \frac{-e^{-y}}{e^{-y}} = 1.$$

c) Sei die Verlustwahrscheinlichkeit $p \geq 1/2$. Für gegebenes p und A kann der Erwartungsnutzen als eine Funktion W in Abhängigkeit vom investierten Betrag $0 \leq a \leq A$ geschrieben werden.

$$W(a) = p\left(1 - e^{-(A-ra)}\right) + (1-p)\left(1 - e^{-(A+ra)}\right)$$
$$= 1 - e^{-A}\left[pe^{ra} + (1-p)e^{-ra}\right].$$

Als erste und zweite Ableitung von W erhält man:

$$W'(a) = -e^{-A}r\left[pe^{ra} - (1-p)e^{-ra}\right],$$
$$W''(a) = -e^{-A}r^2\left[pe^{ra} + (1-p)e^{-ra}\right].$$

W'' ist für alle Werte von a negativ, d.h. W ist konkav in a. Der Investor wird also genau dann nicht in das Projekt investieren, wenn $W'(0) \leq 0$ ist. Für $p \geq 1/2$ erhält man

$$\begin{aligned} W'(0) &= -e^{-A}r\left[p-(1-p)\right] \\ &= -e^{-A}r\left[2p-1\right] \leq 0 \, . \end{aligned}$$

Falls $p \geq 1/2$ ist, wird die optimale Investitionsentscheidung $a^* = 0$ lauten.

d) Der Erwartungswert einer Investition ist

$$Ea = -pra + (1-p)ra = ra(1-2p).$$

Dieser ist genau dann positiv, falls $p < 1/2$ ist. Für $W'(a)$ erhält man in diesem Fall

$$\begin{aligned} W'(a) &= re^{-A}\left[e^{-ra} - p(e^{ra} + e^{-ra})\right] \\ &= pre^{-A}\left[\frac{1-p}{p}e^{-ra} - e^{ra}\right] \, . \end{aligned}$$

Aus $p < \frac{1}{2}$ folgt, daß $W'(a) > 0$ für kleine a. Somit wird $a^* > 0$ sein. Als notwendige und hinreichende Bedingung erhält man für a^* aus $W'(a^*) = 0$

$$\frac{1-p}{p}e^{-ra^*} = e^{ra^*}$$

bzw.

$$a^* = \frac{1}{2r}\ln\frac{1-p}{p} \, .$$

Da a^* nicht größer sein kann als A, ergibt sich als Investitionsnachfragefunktion somit

$$a^* = \begin{cases} 0 & p \geq \frac{1}{2} \\ \min\left\{\frac{1}{2r}\ln\frac{1-p}{p}, A\right\} & p < \frac{1}{2} \end{cases} \, .$$

e) Aus der Investitionsnachfragefunktion aus d) sieht man sofort, daß eine Erhöhung von A nie zu einer Nachfragesteigerung führt, falls $p \geq 1/2$ oder A hinreichend groß ist. Für $p < 1/2$ ergibt sich eine Nachfragesteigerung im vollen Umfang der Erhöhung von A, falls

$$\frac{1}{2r} \ln \frac{1-p}{p} > A$$

ist. Allgemein kann man schreiben:

$$\frac{da^*}{dA} = \begin{cases} 0 & p \geq \frac{1}{2} \\ 0 & p < \frac{1}{2} \text{ und } A \geq \frac{1}{2r} \ln \frac{1-p}{p} \\ 1 & \text{anderenfalls.} \end{cases}$$

Aufgabe 1.8

Maße der Risikoaversion

Bestimmen Sie für die folgenden Funktionen jeweils die Maße der absoluten und der relativen Risikoaversion und diskutieren Sie ihren Verlauf für $x \geq 0$!

a) $u(x) = ax + b$ $\qquad a > 0$
b) $v(x) = e^{\alpha x}$ $\qquad \alpha > 0$
c) $f(x) = 1 - ae^{-\alpha x}$ $\qquad a > 0, \alpha > 0$
d) $g(x) = \ln x$
e) $h(x) = c + bx^\alpha$ $\qquad b > 0, 0 < \alpha < 1$
f) $k(x) = \dfrac{x}{a+x}$ $\qquad a > 0$
g) $p(x) = (1-\epsilon)x^{1-\epsilon}$ $\qquad \epsilon \neq 1$

Lösung:

Die absolute Risikoaversion ist definiert als

$$R_A(x) = -\frac{u''(x)}{u'(x)},$$

die relative Risikoaversion als
$$R_R(x) = -\frac{xu''(x)}{u'(x)}.$$

Für diese Fälle **a)** - **g)** erhält man damit die folgenden Ergebnisse:

a) $R_A(x) = R_R(x) = 0$.

b) $R_A(x) = -\alpha; \quad R_R(x) = -\alpha x$.

c) $R_A(x) = \alpha; \quad R_R(x) = \alpha x$.

d) $R_A(x) = \frac{1}{x}; \quad R_R(x) = 1$.

e) $R_A(x) = (1-\alpha)\frac{1}{x}; \quad R_R(x) = 1-\alpha$.

f) $R_A(x) = \frac{2}{(a+x)}; \quad R_R = \frac{2x}{(a+x)}$.

g) $R_A(x) = \epsilon\frac{1}{x}; \quad R_R(x) = \epsilon$.

Aufgabe 1.9

Lotterienachfrage

(Erwartungsnutzen, Erwartungswert, Risikoaversion)

Ein Individuum hat die Möglichkeit, an einer Lotterie teilzunehmen, die einen einzigen Preis $V > 0$ auszahlt, bei einem Gesamtwert T an verkauften Losen. Die Gewinnwahrscheinlichkeit des Individuums ist gleich dem Anteil $s, 0 \leq s \leq 1$ an Losen, die das Individuum kauft.

  a) Unter welchen Bedingungen wird das Individuum an der Lotterie teilnehmen, d.h. ein $s > 0$ wählen, wenn es den erwarteten Gewinn maximiert?

  b) Das Individuum besitze eine streng monoton steigende und konkave v. Neumann–Morgenstern Nutzenfunktion $u: \mathbf{R} \to \mathbf{R}$. Zeigen Sie, daß das Individuum nie einen Teil $0 < s < 1$ der Lose kauft, wenn $V \neq T$ ist.

  c) Wie unterscheidet sich das Verhalten im Falle der Risikoneutralität von dem bei Risikoaversion?

Lösung:

Falls das Individuum den Anteil s, $0 \leq s \leq 1$ vom Gesamtwert T kauft, muß es die beiden Nettogewinnpositionen $V - sT$, falls es gewinnt, und $-sT$, falls es verliert, gegeneinander abwägen.

a) Der erwartete Nettogewinn bei einem Anteil s beträgt

$$G(s) = s(V - sT) + (1 - s)(-sT) = s(V - T).$$

Daraus folgt unmittelbar, daß das optimale s^* nur dann positiv ist, falls $V \geq T$ gilt. Als optimale Quote s^* erhält man allgemein

$$s^* = \begin{cases} 0 & \text{falls} \quad T > V \\ s, \ s \in [0,1] & \text{falls} \quad T = V \\ 1 & \text{falls} \quad T < V. \end{cases}$$

b) Als Erwartungsnutzenfunktion erhält man

$$U(s) = s u(V - sT) + (1 - s) u(-sT).$$

Daraus folgt $U(0) = u(0)$ und $U(1) = u(V - T)$. Aus der Konkavität von u folgt

$$\begin{aligned} U(s) &= s u(V - sT) + (1 - s) u(-sT) \\ &\leq u\left[s(V - sT) + (1 - s)(-sT)\right] \\ &= u\left[s(V - T)\right]. \end{aligned}$$

(i) Sei $V - T > 0$ und $0 \leq s < 1$. Dann gilt
$$\begin{aligned} U(s) &\leq u\left[s(V - T)\right] \\ &< u(V - T) = U(1), \end{aligned}$$

so daß $s^* = 1$ folgt.

(ii) Sei $V - T < 0$ und $s > 0$. Dann gilt
$$\begin{aligned} U(s) &\leq u\left[s(V - T)\right] \\ &< u(0) = U(0), \end{aligned}$$

so daß $s^* = 1$ folgt.

c) Die Lösungen in **a)** und **b)** zeigen, daß das Verhalten des Individuums bei Risikoneutralität und Risikoaversion identisch ist, falls $V \neq T$ ist, d.h. falls Gewinnausschüttung und Gesamtwert der Lose nicht gleich sind.

Falls $V = T$ ist, folgt aus **a)**, daß im Falle der Risikoneutralität das Individuum indifferent zwischen allen Lotterien ist. Bei Risikoaversion liegt eine solche Indifferenz in der Regel jedoch nicht vor. Zwar gilt für $V = T$ generell, daß $U(0) = U(1) = u(0)$ ist. Jedoch ist $U(s)$ im allgemeinen nicht konkav. Um dies zu zeigen, betrachte man die konkave Nutzenfunktion

$$u(x) = \begin{cases} x & x \geq 0 \\ 2x & x \leq 0 \end{cases}.$$

Daraus erhält man als Erwartungsnutzenfunktion

$$\begin{aligned} U(s) &= s(1-s)T - 2(1-s)sT \\ &= -T(1-s)s. \end{aligned}$$

Diese Funktion ist streng konkav und besitzt für $s = 1/2$ ein globales Minimum. Für die gewählte konkave Nutzenfunktion gilt somit lediglich $s^* = 0$ bzw. $s^* = 1$.

Aufgabe 1.10

Versicherungsnachfrage eines Haushalts

(Voll- vs. Teilversicherung, Prämienvariation, Risikoaversion)

Ein Haushalt besitzt eine zweimal differenzierbare, streng monoton steigende und streng konkave v. Neumann–Morgenstern Nutzenfunktion $u : \mathbf{R} \to \mathbf{R}$ als Funktion seines Vermögens. Sein Anfangsvermögen $X_0 > 0$ kann er mit der Wahrscheinlichkeit $(1-q)$ behalten, während mit Wahrscheinlichkeit $q, 1 > q > 0$ ein Verlust von $L, X_0 > L > 0$ eintritt. Zum Verlustausgleich kann sich der Haushalt durch Kauf einer Versicherungspolice in Höhe von $B \leq L$ absichern, zahlt dafür jedoch eine Prämie in Höhe von $rB, r < 1$.

a) Stellen Sie das Maximierungsproblem des Haushalts auf, und diskutieren Sie die notwendigen Bedingungen für eine optimale Lösung.

b) Unter welchen Bedingungen schließt der Haushalt eine Versicherung ab?

c) Zeigen Sie, daß der Haushalt niemals eine Versicherung auf den vollen Betrag L abschließt, falls die Prämienrate r größer ist als die Verlustwahrscheinlichkeit q.

d) Bestimmen Sie die Versicherungsnachfrage für den Fall, daß $u(x) = \ln x$ ist.

Lösung:

Als Erwartungsnutzenfunktion des Haushalts erhält man bei einer gewählten Versicherung in Höhe von $B \geq 0$

$$U(B) = (1-q)u(X_0 - rB) + qu(X_0 - L + (1-r)B).$$

a) Das Maximierungsproblem lautet damit:

$\max U(B)$

unter der Nebenbedingung

$0 \leq B \leq L.$

Als Eigenschaften von U erhält man

$U'(B)$
$= -r(1-q)u'(X_0 - rB) + (1-r)qu'(X_0 - L + (1-r)B)$

und

$U''(B)$
$= r^2(1-q)u''(X_0 - rB) + (1-r)^2 qu''(X_0 - L + (1-r)B).$

Da $U''(B) < 0$ ist, sind die notwendigen Bedingungen auch hinreichend. Aus der Lagrangefunktion

$\mathcal{L} = (1-q)u(X_0 - rB) + qu(X_0 - L + (1-r)B)$
$\quad + \alpha B + \beta(L - B)$

erhält man als notwendige und hinreichende Bedingungen für eine optimale Lösung

$$-r(1-q)u'(X_0 - rB^*) + (1-r)qu'(X_0 - L + (1-r)B^*)$$
$$+ \alpha^* - \beta^* = 0,$$

$$0 \leq B^* \leq L, \quad \alpha^* \geq 0, \quad \beta^* \geq 0,$$
$$\alpha^* B^* = 0, \quad \beta^*(L - B^*) = 0.$$

Daraus erhält man:

(i) $B^* = 0$ $\Rightarrow$ $U'(B^*) = -\alpha^* \leq 0$,
(ii) $0 < B^* < L$ $\Rightarrow$ $U'(B^*) = 0$,
(iii) $B^* = L$ $\Rightarrow$ $U'(B^*) = \beta^* \geq 0$.

b) Da $U''(B) < 0$ ist, wird der Haushalt genau dann ein $B^* > 0$ wählen, falls $U'(0) > 0$ ist.

$$U'(0) = -r(1-q)u'(X_0) + (1-r)qu'(X_0 - L) > 0$$

ist erfüllt, genau dann, wenn

$$\frac{u'(X_0 - L)}{u'(X_0)} \frac{q}{1-q} > \frac{r}{1-r}$$

gilt. Da $u'' < 0$ ist, gilt $u'(X_0-L) > u'(X_0)$, so daß die Bedingung auf jeden Fall für $r = q$ und in einer Umgebung davon erfüllt ist. Es existiert jedoch ein maximaler Prämiensatz $\bar{r}$, von dem ab die Ungleichung nicht mehr gilt. Die Grafik zeigt deutlich, daß $\bar{r}$ nur dann größer als q ist, wenn $L > 0$ vorliegt. B^* ist somit positiv für alle $r < \bar{r}$.

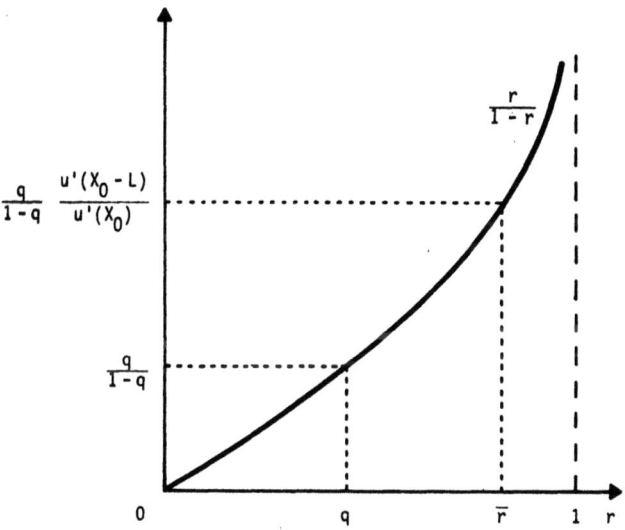

c) Sei $r > q$. Falls $r \geq \bar{r}$ ist, gilt aufgrund der Überlegungen aus **b)**, daß $B^* = 0 < L$ ist. Sei also $\bar{r} > r > q$. Dann folgt die notwendige Bedingung

$$-\frac{r}{1-r}u'(X_0 - rB^*) + \frac{q}{1-q}u'(X_0 - L + (1-r)B^*)$$
$$= \frac{\beta^*}{(1-r)(1-q)}.$$

Es sei angenommen, daß $\beta^* > 0$ ist. Dann gilt $L = B^*$, sowie

$$X_0 - rB^* = X_0 - L + (1-r)B^*$$

und

$$u'(X_0 - rB^*)\left[\frac{q}{1-q} - \frac{r}{1-r}\right] > 0,$$

was im Widerspruch zu $r > q$ steht. Somit ist $\beta^* = 0$ und die notwendige Bedingung lautet

$$\frac{r}{1-r}u'(X_0 - rB^*) = \frac{q}{1-q}u'(X_0 - L + (1-r)B^*).$$

Dies ist äquivalent zu

$$\frac{\left(\dfrac{r}{1-r}\right)}{\left(\dfrac{q}{1-q}\right)} = \frac{u'(X_0 - L + (1-r)B^*)}{u'(X_0 - rB^*)}.$$

Da $r > q$ ist, folgt

$$\frac{\left(\dfrac{r}{1-r}\right)}{\left(\dfrac{q}{1-q}\right)} > 1$$

und damit

$$u'(X_0 - L + (1-r)B^*) > u'(X_0 - rB^*).$$

Da u' streng monoton fallend ist, folgt

$$X_0 - rB^* > X_0 - L + (1-r)B^*,$$

d.h. $L > B^*$.

d) Aus **a)** erhält man für eine innere Lösung $0 < B^* < L$ als notwendige Bedingung

$$\frac{r(1-q)}{X_0 - rB^*} = \frac{q(1-q)}{X_0 - L + (1-r)B^*}$$

und damit

$$B^* = \begin{cases} L & \text{für } r \leq q \\ \dfrac{q}{r}\left[X_0 - \dfrac{r}{(1-r)}\dfrac{(1-q)}{q}(X_0 - L)\right] & \text{für } q < r < \bar{r} \\ 0 & \text{für } \bar{r} \leq r. \end{cases}$$

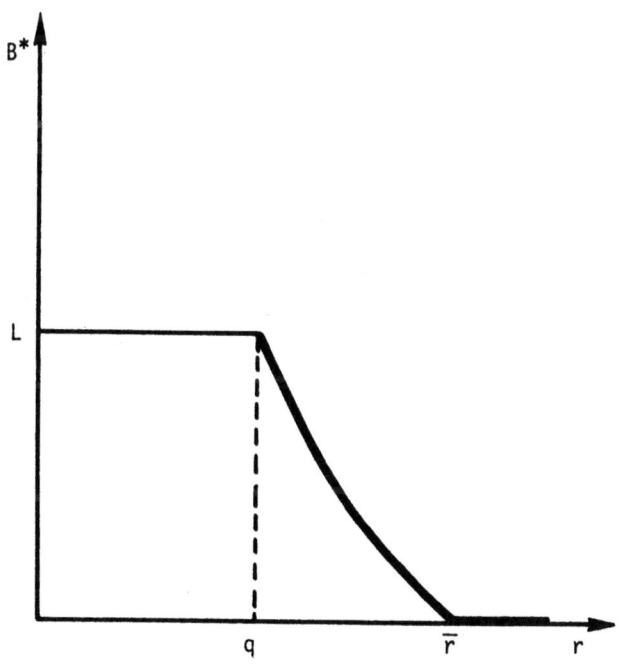

Dabei ist $\bar{r}$, wie bereits in **b)** angegeben, bestimmt durch

$$\frac{X_0}{X_0 - L} \cdot \frac{q}{1-q} = \frac{\bar{r}}{1-\bar{r}}$$

und damit

$$\bar{r} = \frac{qX_0}{qX_0 + (1-q)(X_0 - L)} \ .$$

Man erkennt leicht, daß $\bar{r} > q$ ist, falls der mögliche Verlust L positiv ist. Immer dann gibt es auch einen Bereich, in dem keine hundertprozentige Versicherung gewählt wird. Es läßt sich auch leicht zeigen, daß B^* für $q < r < \bar{r}$ eine fallende Funktion in r ist, so daß die Versicherungsnachfrage den in der Abbildung dargestellten Verlauf hat.

Aufgabe 1.11

Aktiennachfrage und Finanzinvestition

(Optimales Portefeuille, Anlagenmischung, Rendite, Risikoaversion)

Einem Investor steht ein Geldbetrag $M > 0$ zur Verfügung, den er für eine Periode als Sparguthaben $m \geq 0$ mit einem Zinssatz $r > 0$ oder in Form von Aktien $a \geq 0$ halten kann. Es gilt selbstverständlich $m + a = M$. Die Rendite x auf Aktien sei eine Zufallsvariable. Die v. Neumann-Morgenstern Nutzenfunktion des Investors sei streng monoton steigend und streng konkav.

a) Stellen Sie das Optimierungsproblem des Investors auf und diskutieren Sie die notwendigen Bedingungen für ein optimales Portefeuille (a^*, m^*).

b) Ermitteln und diskutieren Sie die Bedingungen, die zu einem gemischten bzw. ungemischten Portefeuille führen.

c) Zeigen Sie, daß die Nachfrage nach Aktien mit steigendem Anfangsvermögen M steigt, falls die Nutzenfunktion des Investors fallende absolute Risikoaversion besitzt, und der Erwartungswert der Aktienrendite größer als der Sparzins ist.

Lösung:

Das Vermögen Y des Investors bei einer Investitionsentscheidung (a, m) mit $a + m = M$ ist eine Zufallsvariable der Form

$$\begin{aligned} Y &= m(1+r) + a(1+x) \\ &= M(1+r) + a(x-r) \, . \end{aligned}$$

Somit ist der Erwartungsnutzen als eine Funktion $W(a)$, $0 \leq a \leq M$, darstellbar, d.h.

$$W(a) = Eu\left(M(1+r) + a(x-r)\right).$$

Man erhält für den Verlauf von W

$$W'(a) = E\left\{u'\left[M(1+r) + a(x-r)\right](x-r)\right\}$$

und

$$W''(a) = E\left\{u''\left[M(1+r) + a(x-r)\right](x-r)^2\right\}.$$

Da Risikoaversion vorliegt, d.h. $u''(x) < 0$ ist, folgt, daß $W'''(a) < 0$ ist. Somit ist W eine konkave Funktion in a.

a) Das Maximierungsproblem lautet

$$\max W(a)$$

mit den Nebenbedingungen

$$0 \leq a \leq M.$$

Aus der Lagrangefunktion

$$\mathcal{L} = W(a) + \alpha a + \beta(M - a)$$

erhält man als notwendige Bedingungen, die aufgrund der Konkavität von W hinreichend sind:

$$\begin{aligned} &W'(a) + \alpha^* - \beta^* = 0, \\ &0 \leq a^* \leq M, \quad \alpha^* a^* = 0, \quad \alpha^* \geq 0, \\ &\beta^*(M - a^*) = 0, \quad \beta^* \geq 0 \, . \end{aligned}$$

b) Kein Aktienkauf erfolgt, d.h. $a^* = 0$ genau dann, wenn gilt:

$$W'(0) = -\alpha^* \leq 0.$$

Dies gilt, wenn

$$\begin{aligned} W'(0) &= E\left\{u'[M(1+r)](x-r)\right\} \\ &= u'[M(1+r)]E\{(x-r)\} \\ &= u'[M(1+r)](E\{x\}-r) \leq 0\,. \end{aligned}$$

Dies bedeutet, daß der Investor keine Aktien kauft, wenn die erwartete Rendite kleiner oder gleich dem Sparzinssatz r ist. Umgekehrt folgt, daß

$$a^* > 0 \quad \text{genau dann, wenn} \quad E\{x\} > r$$

gilt. Der Investor wird den Gesamtbetrag M in Aktien anlegen, falls

$$W'(M) = \beta^* \geq 0 \quad \text{ist.}$$

Dies ist genau der Fall, wenn

$$W'(M) = E\left\{u'[M(1+x)](x-r)\right\} \geq 0$$

ist.

Falls $W'(0) > 0$ und $W'(M) < 0$ ist, wird der Investor ein gemischtes Portefeuille (a^*, m^*), mit $0 < a^* < M$ und $0 < m^* < M$ halten. Dieser Fall ist in dem Diagramm dargestellt, wobei der skizzierte Verlauf von W für ein festes M gilt.

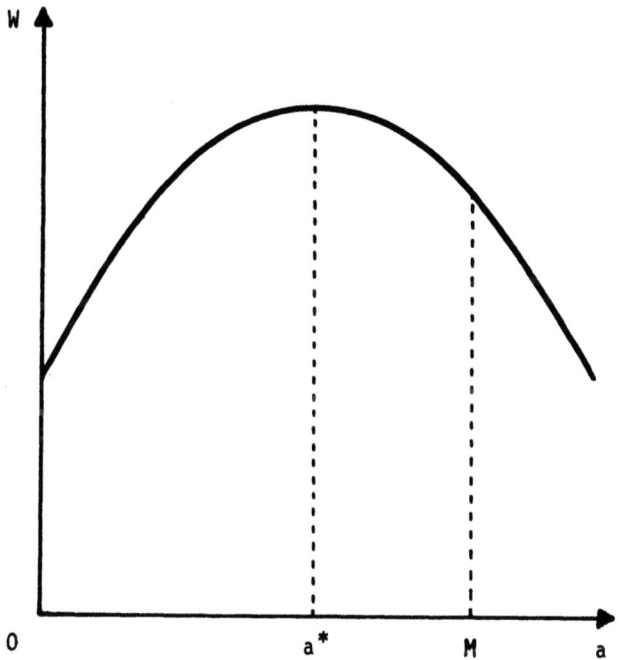

c) Sei $0 < a^* < M$. Dann gilt die notwendige Bedingung

$$W'(a^*) = E\left\{u'\left[M(1+r) + a^*(x-r)\right](x-r)\right\} = 0.$$

Durch implizite Differentiation erhält man

$$\frac{da^*}{dM} = \frac{(1+r)E\left\{u''\left[M(1+r) + a^*(x-r)\right](x-r)\right\}}{-E\left\{u''\left[M(1+r) + a^*(x-r)\right](x-r)^2\right\}}.$$

Der Nenner dieses Ausdrucks ist positiv. Daraus folgt, daß da^*/dM genau dann positiv ist, wenn der Zähler positiv ist.

Zur Abschätzung des Zählers dienen die folgenden Überlegungen. Sei $R_A(Y) = -u''(Y)/u'(Y)$ die absolute Risikoaversion, die laut

Annahme eine fallende Funktion in Y ist. Dies ergibt die beiden Ungleichungen

(i) $R_A[M(1+r) + a^*(x-r)] < R_A[M(1+r)]$

falls $(x-r) > 0$,

(ii) $R_A[M(1+r) + a^*(x-r)] > R_A[M(1+r)]$

falls $(x-r) < 0$.

Durch Verwendung der Definition von R_A an der Stelle $Y = M(1+r) + a^*(x-r)$ und Multiplikation von (i) mit $(x-r) > 0$ erhält man

(iii) $\begin{aligned}&u''[M(1+r) + a^*(x-r)](x-r)\\ &> -R_A[M(1+r)] \cdot u'[M(1-r) + a^*(x-r)](x-r)\\ &\text{für } (x-r) > 0.\end{aligned}$

Mit Hilfe der gleichen Operation erhält man aus (ii)

(iv) $\begin{aligned}&u''[M(1+r) + a^*(x-r)](x-r)\\ &> -R_A[M(1+r)] \cdot u'[M(1+r) + a^*(x-r)](x-r)\\ &\text{für } (x-r) < 0.\end{aligned}$

Somit gilt für alle $(x-r) \neq 0$

$$\begin{aligned}&u''[M(1+r) + a^*(x-r)](x-r)\\ &> -R_A[M(1+r)] \cdot u'[M(1+r) + a^*(x-r)](x-r),\end{aligned}$$

und damit nach Bildung des Erwartungswertes auf beiden Seiten

$$\begin{aligned}&E\{u''[M(1+r) + a^*(x-r)](x-r)\}\\ &> -R_A[M(1+r)] \cdot E\{u'[M(1+r) + a^*(x-r)](x-r)\}\\ &= -R_A[M(1+r)] \cdot W'(a^*) = 0.\end{aligned}$$

Die letzte Gleichheit folgt aus der notwendigen Bedingung. Damit ist der Zähler von da^*/dM positiv und somit a^* eine steigende Funktion in M.

Aufgabe 1.12

Kreditangebot einer Bank

(Kreditzins, Refinanzierung, Bankrottproblematik)

Der Kreditsachbearbeiter einer Bank steht vor dem Problem zu entscheiden, wieviel Kredit er einem bestimmten Kunden für ein Jahr gewähren soll. Der Zinssatz für Kredite sei r, und der Refinanzierungszinssatz sei r^*, $1 > r > r^*$, für den Zeitraum eines Jahres. Zu Beginn des folgenden Jahres sind Zinsen und Tilgung fällig. Die Höhe des Nettovermögens $\tilde{v}$ des Kunden zu Beginn des folgenden Jahres ist dem Sachbearbeiter unbekannt. Er vermutet jedoch, daß das künftige Vermögen $\tilde{v}$ gemäß der Dichtefunktion $f(\tilde{v}) = (1/v)e^{-\tilde{v}/v}$ um das aktuelle Vermögen v verteilt ist. Da der Bank bei Zahlungsunfähigkeit des Kunden zu Beginn des folgenden Jahres nur der Zugriff auf dessen Nettovermögen $\tilde{v}$ bleibt, gilt es einen Zinsgewinn gegen das Risiko eines Bankrotts abzuwägen. Gehen Sie davon aus, daß die Bank ihren erwarteten Gewinn aus diesem Kreditgeschäft zu maximieren sucht.

a) Wie hoch ist der Erwartungswert des Vermögens $\tilde{v}$ des Kunden?

b) Bis zu welcher Höhe wird die Bank dem Kunden Kredit anbieten?

c) Überprüfen Sie, ob die Kreditangebotsfunktion steigend im Kreditzins verläuft.

Lösung:

a) Der Erwartungswert des Vermögens $\tilde{v}$ des Kunden ist

$$E\tilde{v} = \int_0^\infty \tilde{v}\frac{1}{v}e^{-\frac{\tilde{v}}{v}}d\tilde{v} = \left[-(\tilde{v}+v)e^{-\frac{\tilde{v}}{v}}\right]_0^\infty$$
$$= \lim_{\tilde{v}\to\infty}\left[-(\tilde{v}+v)e^{-\frac{\tilde{v}}{v}}\right] - [-v] = v.$$

Die angegebene Verteilung ist die sogenannte α–Verteilung.

b) Sei $k \geq 0$ der dem Kunden gewährte Kreditbetrag. Dann ist die Rückzahlungsverpflichtung $(1+r)k$. Der Bankrott tritt zu Beginn der nächsten Periode genau dann ein, wenn das realisierte Vermögen $\tilde{v} < (1+r)k$ ist. In diesem Fall erhält die Bank lediglich

$\tilde{v}$ als Rückzahlung. Der Rückzahlungsbetrag $\tilde{y}$ ist damit eine Zufallsvariable der Form

$$\tilde{y} = \min\{(1+r)k, \tilde{v}\}.$$

Ebenso ist der Gewinn der Bank eine Zufallsvariable

$$\pi(k) = \min\{(1+r)k, \tilde{v}\} - (1+r^*)k,$$

wobei $(1+r^*)k$ die Finanzierungskosten der Bank sind. Als erwarteten Gewinn erhält man

$$\begin{aligned} E\pi(k) \\ &= \int_0^\infty \min\{(1+r)k, \tilde{v}\} \frac{1}{v} e^{-\frac{\tilde{v}}{v}} d\tilde{v} - (1+r^*)k \\ &= \int_0^{(1+r)k} \frac{\tilde{v}}{v} e^{-\frac{\tilde{v}}{v}} d\tilde{v} + (1+r)k \int_{(1+r)k}^\infty \frac{1}{v} e^{-\frac{\tilde{v}}{v}} d\tilde{v} - (1+r^*)k \,. \end{aligned}$$

Daraus erhält man durch Differentiation nach k für die notwendige Bedingung

$$\begin{aligned} \frac{\partial E\pi(k)}{\partial k} &= \frac{(1+r)^2 k}{v} e^{-\frac{(1+r)k}{v}} + (1+r)\int_{(1+r)k}^\infty \frac{1}{v} e^{-\frac{\tilde{v}}{v}} d\tilde{v} \\ &\quad - \frac{(1+r)^2 k}{v} e^{-\frac{(1+r)k}{v}} - (1+r^*) \\ &= (1+r)\left[-e^{-\frac{\tilde{v}}{v}}\right]_{(1+r)k}^\infty - (1+r^*) \\ \frac{\partial E\pi(k)}{\partial k} &= (1+r)e^{-\frac{(1+r)k}{v}} - (1+r^*) = 0. \end{aligned}$$

Dies ergibt als optimales Kreditangebot k^*

$$-\frac{(1+r)k^*}{v} = \ln\frac{1+r^*}{1+r}$$

bzw.

$$k^* = v\left(\frac{\ln(1+r) - \ln(1+r^*)}{1+r}\right).$$

Man sieht unmittelbar, daß das Kreditangebot nur dann positiv ist, wenn der Kreditzinssatz r über dem der Refinanzierung r^* liegt.

c) Eine Variation des Kreditzinssatzes r ergibt eine Veränderung von k^* gemäß

$$\frac{dk^*}{dr} = \frac{v}{(1+r)^2}\left[\frac{(1+r)}{(1+r)} - (\ln(1+r) - \ln(1+r^*))\right]$$
$$= \frac{v}{(1+r)^2}\left[1 + \ln(1+r^*) - \ln(1+r)\right] .$$

Somit gilt $dk^*/dr \gtreqless 0$ genau dann, wenn

$$1 + \ln(1+r^*) \gtreqless \ln(1+r) \quad \text{ist.}$$

Damit ist $dk^*/dr > 0$ für $r = r^*$ und in einer Umgebung von r^*. $dk^*/dr = 0$ gilt genau dann, wenn

$$1 + \ln(1+r^*) = \ln(1+\bar{r})$$

ist. Dies ist äquivalent zu

$$\bar{r} = e(1+r^*) - 1.$$

Da $e > 2$ ist, muß $\bar{r} > 1$ sein. Als Kreditangebotsfunktion $k^*(r)$ erhält man damit den im Diagramm angegebenen Verlauf, der im gesamten Bereich zwischen r^* und 1 steigend ist.

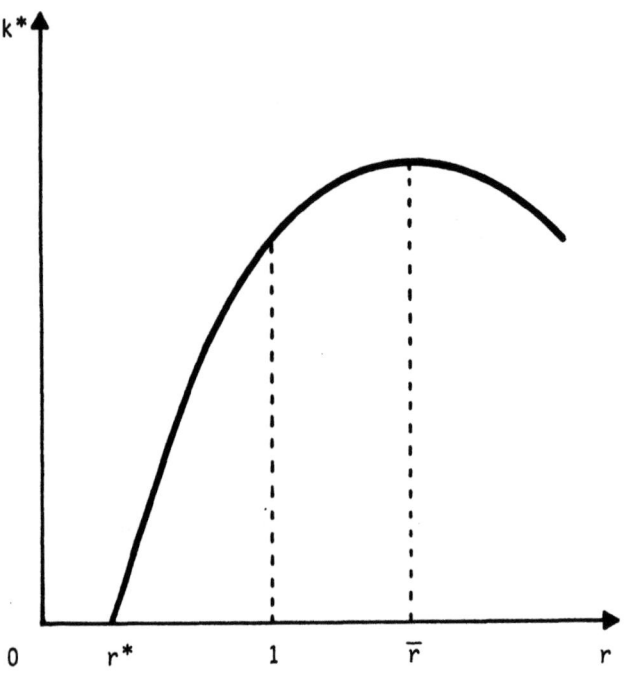

Aufgabe 1.13

Aktiennachfrage und Finanzinvestition

(Optimales Portefeuille, Kursrisiko, Sicherheitsäquivalent, Risikoaversion)

Frau Müller besitze ein positives Vermögen in Höhe von W DM. Dies kann Sie entweder als Kasse halten oder Aktien eines Typs kaufen, für die die folgende Kursentwicklung unterstellt wird. Der heutige Kurs der Aktie betrage k DM. Der morgige Kurs der Aktie werde k_1 DM mit Wahrscheinlichkeit p und k_2 DM mit Wahrscheinlichkeit $(1-p)$ betragen. Es gelte $1 > p > 0$ und $k_1 > k > k_2 > 0$.

a) Bestimmen Sie das optimale Portefeuille von Frau Müller, wenn ihre v. Neumann–Morgenstern Nutzenfunktion von der Form $u(x) = \ln x$ ist.

b) Bestimmen Sie das absolute und das relative Arrow–Pratt Maß der Risikoaversion für die unter **a)** angegebene v. Neumann–Morgenstern Nutzenfunktion.

c) Bestimmen Sie das Sicherheitsäquivalent der Aktie.

d) Untersuchen Sie die Auswirkungen einer Kurserhöhung auf die Aktiennachfrage.

Lösung:

a) Sei $a \geq 0$ die Anzahl der gekauften Aktien und $m \geq 0$ der als Kasse gehaltene Betrag. Dann ergibt das Optimierungsproblem

$$\max_{(a,m)} \left\{ Eu(x) \;\middle|\; \begin{array}{ll} x = m + k_1 a & \text{mit Wahrscheinlichkeit } p \\ x = m + k_2 a & \text{mit Wahrscheinlichkeit } (1-p) \end{array} \right\}$$

mit den Nebenbedingungen $m + ka = W, a \geq 0, m \geq 0$ die Lagrangefunktion

$$\begin{aligned} \mathcal{L} &= p \ln(m + k_1 a) + (1-p) \ln(m + k_2 a) \\ &\quad + \lambda [W - m - ka] + \alpha a + \mu m. \end{aligned}$$

Als notwendige Bedingungen, die aufgrund der Konkavität von $\ln x$ auch hinreichend sind, erhält man

(1) $\quad \dfrac{p}{m + k_1 a} + \dfrac{1-p}{m + k_2 a} - \lambda + \mu = 0,$

(2) $\quad \dfrac{k_1 p}{m + k_1 a} + \dfrac{k_2(1-p)}{m + k_2 a} - \lambda k + \alpha = 0,$

(3) $\quad \lambda(W - m - ka) = 0, \; \alpha a = 0, \; \mu m = 0.$

Da $\ln x$ streng monoton ist, muß λ größer Null sein. Folglich ist $m + ka = W$ und somit ist $m = a = 0$ keine Lösung. **(1)** und **(2)** unter Verwendung von $W = m + ka$ ergeben dann

$$\frac{W[k - (pk_1 + (1-p)k_2)] + a(k_1 - k)(k - k_2)}{[W + a(k_1 - k)][W + a(k_2 - k)]} = \alpha - \mu k.$$

Ist nun der heutige Kurs nicht kleiner als der erwartete, d.h. $k \geq pk_1 + (1-p)k_2$, dann folgt aus der obigen Gleichung, daß $a^* = 0$ und $m^* = W$.

Umgekehrt erhält man $a^* > 0$ für $pk_1 + (1-p)k_2 > k$. Damit läßt sich die Aktiennachfrage für den Fall $k_1 > k > k_2$ allgemein schreiben als

$$a^*(p, k, k_1, k_2) = W \cdot \max\left\{0, \min\left\{\frac{1}{k}, \frac{pk_1 + (1-p)k_2 - k}{(k_1 - k)(k - k_2)}\right\}\right\}$$

und entsprechend $m^* = W - ka^*$.

b) Nach Arrow–Pratt erhält man als Maß der absoluten Risikoaversion

$$R_A(x) = -\frac{u''(x)}{u'(x)} = \frac{1}{x}$$

und als Maß der relativen Risikoaversion

$$R_R(x) = -\frac{u''(x)}{u'(x)} \cdot x = 1.$$

c) Das Sicherheitsäquivalent der Aktie ist derjenige sichere Geldbetrag x_c, den der Investor als indifferent zum Kauf einer Aktie betrachtet, d.h. x_c ist definiert durch die Beziehung

$$u(x_c) = pu(k_1) + (1-p)u(k_2).$$

Dies ergibt hier

$$\begin{aligned}\ln x_c &= p \ln k_1 + (1-p) \ln k_2 \\ &= \ln k_1^p + \ln k_2^{1-p} \\ &= \ln(k_1^p \cdot k_2^{1-p}),\end{aligned}$$

d.h. $x_c = k_1^p k_2^{1-p}$.

d) Für den Fall, daß $0 < ka^* < W$ erhält man die Veränderung der Aktiennachfrage bezüglich einer heutigen Kursveränderung als

$$\frac{da^*}{dk} = -\frac{(k_1 - k)(k - k_2) + [pk_1 + (1-p)k_2 - k][k_1 - 2k + k_2]}{(k_1 - k)^2 (k - k_2)^2}.$$

Da $k_1 > k > k_2$ und $pk_1 + (1-p)k_2 > k$, folgt für die Vorzeichenabschätzung

$$\frac{da^*}{dk} < -\frac{(k_1 - k)(k - k_2) + [pk_1 + (1-p)k_2 - k](k_2 - k)}{(k_1 - k)^2 (k - k_2)^2}$$

$$= -\frac{(k - k_2)[k_1 - (pk_1 + (1-p)k_2)]}{(k_1 - k)^2 (k - k_2)^2} < 0.$$

Damit ist gezeigt, daß bei einer Erhöhung des heutigen Kurses und unveränderter Einschätzung der zukünftigen Kursentwicklung die Aktiennachfrage sinkt.

Kapitel 2

Stabilitätsanalyse auf Partialmärkten

Die erste Aufgabe analysiert das Stabilitätsverhalten eines Marktes im Rahmen des sogenannten Tâtonnementanpassungsprozesses, der von Walras und Marshall zuerst dargestellt wurde. Die restlichen Aufgaben behandeln den Fall diskreter dynamischer Stabilität, bei der jeweils die Mengenentscheidung einer Marktseite vom Preis der Vorperiode abhängt. Dieses Modell entspricht in seiner Struktur dem sogenannten Cobweb–Modell, das für lineare Funktionen vollständig analysiert wird. Die weiteren Aufgaben sollen einen Einblick in die komplexe dynamische Struktur vermitteln, die entsteht, falls nichtlineare Funktionen den Markt beschreiben.

Literaturhinweis

Henderson, J.M. and R.E. Quandt (1980) Microeconomic Theory, New York, Chapter 4.

Krelle, W. (1976) Preistheorie II, Tübingen, Kapitel 8.

Aufgabe 2.1

Stabilität nach Walras und Marshall

(Preis- und Mengentâtonnement, lineare Angebots- und Nachfragefunktionen)

Ein Konkurrenzmarkt sei durch folgende aggregierte Angebots- und Nachfragefunktion charakterisiert:

$$S(p) = b_0 + b_1 p,$$

$$D(p) = a_0 + a_1 p.$$

Es sei angenommen, daß ein Marktgleichgewicht existiert. Überprüfen Sie die Stabilität der Preisanpassung nach Walras und der Mengenanpassung nach Marshall für die folgenden Parameterkonstellationen:

a) $b_1 > 0 > a_1$;

b) $b_1 > a_1 > 0$;

c) $a_1 > b_1 > 0$.

Lösung:

Stabilität nach Walras liegt genau dann vor, wenn die Überschußnachfragefunktion fallend verläuft. Als Überschußnachfragefunktion $Z(p) = D(p) - S(p)$ erhält man

$$Z(p) = a_0 + a_1 p - b_0 - b_1 p.$$

Daraus ergibt sich als Stabilitätsbedingung

$$Z'(p) = a_1 - b_1 < 0, \quad \text{d.h.} \quad a_1 < b_1.$$

Im Gegensatz zu Walras betrachtet Marshall bei gleicher Menge die Differenz der Preise von Nachfrager und Anbieter. Stabilität liegt genau dann vor, wenn der Überschußnachfragepreis eine fallende Funktion der Menge ist. Man erhält

$$Z^{-1}(x) = D^{-1}(x) - S^{-1}(x) = \frac{x - a_0}{a_1} - \frac{x - b}{b_1}.$$

Als Stabilitätsbedingung nach Marshall ergibt sich

$$\frac{dZ^{-1}}{dx}(x) = \frac{1}{a_1} - \frac{1}{b_1} < 0, \quad \text{d.h.} \quad \frac{b_1 - a_1}{a_1 b_1} < 0.$$

Für die Fälle a) - c) erhält man:

a) $b_1 > 0 > a_1$ impliziert sowohl Marshall- als auch Walras-Stabilität.

b) $b_1 > a_1 > 0$ impliziert Walras-Stabilität aber nicht Marshall-Stabilität.

c) $a_1 > b_1 > 0$ impliziert Marshall-Stabilität aber nicht Walras-Stabilität.

Aufgabe 2.2

Stabilität im linearen Cobweb-Modell

(Lineare Differenzengleichung, stationäres Gleichgewicht, Konvergenz, Angebotslag)

Das Angebot auf dem europäischen Buttermarkt wird aufgrund von Unsicherheit über den Ausgang der laufenden EG-Preisrunde allein vom Preis der vorherigen Periode gemäß der Angebotsfunktion

$$B_t = S(p_{t-1}) = a + bp_{t-1}, \qquad a > 0, \ b > 0,$$

bestimmt. Die Butternachfrage der Haushalte richtet sich jedoch allein nach dem Preis p_t der laufenden Periode gemäß der Funktion

$$B_t = D(p_t) = \max\{0, c - dp_t\}, \qquad c > a, \ d > 0.$$

In Periode t stellt sich genau der Preis p_t ein, der den Buttermarkt räumt.

a) Es sei $a = 6$, $b = 1$, $c = 12$ und $d = 2$. Stellen Sie die Angebots- und Nachfragefunktionen in einer Zeichnung dar.

b) Bestimmen Sie den Preis $\bar{p}$ und den Butterabsatz $\bar{B}$ im stationären Gleichgewicht.

c) Beschreiben Sie in den Fällen

c1) $b > d$,

c2) $b = d$,

c3) $b > d$

die Entwicklung des Preises und des Absatzes, falls der Preis zu Beginn von $\bar{p}$ abweicht. Diskutieren Sie für die drei Fälle, welche Stabilitätseigenschaften eine Preispolitik aufweist, die einen Mindestpreis $\underline{p} = \alpha\bar{p}$, $0 < \alpha < 1$, garantiert.

Lösung:

a)

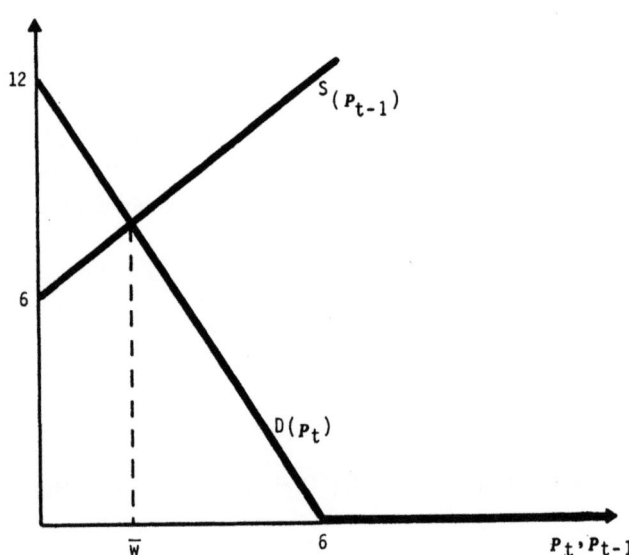

Die numerischen Werte für a, b, c und d ergeben die Gleichungen

$$S(p_{t-1}) = 6 + p_{t-1}$$
$$D(p_t) = \max\{0, 12 - 2p_t\}.$$

b) Ein stationäres Gleichgewicht ist dadurch gekennzeichnet, daß Preis und Absatzmenge im Zeitablauf konstant sind, d.h. $p_t = p_{t+1}$ und $B_t = B_{t+1}$ für alle $t = 0, 1, \ldots$. Somit gilt im stationären Gleichgewicht die Bedingung $S(\bar{p}) = D(\bar{p}) = \bar{B}$. Hieraus ergibt sich

$$\bar{p} = \frac{c-a}{b+d} \quad \text{und} \quad \bar{B} = \frac{ad+bc}{b+d}$$

und für die numerischen Werte $\bar{p} = 2$ und $\bar{B} = 8$.

c) Die allgemeine Entwicklung des Preises ist definiert durch die Beziehung $D(p_t) = S(p_{t-1}) = B_t$. Dies ergibt im vorliegenden Fall die lineare Differenzengleichung

$$p_t = ((c-a)/d) - p_{t-1} \cdot (b/d).$$

Zur Vereinfachung betrachtet man nicht p_t, sondern die Abweichung von der stationären Lösung $(p_t - \bar{p})$. Damit ergibt sich

$$p_t - \bar{p} = ((c-a)/d) - (b/d) \cdot p_{t-1} - \bar{p}.$$

Verwendet man nun, daß für die stationäre Gleichgewichtslösung $\bar{p}$ die Bezeichnung $\bar{p} = (c-a)/d - (b/d)\bar{p}$ gilt, so erhält man

$$\begin{aligned}p_t - \bar{p} &= (-b/d) \cdot (p_{t-1} - \bar{p}) \\ &= (-b/d) \cdot (-b/d) \cdot (p_{t-2} - \bar{p}) = usw.\end{aligned}$$

Führt man dieses Verfahren fort, so ergibt sich für den Preis in Periode t die Bestimmungsgleichung

$$p_t - \bar{p} = (-b/d)^t \cdot (p_0 - \bar{p}).$$

c1) Für $b > d$ ist $(b/d) < 1$, was zu einer zum Gleichgewichtspreis konvergierenden Entwicklung führt, da $\lim_{t \to \infty}(-b/d)^t = 0$. Ein gegebener Mindestpreis ändert an der grundsätzlichen Tendenz nichts, er führt unter Umständen jedoch zu einer schnelleren Konvergenz.

c2) Für $b = d$ ist $(b/d) = 1$. In diesem Fall springt der Preis immer zwischen den Werten p_0 und $p_1 = 2\bar{p} - p_0$ hin und her. In geraden Perioden gilt p_0 und in ungeraden p_1. Ein gegebener Mindestpreis ändert dann nichts an der Entwicklung des Preises, wenn sowohl p_0 als auch p_1 größer als $\underline{p}$ sind. Anderenfalls nimmt der Preis abwechselnd die Werte $\underline{p}$ und $2\bar{p} - \underline{p}$ an.

c3) Für $b > d$ ist $(b/d) > 1$, so daß die Folge $\{(b/d)^t\}$ divergiert. Gilt jedoch ein Mindestpreis, so endet die divergierende Entwicklung, sobald sich ein Preis $p_t < \underline{p}$ einstellen würde. Ab diesem Zeitpunkt wechselt der Preis zwischen den Werten $\underline{p}$ und $\bar{p} - (b/d) \cdot (\underline{p} - \bar{p})$.

Aufgabe 2.3

Stabilität im nichtlinearen Cobweb–Modell

(Nichtlineare Differenzengleichung, langfristiges Gleichgewicht, Konvergenz, Angebotslag)

Zwei verschiedene Erzeugergruppen 1 und 2, bestehend aus $n_1 = 4$ bzw. $n_2 = 12$ Produzenten, bieten ihr Produkt auf einer landwirtschaftlichen Versteigerung an. Jeder Produzent der ersten Gruppe bietet in jeder Periode

$$x_t^1 = 5$$

an. Jeder Produzent der zweiten Gruppe bietet gemäß der Angebotsfunktion

$$x_t^2(p_{t-1}) = \begin{cases} 0 & \text{falls } p_{t-1} \leq 25 \\ 5 - \dfrac{125}{p_{t-1}} & \text{falls } p_{t-1} \geq 25 \end{cases}$$

an. Dabei ist p_{t-1} der erzielte Versteigerungspreis der Vorperiode, an dem sich jedes Unternehmen der zweiten Gruppe orientiert. Die aggregierte Nachfragefunktion sei

$$p_t(x_t) = 100 - x_t.$$

Der Versteigerungspreis jeder Periode räumt gerade den Markt.

a) Beschreiben Sie die Gesamtangebots– und Nachfragekonstellation auf diesem Markt, und ermitteln Sie den langfristig konstanten Gleichgewichtspreis. Fertigen Sie eine maßstabsgetreue Zeichnung an.

b) Beschreiben Sie die Preis– und Mengenentwicklung auf diesem Markt, falls der langfristige Gleichgewichtspreis zu Beginn nicht vorliegt. Welche Grenzen lassen sich für den maximal bzw. mindestens erzielbaren Versteigerungspreis angeben?

c) Staatliche Einkommensgarantien veranlassen die Mitglieder der zweiten Erzeugergruppe ebenfalls die konstante Menge $x_t^2 = 5$ anzubieten und sich nicht am vorangegangenen Versteigerungspreis zu orientieren. Welche Änderungen ergeben sich daraus für a) und b)?

Lösung:

a) Das Gesamtangebot der beiden Erzeugergruppen in Periode t ist

$$x_t = n_1 x_t^1 + n_2 x_t^2$$

$$x_t(p_{t-1}) = \begin{cases} 20 & \text{falls} \quad p_{t-1} \leq 25 \\ 80 - \dfrac{12 \cdot 125}{p_{t-1}} & \text{falls} \quad p_{t-1} \geq 25. \end{cases}$$

Im langfristigen Gleichgewicht müssen die Preise konstant sein, d.h. $p^* = p_t = p_{t-1}$ für alle $t \geq 1$. Es gilt also

$$100 - p^* = 80 - \frac{1500}{p^*}.$$

Da nur positive Preise sinnvoll sind, ist $p^* = 50$.

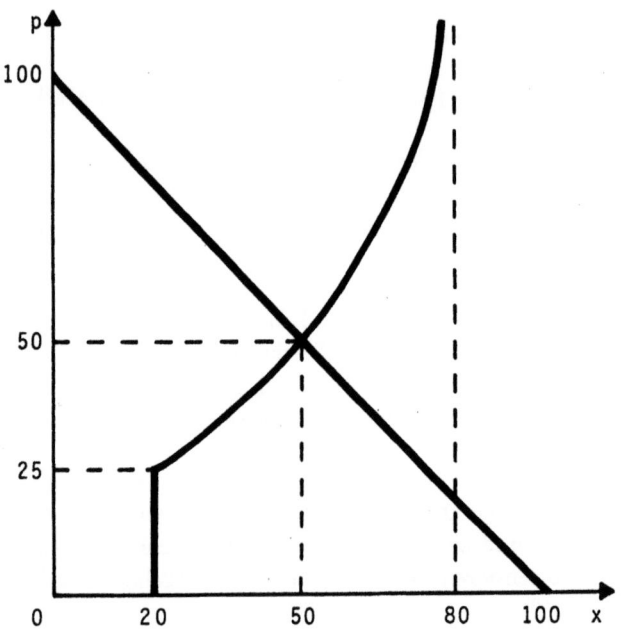

b) Im kurzfristigen Gleichgewicht jeder Periode muß Angebot gleich Nachfrage sein, d.h.

$$100 - p_t = \begin{cases} 20 & \text{falls} \quad p_{t-1} \leq 25 \\ 80 - \frac{1500}{p_{t-1}} & \text{falls} \quad p_{t-1} \geq 25. \end{cases}$$

Für jeden Anfangspreis $p_0 \geq 0$ wird für die Gleichgewichtsmenge in den darauf folgenden Perioden gelten, daß $x_t \geq 20$ für alle $t \geq 1$.

Das Angebot liegt immer unter $x_t(p_{t-1}) = 80$, da für $p_{t-1} \to \infty$ gilt, daß $x_t(p_{t-1}) \to \infty$ tendiert. Folglich muß für jedes $p_0 \geq 0$ der Preis in Periode 1 größer als 20 sein, d.h. $p-1 > 20$. Solange $p_0 \leq 80$ ist, gilt $p_t \geq 38,75$ für alle $t \geq 1$.

Daraus ergibt sich für den minimalen Versteigerungspreis:

Falls $p_0 \leq 80$, dann gilt $p_t \geq 38,75$ für alle $t \geq 1$,
falls $p_0 > 80$, dann gilt $p_t \geq 38,75$ für alle $t \geq 2$.

c) Bei festem Angebot jeder Erzeugergruppe lautet die Angebotsfunktion

$$x_t = n_1 x_t^1 + n_2 x_t^2 = 80 \qquad \text{für alle} \quad t \geq 1.$$

Im Gleichgewicht ist $p_t = 20$. Bei dem vollkommen unelastischen Angebot kann weder kurzfristig noch langfristig ein anderer Preis als $p = 20$ auftreten.

Aufgabe 2.4

Chaos im nichtlinearen Cobweb–Modell

(Nichtlineare Differenzengleichung, stabile und instabile stationäre Gleichgewichte, irreguläre Gleichgewichtspfade)

Das Angebot auf einem Arbeitsmarkt wird aufgrund von Unsicherheit über den Ausgang von laufenden Lohnverhandlungen allein vom Lohn der vorherigen Periode gemäß der Angebotsfunktion

$$\ell_t = S(w_{t-1}) = \max\{0, 8w_{t-1}(2 - w_{t-1})\} + 2$$

bestimmt. Die Arbeitsnachfrage der Unternehmer richtet sich jedoch allein nach dem Lohn w_t der laufenden Periode gemäß der Funktion

$$\ell_t = D(w_t) = \max\{0, 10 - 4w_t\}.$$

Der sich einstellende Lohnsatz w_t räumt gerade den Arbeitsmarkt.

a) Stellen Sie die Angebots– und Nachfragefunktionen auf dem Markt in einer möglichst maßstabsgetreuen Zeichnung dar.

b) Bestimmen Sie die Konstellationen mit langfristig konstantem Lohnsatz.

c) Beschreiben Sie die Entwicklung des Lohnsatzes und der Beschäftigung, falls zu Beginn der Lohnsatz $w = 3$ bzw. der Lohnsatz $w = 1/4$ vorliegen.

d) Welche Stabilitätseigenschaften weist eine Lohnpolitik auf, die einen Mindestlohn von $w = 2$ garantiert?

Lösung:

a)

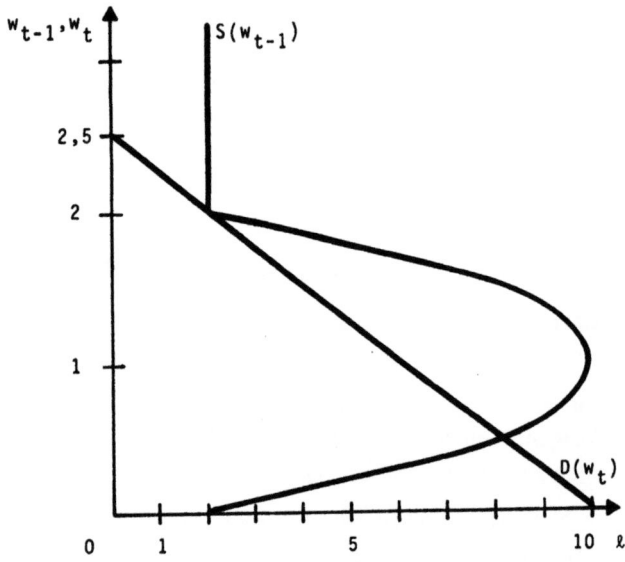

b) Bei langfristig konstantem Lohnsatz ist $w = w_t = w_{t-1}$. Im Gleichgewicht wird der Markt geräumt, d.h.

$$D(w) = S(w)$$

$$\max\{0, 10 - 4w\} = \max\{0, 8w(2 - w)\} + 2.$$

Das ergibt zwei mögliche Gleichgewichte bei den Lohnsätzen $w_1^* = 2$ und $w_2^* = 1/2$ mit der Beschäftigung $\ell_1^* = 2$ und $\ell_2^* = 8$.

c)

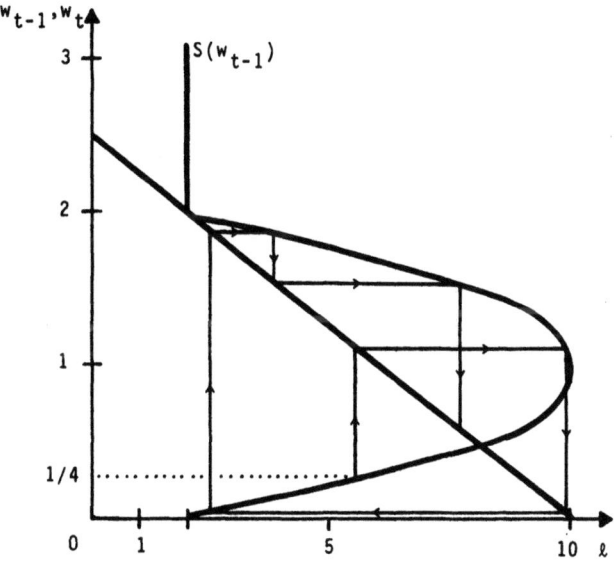

(i) Bei einem Anfangslohn von $w_0 = 3$ ergibt sich folgender Ablauf:

$$w_0 = 3 \;\Rightarrow\; S_1 = 2 \;\Rightarrow\; w_1 = 2$$
$$\Rightarrow\; S_2 = 2 \;\Rightarrow\; w_2 = 2 \;\text{ etc.}$$

Von der Periode 1 an wird sich ein langfristiges Gleichgewicht mit $w = 2, \ell = 2$ einstellen.

(ii) Bei einem Anfangslohn von $w_0 = 1/4$ tritt folgender Ablauf ein:

$$w_0 = \tfrac{1}{4} \Rightarrow S_1 = \tfrac{11}{2} \Rightarrow w_1 = \tfrac{9}{8}$$

$$\Rightarrow S_2 = \tfrac{79}{8} \Rightarrow w_2 = \tfrac{1}{32}$$

$$\Rightarrow S_3 = \tfrac{319}{128} \Rightarrow w_3 = \tfrac{961}{512} \text{ etc.}$$

Die Grafik zeigt deutlich einen irregulären Verlauf der Gleichgewichtsallokationen, der weder zyklisch noch konvergent ist, was in Anlehnung an die entsprechende mathematische Theorie als chaotischer Verlauf bezeichnet wird.

d) Bei einem Mindestlohn von $w = 2$ gibt es nur ein Gleichgewicht mit $\ell = 2$, das auch stabil ist, wie man aus der Grafik sofort erkennt.

Aufgabe 2.5

Zyklen im nichtlinearen Cobweb–Modell

(Nichtlineare Differenzengleichung, stationäres Gleichgewicht, Stabilität, Zweierzyklus)

Viele internationale Währungskrisen der Vergangenheit waren von kurzfristigen Kapitaltransaktionen, insbesondere massiven Devisenspekulationen begleitet. Während des letzten Jahres konnten heftige Kursbewegungen (z. B. DM/\$ oder Yen/\$) beobachtet werden. Auf den Devisenmärkten wird die Möglichkeit einer bevorstehenden Währungskrise diskutiert.

a) Eine namhafte Frankfurter Maklerfirma mußte in den letzten Monaten größere Verluste bei Devisengeschäften hinnehmen. Ein Ökonometriker, von der Firma mit einer Marktanalyse beauftragt, verwirft die Terminkurse als Erklärungsvariable und schlägt aufgrund einer Untersuchung der Kassakurse w_t und der Umsätze zur Zeit t, $t = 1, 2, \ldots$ folgenden nichtlinearen Ansatz zur Beschreibung des Angebots S_t und der Nachfrage D_t auf dem Frankfurter \$–DM–Markt vor:

$$S_t(w_t, w_{t-1}) = (\frac{1}{a} - 1)(w_t - w_{t-1}) + (\frac{1}{a} - k - 1)w_{t-1},$$
$$D_t(w_t, w_{t-1}) = w_{t-1}(k - w_{t-1}) - w_t.$$

Dabei geht er davon aus, daß die Kassakurse zwischen 0 und $2k$ schwanken; $a > 0$, $k > 0$. Zur Begründung seines Ansatzes führt er für einige Kombinationen der Parameter a und k Simulationen durch. Bestimmen Sie aus der Gleichgewichtsbedingung des Devisenmarktes den Gleichgewichtskassakurs w_t als Funktion des vorherigen Kurses w_{t-1} für gegebenen Parameter a und k, d.h. $\psi(w_{t-1}; a, k)$.

b) Zeichnen Sie für $a = 1$, $k = 2$ die Funktion ψ in ein (w_{t-1}, w_t)–Diagramm.

c) Berechnen Sie den Wechselkurs $\bar{w} > 0$ des stationären Gleichgewichts (es gilt: $\bar{w} = \psi(\bar{w}; a, k)$).

d) Für welchen Bereich der Parameter $a > 0$ und $k > 0$ ist $\bar{w}$ ein stabiler Wechselkurs?

e) Es sei $a = 1$, $k = 2$. Zeigen Sie, daß die Folge der Gleichgewichtskassakurse (w_t) mit $w_t = \psi(w_{t-1}), t = 1, 2, \ldots$ genau zwei Werte annimmt, falls sie mit $w_0 = 1/2(5 + \sqrt{5})$ beginnt, d.h. sie beschreibt einen Zweierzyklus.

Lösung:

a) Aus der Gleichgewichtsbedingung $S_t(w_t, w_{t-1}) = D_t(w_t, w_{t-1})$ erhält man als Bestimmungsgleichung für den aktuellen Kassakurs in Abhängigkeit vom vorherigen die Differenzengleichung

$$\begin{aligned} w_t &= \psi(w_{t-1}; a, k) \\ &= a w_{t-1}(2k - w_{t-1}). \end{aligned}$$

b) Man erkennt leicht, daß die Funktion ψ für $0 \leq w_{t-1} \leq 2k$ nichtnegative Werte annimmt. Außerdem ist ψ streng konkav und besitzt im Punkt $w_{t-1} = k$ ein globales Maximum mit dem Wert

$\psi(k; a, k) = ak^2$. Für die angegeben Werte $a = 1$ und $k = 2$ ergibt damit die im Diagramm dargestellte Form.

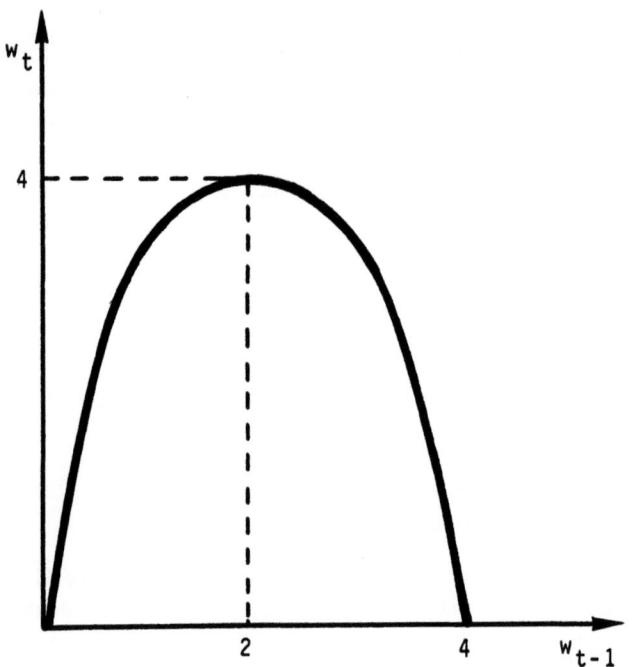

c) Für den stationären Wechselkurs $\bar{w} = w_t = w_{t-1}$ muß gelten:

$$\bar{w} = a\bar{w}(2k - \bar{w}),$$

und damit $\bar{w} = 2k - 1/a$.

d) Der Wechselkurs $\bar{w}$ ist stabil, falls $|\psi'(\bar{w})| < 1$ gilt. Durch Ableitung erhält man

$$\begin{aligned}\psi'(\bar{w}) &= 2ak - 2a\bar{w} \\ &= 2a(1/a - k).\end{aligned}$$

Für die Abschätzung $|\psi(\bar{w})| < 1$ betrachtet man deshalb die beiden Fälle $1/a > k$ und $1/a < k$. Dies ergibt, daß $|\psi'(\bar{w})| < 1$ ist, genau dann, wenn

$$\frac{1}{a} > k > \frac{1}{2a}$$

bzw.

$$\frac{3}{2a} > k > \frac{1}{a}$$

ist.

e) Ein Zweierzyklus des Wechselkurses liegt dann vor, wenn für alle $t = 1, 2, \ldots$ eine alternierende Folge $w_t = w_{2t}$ und $w_{t+1} = w_{2t+1}$ durch die Funktion ψ bei dem gegebenen Startwert w_0 erzeugt wird. Sei $w_0 = 1/2(5 + \sqrt{5})$ mit $a = 1$ und $k = 2$. Dann folgt

$$\begin{aligned} w_1 &= w_0(4 - w_0) \\ &= \frac{1}{2}(5 + \sqrt{5})(4 - \frac{1}{2}(5 + \sqrt{5})) \\ &= \frac{1}{2}(5 - \sqrt{5}) \end{aligned}$$

und

$$\begin{aligned} w_2 &= w_1(4 - w_1) \\ &= \frac{1}{2}(5 - \sqrt{5})(4 - \frac{1}{2}(5 - \sqrt{5})) \\ &= \frac{1}{2}(5 + \sqrt{5}) \end{aligned}$$

Daraus folgt unmittelbar, daß $w_0 = w_2 = w_4 = \ldots$ und $w_1 = w_3 = w_5 = \ldots$ gilt.

Kapitel 3

Monopoltheorie

Die ersten vier Aufgaben behandeln typische Probleme der Beeinflussung der monopolistischen Entscheidung durch Subventionen, Steuern und andere Parameter. Je eine Aufgabe ist dem Problem der Preisdifferenzierung im Fall des Monopols sowie des Monopsons gewidmet. Danach behandeln die Aufgaben ein Modell der geknickten Nachfragefunktion, das natürliche und das bilaterale Monopol.

Literaturhinweise

Henderson, J.M. and R.E. Quandt (1980) Microeconomic Theory — A Mathematical Approach, New York, Chapter 6.

Koutsoyannis, A. (1979) Modern Microeconomics, London, Chapter 6.

Krelle, W. (1976) Preistheorie, Tübingen, Bd. I, Kap. 2.

Varian, H.R. (1984) Microeconomic Analysis, second edition, New York, Chapter 2.

Varian, H.R. (1987) Intermediate Microeconomics, New York, Chapter 25.

Aufgabe 3.1

Subvention im Monopol

(Monopolgleichgewicht, Existenz, einheitselastische Nachfrage, Preisregulierung)

Die Firma CATASYL ist alleiniger Hersteller von Abgasreinigern. Für ihr neuestes Produkt SUPERCATS ließ sie vor der Einführung eine Marktstudie anfertigen, derzufolge die Nachfragefunktion von folgender Form ist:

$$x = f(p) = \frac{A}{p} \qquad A > 0.$$

Die Kostenfunktion $C(x)$ sei streng monoton wachsend.

a) Umweltschützer behaupten, daß bei einem derartigen Nachfrageverhalten nur ganz geringe Mengen SUPERCATS zu sehr hohen Preisen abgesetzt würden. Begründen Sie diese Behauptung, indem Sie das Maximierungsproblem des Monopolisten untersuchen.

b) Umweltschützer und Umweltministerium diskutieren die Einführung einer Subvention von a Geldeinheiten ($a > 0$) pro verkauftem SUPERCATS, die das Ministerium an CATASYL zahlt. Die Kostenfunktion der Firma $C(x)$ sei streng konvex mit $C'(0) = 0$ und $A > C(0)$. Zeigen Sie, daß die Firma für jede positive Subvention a den Markt bedienen wird und mit steigendem a mehr absetzt.

c) Sei $C(x) = cx^2, (c > 0)$ die Kostenfunktion. Bestimmen Sie in Abhängigkeit vom Subventionssatz a

  i) die verkaufte Menge $x(a)$,
  ii) den Verbraucherpreis $p(a)$,
  iii) den Stückerlös des Monopolisten $p_m(a)$.

Stellen Sie die beiden Funktionen $p(a)$ und $p_m(a)$ in einem gemeinsamen Diagramm dar.

d) Welcher Subventionssatz $\underline{a}$ muß gewählt werden, und welchen Gesamtbetrag $\underline{D}$ muß das Ministerium für die Subvention aufwenden, wenn es den Stückerlös des Monopolisten so niedrig wie möglich halten möchte?

Lösung:

a) Die Nachfragefunktion $x = A/p$ hat eine konstante Elastizität von minus eins. Sie ergibt daher bei jedem positiven Preis und jeder positiven Menge einen konstanten Erlös von $A > 0$. Der Gewinn des Monopolisten ist somit

$$Q(x) = \begin{cases} A - C(x) & x > 0 \\ -C(0) & x = 0. \end{cases}$$

Da die Kostenfunktion $C(x)$ monoton steigend in x ist, besitzt die Gewinnfunktion $Q(x)$ einen fallenden Verlauf. Ist $A \leq C(0)$, so ist $x = 0$ der gewinnmaximale Output. Ist $A > C(0)$, so ist $Q(x)$ positiv für kleine Outputmengen, aber nicht stetig für $x = 0$. Die Umweltschützer unterstellen offenbar, daß $A > C(0)$, was zu einem kleinen positiven Angebot an Katalysatoren führen würde. Sie erkennen aber auch, daß in dieser Situation eine Verringerung des bereits kleinen Angebots den Gewinn erhöhen würde, so daß gegebenenfalls nur die durch die Technologie vorgegebene kleinste unteilbare Einheit angeboten würde.

b) Durch die Subventionszahlungen $a > 0$ pro Einheit verändert sich die Gewinnfunktion zu

$$Q(x) = \begin{cases} A + ax - C(x) & x > 0 \\ -C(0) & x = 0. \end{cases}$$

Die Gewinnfunktion ist jetzt positiv und monoton steigend für x nahe bei null, da $C'(0) = 0$ und $A > C(0)$. Q ist streng konkav, so daß man als notwendige und hinreichende Bedingung für ein Gewinnmaximum $a = C'(x), x > 0$ erhält. Durch implizite Differentiation der notwendigen Bedingung ergibt sich

$$\frac{dx}{da} = \frac{1}{C''(x)} > 0.$$

c) Aus der notwendigen Bedingung erhält man durch Verwendung der speziellen Kostenfunktion $C(x) = cx^2$:

(i) $\quad x(a) = \dfrac{a}{2c},$

(ii) $\quad p(a) = \dfrac{A}{x} = \dfrac{2Ac}{a}$,

(iii) $\quad p_m(a) = p(a) + a = \dfrac{2Ac}{a} + a.$

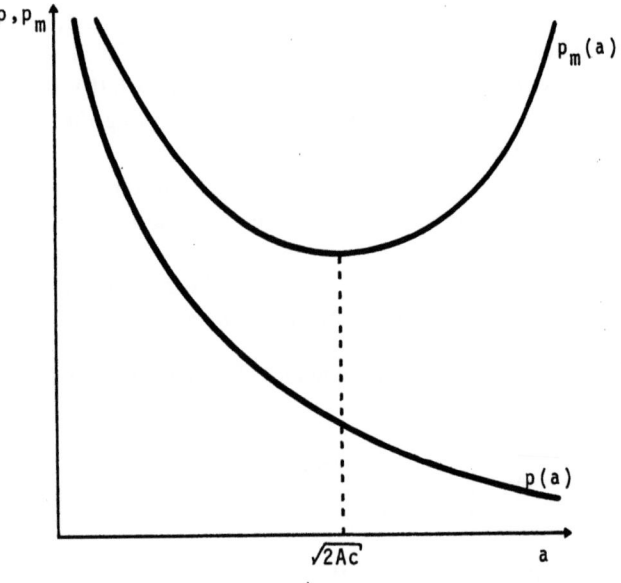

d) Der Monopolpreis $p_m(a)$ ist eine streng konvexe Funktion des Subventionssatzes a. Sein Minimum erhält man aus

$$p'_m(\underline{a}) = -\dfrac{2Ac}{\underline{a}^2} + 1 = 0.$$

Dies ergibt $\underline{a} = +\sqrt{2Ac}$ und $p_m(\underline{a}) = 2\sqrt{2Ac}$. Der Gesamtbetrag der Subvention ist $\underline{D} = A$.

Aufgabe 3.2

Lizenzvertrag im Monopol

(Zielkonflikt Lizenznehmer vs. Lizenzgeber, Gewinnmaximierung, Erlösmaximierung)

Ein amerikanischer Automobilproduzent möchte den Typ Plazda Turbo eines japanischen Automobilherstellers in Lizenz nachbauen.

a) Der Lizenzvertrag sieht vor, daß der Lizenzgeber mit einem festen Anteil α, $0 \leq \alpha \leq 1$, am Umsatz des Lizenznehmers beteiligt wird. Welche Preis–Mengen–Strategie für den Absatz auf dem amerikanischen Markt würden Lizenznehmer und –geber jeweils anstreben, wenn beide von derselben linearen Preisabsatzfunktion $p(x) = \max\{0, a - bx\}$, $(a, b > 0)$ für das Modell Plazda Turbo ausgehen?

b) Welche Änderung ergibt sich gegenüber a), wenn der Lizenzgeber pro abgesetzte Einheit einen festen Betrag d vom Lizenznehmer erhält?

Lösung:

a) Der Lizenzgeber wird eine Maximierung der Lizenzgebühren anstreben, d.h.

$$\max_x \alpha p(x) x.$$

Das für den Lizenzgeber optimale x^* ist durch die Bedingung, daß der Grenzerlös gleich null ist, gegeben. Für den Lizenznehmer lautete das Maximierungsproblem

$$\max_x (1 - \alpha) p(x) x - C(x).$$

Im Maximum gilt dann

$$(1 - \alpha)[p'(\bar{x})\bar{x} + p(\bar{x})] - C'(\bar{x}) = 0.$$

In der Graphik sieht man die unterschiedlichen optimalen Preis-Mengen-Kombinationen (p^*, x^*) und $(\bar{p}, \bar{x})$.

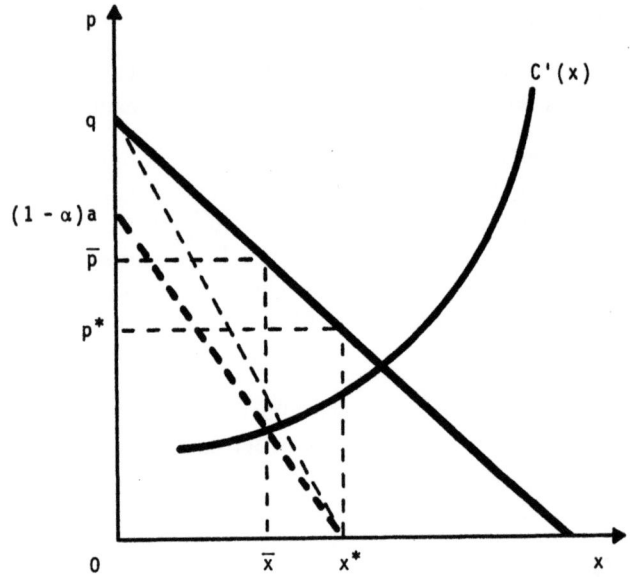

b) Der Lizenzgeber erhält dx unter der Nebenbedingung $p(x) \geq 0$. Seine Erlöse dx^{**} sind gerade dann maximal, wenn $p(x^{**}) = 0$. Für den Lizenznehmer lautet das Maximierungsproblem

$$\max_x p(x)x - C(x) - dx.$$

Die Bedingung für ein Gewinnmaximum ist

$$p'(\overline{x})\overline{x} + p(\overline{x}) = C'(\overline{x}) + d.$$

Die Graphik zeigt die optimalen Entscheidungen.

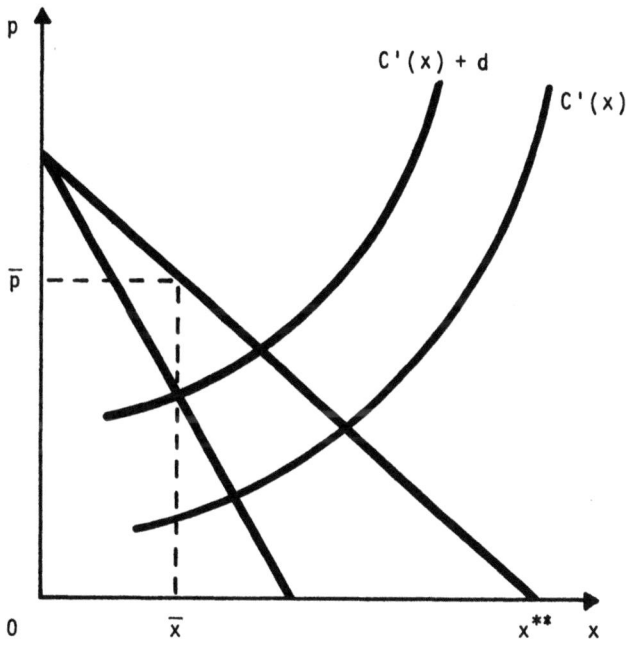

Aufgabe 3.3

Preisdifferenzierung im Monopol

(Einheitliche vs. differenzierte Preise, Marktversorgung, Subventionen, Transferzahlung)

Ein Mineralölanbieter besitzt ein regionales Monopol für Heizöl. Er kann so produzieren, daß Kosten pro Tonne in Höhe von c DM anfallen. Für seinen Fuhrpark setzt er pauschal d DM an. Wegen Direktbelieferung gelingt es ihm leicht und ohne Zusatzkosten, die Nachfrage in einen Nahbereich und einen Fernbereich zu trennen. Die Preisabsatzfunktionen in den beiden Bereichen sind

$$p_1(x_1) = a_1 - b_1 x_1$$
$$p_2(x_2) = a_2 - b_2 x_2,$$

wobei $a_1 > a_2 = c > b_2 > b_1 > 0$ ist.

a) Zeigen Sie, daß bei dieser Parameterkonstellation Markt 2 nicht versorgt wird.

b) Das zuständige Ministerium diskutiert, welche der folgenden Maßnahmen eine Belieferung des Marktes 2 ergeben könnten.

  (i) Übernahme der gesamten Fuhrparkkosten durch den Staat.

  (ii) Rückerstattung eines Teils der anfallenden variablen Kosten.

  (iii) Transferzahlungen an die Verbraucher in Höhe von 50% der Ausgaben.

  (iv) Preissubvention auf Markt 2 für jede gekaufte Einheit.

Begründen Sie, welche Maßnahme Sie als geeignet ansehen.

Lösung:

Die Kostenfunktion des Mineralölanbieters lautet

$$C(x_1 + x_2) = c(x_1 + x_2) + d.$$

a) Bei Gewinnmaximierung gilt für den Monopolisten, daß auf jedem Markt die Grenzkosten gleich dem Grenzerlös sein müssen, d.h.

$$a_1 - 2b_1 x_1 = c$$

und

$$a_2 - 2b_2 x_2 = c.$$

Da $a_2 = c$ ist, muß $x_2^* = 0$ sein.

b) (i) Die Fixkosten beeinflussen die Entscheidung des Unternehmers nicht, da der Preis p_2 unabhängig von der Höhe der Fixkosten unter den Durchschnittskosten liegt.

(ii) Die Kostenfunktion lautet bei einer Rückerstattung von α pro Outputeinheit

$$C(x_1 + x_2) = (c - \alpha)(x_1 + x_2) + d.$$

Für ein Gewinnmaximum gilt dann für Markt 2

$$a_2 - 2b_2 x_2 = c - \alpha.$$

Damit wird Markt 2 versorgt, wenn $\alpha > 0$ ist.

(iii) Wenn sich durch die Transferzahlungen kein Einkommenseffekt bei den Verbrauchern einstellt, wird die Nachfrage unverändert bleiben und damit den Grenzerlös des Monopolisten nicht erhöhen. Tritt dagegen, induziert durch einen positiven Einkommenseffekt, eine Verschiebung der Nachfragefunktion z.B. auf $p_2(x_2) = a_2' - b_2 x_2$ ein, so wird Markt 2 versorgt, weil dann $a_2' > c$ ist.

(iv) Die Preisabsatzfunktion auf Markt 2 lautet bei einem Subventionssatz in Höhe von γ

$$p_2(x_2) = a_2 + \gamma - b_2 x_2.$$

Damit ist $x_2^* > 0$, da $a_2 + \gamma > c$ ist. Maßnahme (iv) führt auf jeden Fall zur Marktversorgung und wirkt nur auf Markt 2. Sie ist deshalb kostengünstiger als die anderen Alternativen.

Aufgabe 3.4

Preisdifferenzierung im Monopson

(Arbeitsangebot, Lohndiskriminierung, Tariflohn)

Ein Unternehmen ist in Ortschaft A ansässig, in der es weit und breit der einzige Arbeitgeber für die dort wohnenden Haushalte ist. Es stellt ein Konsumgut unter Einsatz von Arbeitskraft der Haushalte her, wobei seine Produktionstechnologie durch konstante Durchschnittsproduktivität $f(\ell)/\ell = 3$ gekennzeichnet ist. Das aggregierte Arbeitsangebot der Haushalte ist abhängig vom Lohnsatz w und beschrieben durch die Funktion

$$\ell(w) = \max\left\{0, 16 - \frac{12}{w}\right\}.$$

a) Bestimmen Sie die gewinnmaximale Arbeitsnachfrage und den maximalen Gewinn des Unternehmens, wobei Sie davon ausgehen, daß auf dem Absatzmarkt für das Produkt des Unternehmens vollkommene Konkurrenz herrscht und der Produktionspreis $p = 4$ beträgt.

b) Durch den Bau einer neuen Straße wird es für das Unternehmen möglich, auch im abgelegenen Nachbarort B als einziger Arbeitgeber Arbeitskräfte nachzufragen. Ihr Arbeitsangebotsverhalten ist durch die Funktion

$$\ell(w) = \max\left\{0, 25 - \frac{12}{w}\right\}$$

beschreibbar. Die Einwohner der Orte A und B treten nur in ihrem jeweiligen Ort als Anbieter von Arbeit auf. Wie verhält sich das Unternehmen? Bestimmen Sie seine gewinnmaximale Arbeitsnachfrage in den Orten A und B und seinen maximalen Gewinn.

c) Aufgrund einer tariflichen Regelung mit der Gewerkschaft wird das Unternehmen dazu verpflichtet, mindestens den Tariflohn $\overline{w} = 4$ zu bezahlen. Bestimmen Sie in diesem Fall die Arbeitsnachfrage auf beiden Märkten und den maximalen Gewinn.

d) Bei Überschreitung welchen Wertes des Tariflohns $\overline{w}$ würde das Unternehmen die Arbeitsnachfrage und damit die Produktion einstellen?

Lösung:

a) Das Unternehmen ist Monopsonist auf dem Arbeitsmarkt und maximiert den Gewinn unter Berücksichtigung des Arbeitsangebotsverhaltens, d.h.

$$\max\{pf(\ell) - w(\ell) \cdot \ell\}.$$

Dabei ist

$$w(\ell) = \frac{12}{16 - \ell}, \qquad 0 \leq \ell \leq 16,$$

die Inverse der Arbeitsangebotsfunktion. Aus der notwendigen Bedingung für ein Maximum

$$pf'(\ell) = w'(\ell) \cdot \ell + w(\ell)$$

erhält man

$$12 = \frac{12}{(16-\ell)^2}\ell + \frac{12}{(16-\ell)}.$$

Daraus folgt $\ell^* = 12$, $w^* = 3$ und als maximaler Gewinn $\pi^* = 108$.

b) Das Unternehmen hat in der veränderten Situation die Möglichkeit der monopsonistischen Lohndifferenzierung auf den beiden getrennten Märkten. Das Maximierungsproblem lautet damit

$$\max\{pf(\ell_A + \ell_B) - w_A(\ell_A) \cdot \ell_A - w_B(\ell_B) \cdot \ell_B\}$$

unter der Nebenbedingung $\ell_A, \ell_B \geq 0$.

Aus der Lagrangefunktion

$$\mathcal{L} = pf(\ell_A + \ell_B) - w_A(\ell_A)\ell_A - w_B(\ell_B)\ell_B + \lambda_A \ell_A + \lambda_B \ell_B$$

erhält man als notwendige Bedingungen

$$pf'(\ell_A + \ell_B) - (w'_A(\ell_A)\ell_A + w_A(\ell_A)) + \lambda_A = 0$$

$$pf'(\ell_A + \ell_B) - (w'_B(\ell_B)\ell_B + w_B(\ell_B)) + \lambda_B = 0.$$

$\ell_A = 0$ bzw. $\ell_B = 0$ kann bei den gemachten Annahmen keine Lösung sein, denn für $\ell_A = 0$ würde z.B. aus der ersten Bedingung folgen, daß

$$0 \leq \lambda_A = -pf'(\ell_B) + w_A(0) = -12 + \frac{3}{4} < 0,$$

was im Widerspruch zu $\lambda_A \geq 0$ steht. Ebenso folgt für $\ell_B = 0$ ein Widerspruch

$$0 \leq \lambda_B = -pf'(\ell_A) + w_B(0)$$
$$= -12 + \frac{12}{25} < 0.$$

Als notwendige Bedingung muß somit für die innere Lösung (ℓ_A^*, ℓ_B^*) die Gleichheit der Grenzausgabe auf jedem der Märkte mit dem Grenzwertprodukt gelten. Letzteres ist aufgrund der linearen Produktionsfunktion unabhängig vom Arbeitseinsatz. Analog zu **a)** erhält man damit

$$12 = \frac{12}{(16 - \ell_A)^2}\ell_A + \frac{12}{(16 - \ell_A)}$$

und

$$12 = \frac{12}{(25 - \ell_B)^2}\ell_B + \frac{12}{(25 - \ell_B)}.$$

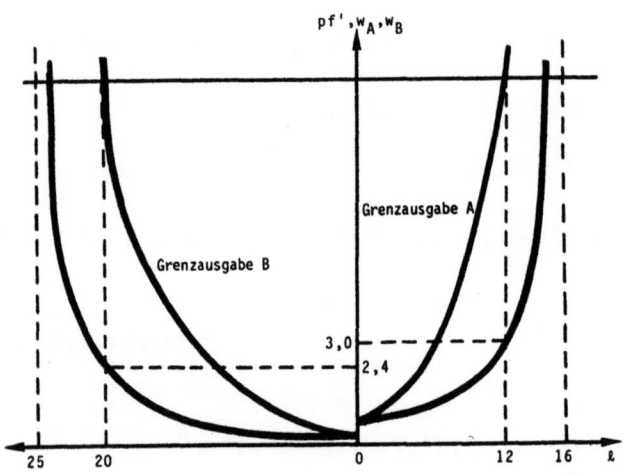

Dies ergibt $\ell_A^* = 12$, $w_A^* = 3$, $\ell_B^* = 20$, $w_B^* = 2,4$ und $\pi^* = 300$. Die Abbildung stellt die optimale Lösung in einem gemeinsamen Diagramm für beide Märkte dar.

c) Da der Mindestlohn $\overline{w}$ größer ist als w_A^* und w_B^*, d.h.

$$\overline{w} > \max\{w_A^*, w_B^*\},$$

wird sich auf beiden Märkten eine Veränderung ergeben. Die Unabhängigkeit des Grenzwertprodukts vom Arbeitseinsatz ermöglicht wiederum, beide Märkte unabhängig voneinander zu betrachten. Dies ergibt, daß der Monopsonist im Gewinnmaximum den Mindestlohn $\overline{w} = 4$ auf beiden Märkten zahlt und $\overline{\ell}_A = 13$ und $\overline{\ell}_B = 22$ nachfragt. Der maximale Gewinn $\overline{\pi}$ beträgt 280.

d) Das Unternehmen stellt die Produktion bei einem Mindestlohn $\overline{w}$ ein, falls

$$\begin{aligned}\pi(\overline{w}) &= pf\left(\ell_A(\overline{w}) + \ell_B(\overline{w})\right) - \overline{w}\left(\ell_A(\overline{w}) + \ell_B(\overline{w})\right) \\ &= 12\left[41 - \frac{14}{\overline{w}}\right] - \overline{w}\left[41 - \frac{24}{\overline{w}}\right] \\ &= (12 - \overline{w})\left[41 - \frac{24}{\overline{w}}\right] \leq 0.\end{aligned}$$

Dies gilt genau dann, wenn $\overline{w} \geq 12$.

Aufgabe 3.5

Monopol mit geknickter Preisabsatzfunktion

(Kostenänderung, Preisstarrheit)

Auf einem regionalen Markt bietet ein Monopolist ein Produkt in den Mengen $x \geq 0$ an, dessen Produktion die Kosten

$$C(x) = cx^2, \qquad c > 0$$

verursacht. Marktbeobachtungen haben gezeigt, daß die für die Region gültige Nachfragefunktion von der Form

$$x = \max\{0, \min\{A, a - bp\}\}$$

ist, wobei $a > 2A > 0$ und $b > 0$ gilt.

a) Bestimmen Sie den gewinnmaximierenden Produktionsplan und den Monopolpreis. Untersuchen Sie, welchen Einfluß eine Veränderung des Kostenparameters c auf die optimale Entscheidung des Monopolisten hat.

b) Die Marketingabteilung der Firma entdeckt einen zweiten Markt für ihr Produkt mit der Nachfragefunktion

$$y = \max\left\{0, d\left[\frac{a-A}{b-p}\right]\right\} \qquad 0 < d < b.$$

Für welchen Wertebereich des Kostenparameters wird der Monopolist den zweiten Markt beliefern, wenn er auf beiden Märkten den gleichen Preis setzt? Stellen Sie diese Situation in einem Diagramm dar, und untersuchen Sie den Einfluß von Veränderungen des Kostenparameters auf Gesamtmenge und Preis.

Lösung:

a) Der Parameter A stellt eine maximale Absatzmenge für den regionalen Markt dar, die dazu führt, daß die Preisabsatzfunktion geknickt, d.h. nicht überall differenzierbar ist. Damit ist die Gewinnfunktion, falls eine der Variablen eliminiert wird, nicht überall differenzierbar, so daß die herkömmliche Methode der Lösung des Gewinnmaximierungsproblems in einer Variablen nicht anwendbar ist. Ein möglicher Weg, dies zu umgehen, besteht darin, die folgende Form des Maximierungsproblems mit zwei Variablen und zwei Nebenbedingungen zu analysieren.

$$\max_{p,x} px - cx^2$$

mit den Nebenbedingungen $x \geq 0, p \geq 0,$

$$x \leq a - bp,$$

$$x \leq A.$$

Dies ergibt die Lagrangefunktion

$$\mathcal{L} = px - cx^2 + \lambda[a - bp - x] + \gamma(A - x) + \alpha x + \beta p.$$

Als notwendige Bedingungen erhält man

(i) $\quad p - 2cx - \lambda - \gamma + \alpha = 0,$

(ii) $\quad x - \lambda b + \beta = 0.$

Man erkennt leicht, daß $x = 0$ oder $p = 0$ keine optimale Lösung sein kann. Folglich gilt $\alpha = \beta = 0$ und $x > 0$ und $p > 0$. Dann folgt jedoch sofort $\lambda = x/b > 0$ und damit aus der complementary slackness

(iii) $\quad x = a - bp.$

Elimination von λ aus (i) und (ii) gemeinsam mit (iii) ergibt die Gleichung

(iv) $\quad x = \dfrac{a}{2(1+bc)} - \dfrac{b}{2(1+bc)}\gamma.$

Ferner muß $x \leq A$, $\gamma(A - x) = 0$ und $\gamma \geq 0$ gelten, d.h.

$$0 = \gamma(A - x) = \frac{\gamma}{2(1+bc)}\left(2A(1+bc) - a + b\gamma\right).$$

Damit existiert eine positive Lösung für γ genau dann, wenn $a > 2A(1 + bc)$, d.h.

$$\gamma = \begin{cases} 0 & a \leq 2A(1+bc) \\ \dfrac{a - 2A(1+bc)}{b} & a > 2A(1+bc). \end{cases}$$

Durch Einsetzen in (iv) erhält man als optimale Menge

$$x = \begin{cases} \dfrac{a}{2(1+bc)} & \text{falls} \quad a \leq 2A(1+bc) \\[2ex] A & \text{falls} \quad a > 2A(1+bc) \end{cases}$$

und aus (iii) als optimalen Preis

$$p = \begin{cases} \dfrac{a}{b} \cdot \dfrac{1+2c}{2(1+bc)} & \text{falls} \quad a \leq 2A(1+bc) \\[2ex] \dfrac{a-A}{b} & \text{falls} \quad a > 2A(1+bc). \end{cases}$$

Man erkennt, daß der Monopolist den Preis nie unter $(a-A)/b$ setzen wird. Ist der Kostenparameter c klein genug, so daß $a > 2A(1+bc)$ ist, so liegt die optimale Menge $x = A$ an der Nichtdifferenzierbarkeitsstelle der Preisabsatzfunktion. Dabei ist der Grenzerlös größer als die Grenzkosten, denn

$$\begin{aligned} MR(A) &= \frac{1}{b}(a-2A) \\ &> \frac{1}{b}(2A(1+bc) - 2A) \\ &= 2Ac \\ &= MC(A). \end{aligned}$$

Dies bedeutet, daß für kleine Werte von c eine (kleine) Veränderung des Kostenparameters keine Veränderung der optimalen Preis- und Mengenentscheidung bewirkt. Im Diagramm ist diese Situation dargestellt.

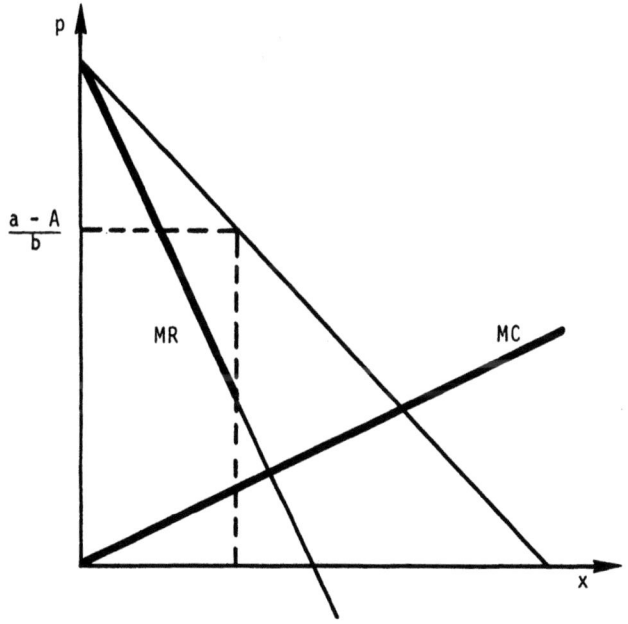

b) Ein ähnlicher allgemeiner Ansatz wie unter **a)** würde auch hier zum Ziel führen. Jedoch läßt sich der Weg erheblich durch folgende Überlegungen abkürzen. Falls der zweite Markt mit $y > 0$ beliefert wird, so muß der Preis kleiner als $(a - A)/b$ sein. In diesem Fall ist die Nachfrage auf dem ersten Markt $x = A$. Dann gilt aber als Gewinnfunktion

$$Q = p(A + y) - c(A + y)^2.$$

Durch Einsetzen der Preisabsatzfunktion erhält man

$$Q = \left(\frac{a - A}{b} - \frac{1}{d}y\right)(A + y) - c(A + y)^2.$$

Maximierung bezüglich y ergibt als Lösung

$$y_0 \frac{d(a-A) - A(2cd+1)b}{2b(1+dc)}$$

und damit als Restriktion für positives y

(v) $a > A \dfrac{b(2cd+1)+d}{d}.$

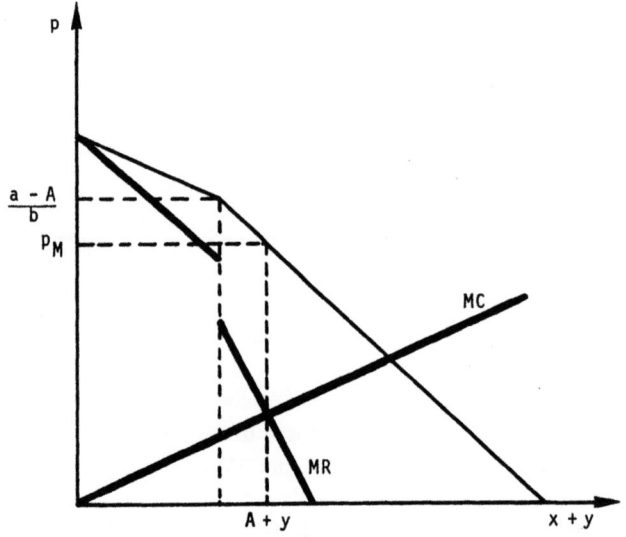

Als kritischen oberen Wert des Kostenparameters c der Nichtbelieferung des zweiten Marktes erhält man damit

$$\underline{c} = \frac{ad - A(d+b)}{2Adb}.$$

Damit wird Markt 2 nur beliefert, wenn $c \leq \underline{c}$ ist. Diese Situation ist im Diagramm dargestellt. Man erkennt, daß der monopolistische Preis p_m kleiner als $(a-A)/b$ ist.

Betrachtet man in gleicher Weise Markt 1, so wird die maximale Menge $x = A$ auf dem ersten Markt abgesetzt, falls

(vi)　$a > 2A(1 + bc)$.

Dies ergibt den kritischen Wert

$$\bar{c} = \frac{a - 2A}{2Ab},$$

so daß $x < A$ aus $c > \bar{c}$ folgt. Ein Vergleich ergibt $\underline{c} < \bar{c}$.

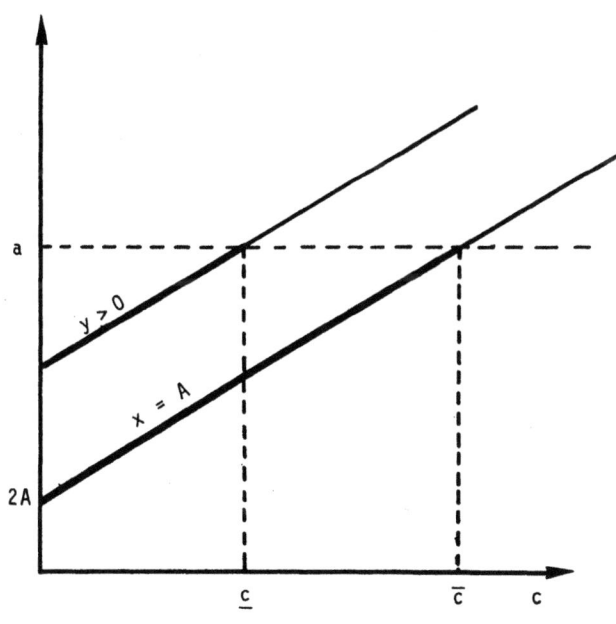

Trägt man die jeweiligen rechten Seiten der beiden Bedingungen
(v) und (vi) in ein gemeinsames Diagramm als Funktion von
c auf, so erhält man die Darstellung oben, in der die Bereiche
für $y > 0$ und $x = A$ dick gezeichnet sind. Daraus lassen sich
nun direkt die Gesamtmenge und der Preis als Funktion des Kostenparameters ableiten. Dies ergibt die beiden nachfolgenden
Diagramme. Diese zeigen deutlich, daß im Falle einer geknickten
Nachfragefunktion die monopolistische Entscheidung immer dann
starr bezüglich von Kostenänderungen ist, wenn sie gerade an der
Stelle der Nichtdifferenzierbarkeit liegt.

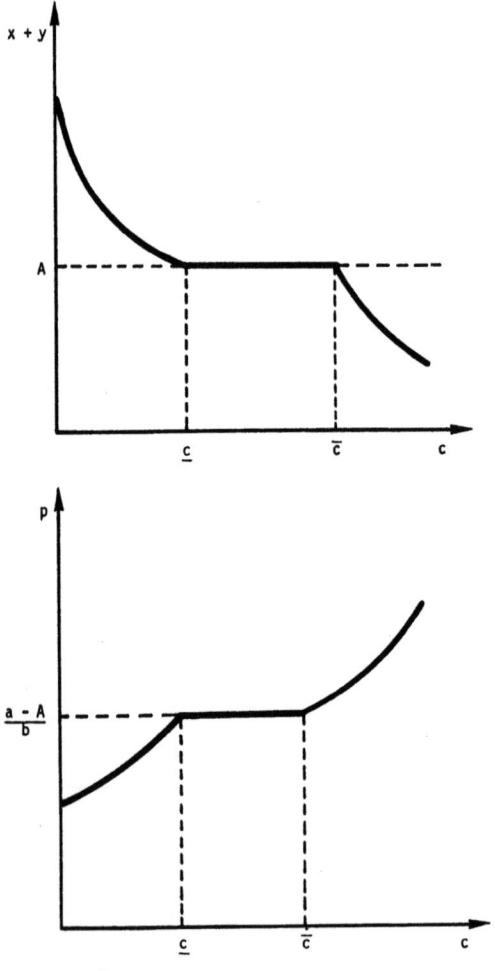

Aufgabe 3.6

Regulierung im Monopol

(Langfristiges Gleichgewicht, Nachfragerückgang, natürliches Monopol, Subvention)

Auf einem Markt bieten n Firmen mit der identischen langfristigen Kostenfunktion

$$C(x_i) = cx_i^2 + f \qquad c > 0, f > 0$$

ein Produkt an. Die aggregierte Nachfragefunktion sei

$$x = D(p) = Ap^{-1} \qquad A > f.$$

a) Unter welchen Bedingungen wird im langfristigen Gleichgewicht bei vollkommener Konkurrenz mindestens eine Firma im Markt sein?

b) Befürchtungen, daß die Nachfrage nach dem Gut zurückgeht (d.h. A sinkt), veranlassen die Regierung, den Markt zu regulieren, indem sie nur einer Firma ein Produktionsmonopol erteilt. Gleichzeitig verlangt die Regierung jedoch wenn möglich Grenzkostenpreissetzung, ohne dabei Subventionen für Verluste zu gewähren. Stellen Sie den Verlauf des Marktpreises algebraisch und graphisch als Funktion der Nachfragegröße A dar. Bis zu welchem Wert von A wird die Firma die Grenzkostenpreisregel befolgen?

c) Die Opposition kritisiert an dem Verfahren der Regierung, daß bei geringer Nachfrage die monopolistische Firma ohne Subventionen einen Preis setzen würde, der über dem Minimum der langfristigen Stückkosten liegt, und daß deshalb der Markt nicht ausreichend versorgt würde. Sie schlägt vor, der Firma die Fixkosten zu erstatten. Dem hält die Regierung entgegen, daß bei einem Preis, der dem Minimum der langfristigen Stückkosten entspricht, ein geringerer Subventionsbetrag erforderlich sei, um Verluste der Firma abzudecken. Zeigen Sie, daß die Regierung recht hat.

Lösung:

a) Mehrere Firmen können langfristig nur im Markt verbleiben, solange der Marktpreis mindestens so hoch ist wie das Minimum der langfristigen Stückkosten. Aus der Kostenfunktion erhält man die Stückkostenfunktion jedes Unternehmens

$$AC(x_i) = cx_i + \frac{f}{x_i},$$

die ihr Minimum an der Stelle

$$\overline{x_i} = \sqrt{f/c}$$

annimmt. Damit ist die Marktpreisuntergrenze

$$\overline{p} = \min AC(x_i) = 2\sqrt{cf}.$$

Die wettbewerbsmäßige Angebotsfunktion jeder Firma lautet damit

$$x_i = S_i(p) = \begin{cases} 0 & p \leq 2\sqrt{cf} \\ \frac{1}{2c}p & p \geq 2\sqrt{cf}. \end{cases}$$

Ein Gleichgewicht bei vollkommener Konkurrenz mit n Firmen im Markt ist somit bestimmt durch

$$\frac{A}{p} = D(p) = nS_i(p) = \frac{n}{2c}p.$$

Dies ergibt den Gleichgewichtspreis

$$p_w = \sqrt{\frac{2Ac}{n}},$$

der genau dann größer oder gleich $\overline{p}$ ist, wenn

$$\sqrt{\frac{2Ac}{n}} \geq 2\sqrt{cf}$$

bzw., wenn $A \geq 2nf$ ist. Damit ist $n \geq 1$ genau dann, wenn $A \geq 2f$ ist. Dies bedeutet, daß dieser Markt wettbewerbsmäßig versorgt werden kann, falls der Nachfrageparameter A relativ zu den Fixkosten f groß ist.

b) Sinkt die Nachfrage relativ zur technologischen Situation des Unternehmens, so gerät es bei Grenzkostenpreissetzung in den Bereich fallender Stückkosten, die über den Grenzkosten liegen. Ein Gewinn von Null ist dann nur zu erzielen, wenn der Preis gleich den Stückkosten ist. Das Diagramm zeigt zwei Situationen für hohes A und niedriges A'.

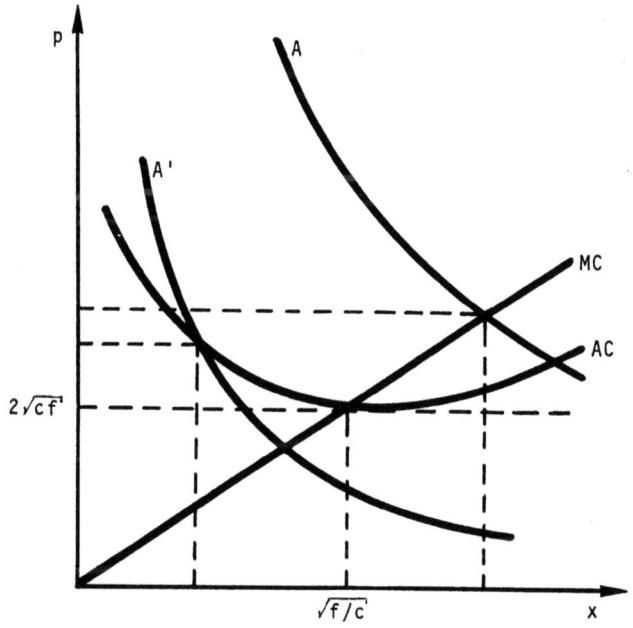

Für $A \geq 2f$ erhält man als Monopolpreis $p_M = \sqrt{2cA}$. Dies ergibt sich aus **a)** und der Bedingung Preis gleich Grenzkosten. Für $f < A < 2f$ hingegen, ist der Preis gleich den Stückkosten, d.h.

$$p_M = \frac{A}{x} = cx + \frac{f}{x}.$$

Dies ergibt $x = \sqrt{(A-f)/c}$ und

$$p_M = \frac{A\sqrt{c}}{\sqrt{A-f}}.$$

Damit ist der vom Monopol in Abhängigkeit von A gesetzte Preis

$$p_M = \begin{cases} \sqrt{2cA} & A \geq 2f \\ \dfrac{A\sqrt{c}}{\sqrt{A-f}} & f < A \leq 2f. \end{cases}$$

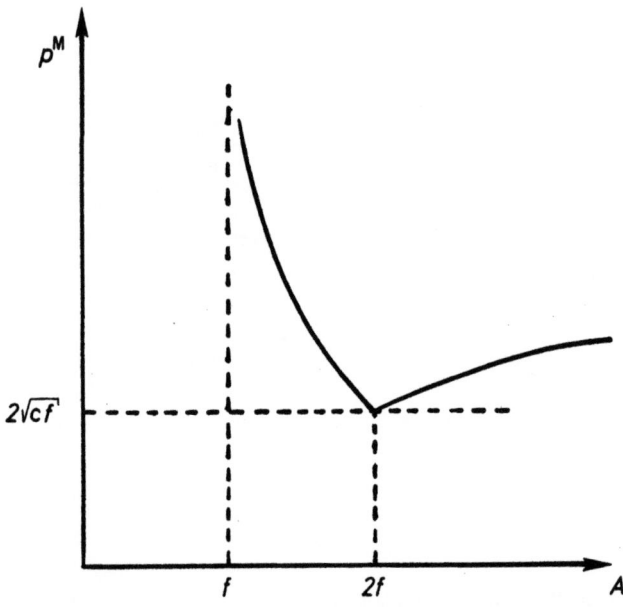

c) Ist $f < A < 2f$, so ist der Preis p_M größer als das Minimum der Stückkosten $2\sqrt{cf}$ und die abgesetzte Menge x_M kleiner als $\sqrt{f/c}$.

Eine bessere Marktversorgung wird natürlich zu geringerem Preis, insbesondere zum Preis $\bar{p} = 2\sqrt{cf}$ erreicht, bei dem die Menge $\bar{x} = A/2\sqrt{cf}$ abgesetzt wird. Der dabei entstehende Verlust ist

$$\bar{p}\bar{x} - c\bar{x}^2 - f = A - c\frac{A^2}{4cf} - f$$
$$= A\left(\frac{4f - A}{4f}\right) - f < 0.$$

Da $A < 2f$ ist, ist dieser jedoch geringer als die Höhe der Fixkosten f, so daß die Regierung weniger als f an Subvention zahlen muß. Im Diagramm sind für gleiches A die beiden Situationen ohne und mit Verlustausgleich dargestellt, wobei die schraffierte Fläche die Höhe des Verlustes angibt.

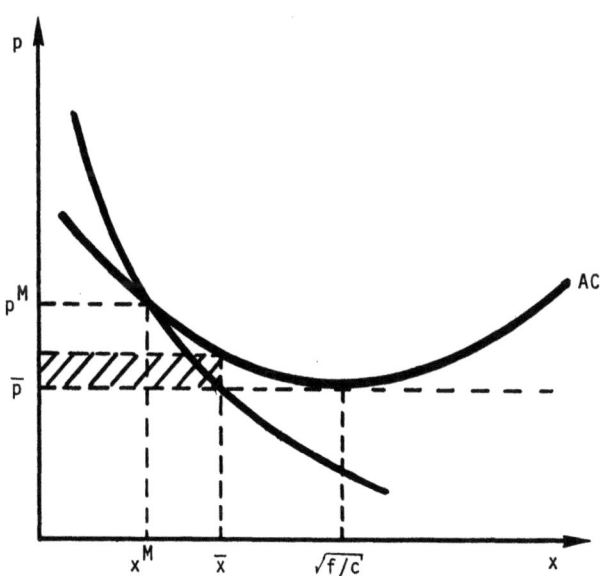

Aufgabe 3.7

Gleichgewichte im bilateralen Monopol

(Wettbewerbslösung, Gewinnzuschlag, Nachfrageänderung)

Der Apfelproduzent A ist alleiniger Lieferant des Mostproduzenten M, der seinen Most zum Preis p_M auf einem Markt mit vielen Konkurrenten absetzt. Die Produktionsfunktionen von A und M mit ertragsgesetzlichem Verlauf seien $x_A = f(\ell)$ und $x_M = g(y)$, wobei ℓ und y die alleinigen Inputs von A und M sind. Bevor A und M sich ihrer tatsächlichen Situation auf dem Apfelmarkt bewußt sind, verhalten sie sich wie bei vollkommener Konkurrenz, stellen jedoch nach einiger Zeit fest, daß sie die jeweils alleinigen Teilnehmer auf dem Markt sind.

a) Beschreiben Sie die Gleichgewichtssituation bei vollkommener Konkurrenz, und bestimmen Sie den prozentualen Gewinnzuschlag α^* von A auf seine Stückkosten in dieser Situation.

b) Nach langjährigem Streit über die Vertragsvereinbarungen verlangt A von M die Garantie eines Gewinnzuschlags in der Höhe von α^* auf seine Stückkosten. Welche Preis- und Mengenkonstellation wird M dem A optimal vorschlagen? Vergleichen Sie diese mit dem Fall a) und überprüfen Sie, ob A oder M besser gestellt wird.

c) Eine Erhöhung der Weinsteuer führt zu einer allgemeinen Nachfrageerhöhung auf dem Mostmarkt. Welche Auswirkungen hat diese Steuererhöhung auf dem Apfelmarkt im Fall a)?

Lösung:

a) Ein Gleichgewicht bei vollkommener Konkurrenz liegt vor, wenn Angebot des Apfelproduzenten und Nachfrage des Mostproduzenten bei einem Apfelpreis von p_A gleich sind und beide, gegeben p_A, ihren Gewinn maximieren. Der ertragsgesetzliche Verlauf der Produktionsfunktion von A ergibt eine Kostenfunktion $C(x_A)$, die ebenfalls ertragsgesetzlichen Verlauf hat. Dies ergibt die Gewinnfunktion

$$\pi_A(x_A) = p_A x_A - C(x_A).$$

Als notwendige Bedingung für ein Gewinnmaximum erhält man somit die Bedingung

$$p_A = C'(x_A),$$

die das Angebotsverhalten von A beschreibt. Als Gewinnfunktion des Mostproduzenten erhält man

$$\pi_M(y) = p_M g(y) - p_A y,$$

aus der sich bei Gewinnmaximierung die notwendige Bedingung

$$p_A = p_M g'(y)$$

ergibt, die implizit das Nachfrageverhalten von M beschreibt. Ein Gleichgewicht bei vollkommener Konkurrenz stellt sich bei einem solchen $p^* = p_A$ ein, bei dem Angebot und Nachfrage gleich sind. Damit ist im Gleichgewicht das Grenzwertprodukt MVP von M gleich den Grenzkosten MC von A.
Die Graphik zeigt das Gleichgewicht (p^*, x^*), bei dem $x^* = x_A = y$ ist. Dabei bezeichnet MC die Grenzkostenfunktion und AC die Durchschnittskostenfunktion von A sowie MVP das Grenzwertprodukt von M. Der prozentuale Gewinnzuschlag α^* auf die Stückkosten ergibt sich aus

$$p^* = (1 + \alpha^*) \frac{C(x^*)}{x^*}$$

als

$$\alpha^* = \frac{p^* x^*}{C(x^*)} - 1.$$

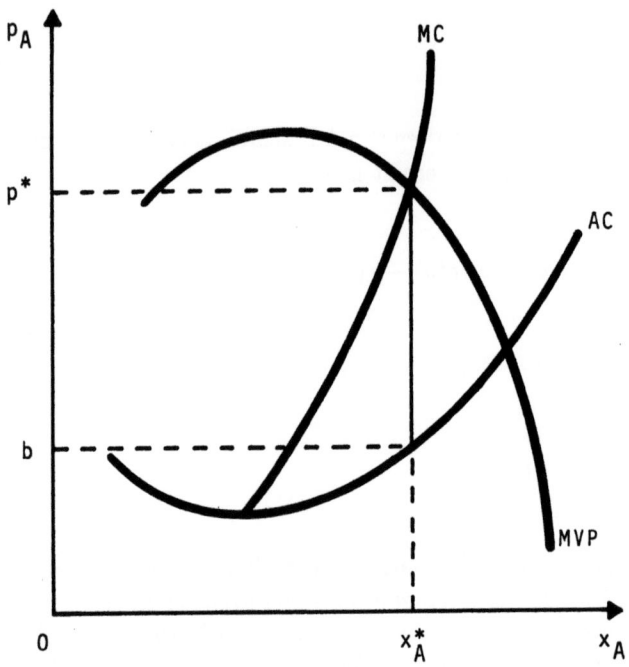

b) Bei einem garantierten Gewinnaufschlag von α^* muß die Angebotsfunktion des Apfelproduzenten gleich seinen Durchschnittskosten plus dem Gewinnaufschlag sein. Der entsprechende Preis ist dann

$$p_A(x_A) = (1 + \alpha^*)\frac{C(x_A)}{x_A}.$$

Berücksichtigt man dies als Nebenbedingung, so ergibt sich die Gewinnfunktion des Mostproduzenten

$$\pi_M(x_A, \alpha^*) = p_M g(x_A) - (1 + \alpha^*)C(x_A).$$

Als notwendige Bedingung für die Bestimmung der gewinnmaximalen Menge $\tilde{x}_A$ von M erhält man daraus

$$p_M g'(\tilde{x}_A) = (1 + \alpha^*) C'(\tilde{x}_A),$$

d.h.

$$MVP = (1 + \alpha^*) MC.$$

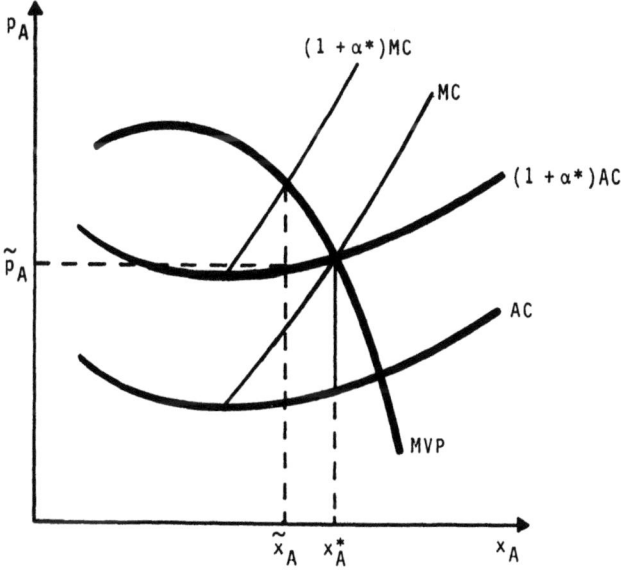

Ein Vergleich der beiden Gleichgewichtsbedingungen ergibt

$$\begin{aligned} 0 &= p_M g'(x^*) - C'(x^*) \\ &= MVP - MC \\ &= p_M g'(\tilde{x}) - (1 + \alpha^*) C'(\tilde{x}) \\ &= MVP - (1 + \alpha^*) MC \\ &< p_M g'(\tilde{x}) - C'(\tilde{x}), \end{aligned}$$

so daß $\tilde{x} < x^*$ folgt. Für den Gewinn des Apfelproduzenten erhält man deshalb

$$\begin{aligned}\pi_A(x^*) &= \alpha^* C(x^*) \\ &> \alpha^* C(\tilde{x}_A) \\ &= \pi_A(\tilde{x}_A).\end{aligned}$$

Damit stellt sich der Apfelproduzent in **b)** schlechter. Der Mostproduzent stellt sich besser, da $\tilde{x}_A$ gewinnmaximal ist und nicht x^*, das er auch hätte vorschlagen können. Dies erkennt man auch, wenn man den Grenzgewinn betrachtet, der im relevanten Bereich eine fallende Funktion ist. Es gilt

$$\begin{aligned}0 &= p_M g'(\tilde{x}_A) - (1+\alpha^*)C'(\tilde{x}_A) \\ &> p_M g'(x^*) - (1+\alpha^*)C'(x^*).\end{aligned}$$

Damit kann x^* kein Maximierer sein.

c) Mit der Nachfrageerhöhung wird der Mostpreis auf p_M^0 steigen. Die Inputnachfrage des Mostproduzenten wird also zunehmen. In der Graphik ist die Verschiebung der Funktion $p_M g'(x_A)$ auf $p_M^0 g'(x_A)$ für den Fall **a)** dargestellt.

Im Gleichgewicht ist dann $x_A^* < \dot{x}_A^*$ und $p_A^* < \dot{p}_A^*$. Ebenso sieht man, daß der Gewinnaufschlag des Apfelproduzenten steigt, d.h. $\alpha^* < \dot{\alpha}$.

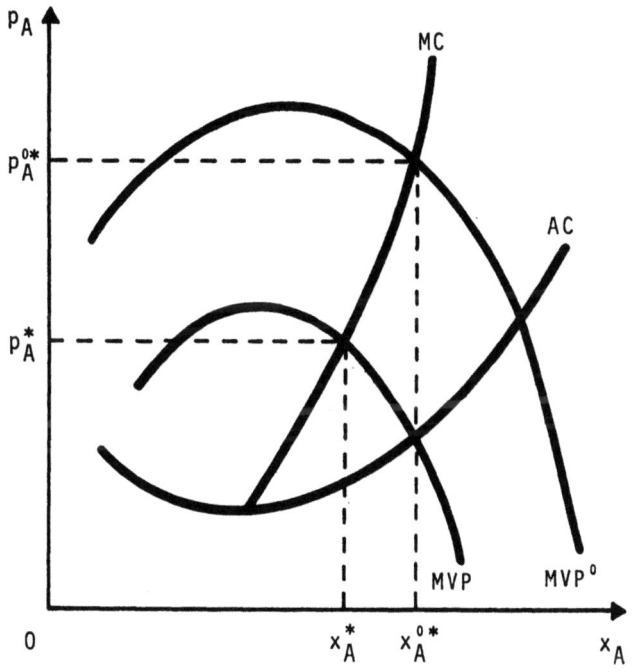

Kapitel 4

Oligopoltheorie und oligopolistische Konkurrenz

Die Oligopoltheorie bildet das Kernstück der traditionellen Preistheorie, in dem sie Gleichgewichte beschreibt, bei denen Unternehmen Mengen oder Preise als strategische Entscheidungsvariable einsetzen. Die erste Aufgabengruppe analysiert zunächst im Fall des Duopols die unterschiedlichen Gleichgewichte im nicht-kooperativen Fall. Dies sind einerseits die Nash-Gleichgewichte in Mengenstrategien (Cournot) für das homogene Duopol und in Preisstrategien (Launhardt-Hotelling) für das inhomogene Duopol. Andererseits werden auch die jeweiligen v. Stackelberg-Gleichgewichte behandelt, sowie die Lösungen des gemeinsamen und der getrennten Monopole zum Vergleich miterangezogen. In einer zweiten Aufgabengruppe werden die Auswirkungen zunehmender Konkurrenz zwischen Oligopolisten auf das nicht-kooperative Gleichgewicht untersucht, insbesondere natürlich der von Chamberlin als monopolistische Konkurrenz erstmals diskutierte Fall. Ziel der Aufgaben in beiden Gruppen ist, den unterschiedlichen Einfluß von Komplementaritäts- bzw. Substitutivitätseigenschaften auf das nicht-kooperative Gleichgewicht sichtbar zu machen, sowie die Bedeutung unterschiedlicher Kostenfunktionen bei zunehmendem Wettbewerb herauszuarbeiten.

Literaturhinweise

Henderson, J.M. and R.E. Quandt (1980) Microeconomic Theory - A Mathematical Approach, New York, Chapter 6.

Koutsoyannis, A. (1979) Modern Microeconomics, London, Chapters 8, 9, 10.

Krelle, W. (1976) Preistheorie, Tübingen, Bd. I, Kap. 3 - 6.

Varian, H.R. (1984) Microeconomic Analysis, second edition, New York, Chapter 2.

Aufgabe 4.1

Homogenes Duopol

(Cournot–Nash–Gleichgewicht, Stackelberg–Gleichgewicht, gemeinsame Gewinnmaximierung)

Auf dem Rindermarkt zu Darlington bieten jeden Montag und Mittwoch die Züchter Mr. Henderson und Mr. Quandt im Rahmen einer Versteigerung Kälber von (nahezu) einheitlicher Qualität an. Der Preis je Gewichtseinheit ist ziemlich gleich für jedes Kalb. Seit geraumer Zeit sind sie die einzigen Anbieter auf dem Markt. Dagegen treten viele Nachfrager auf. Die Nachfrage nach Kälbern entspricht der Funktion

$$x(p) = \max\{0, 100\},$$

Mr. Henderson produziert gemäß einer Kostenfunktion

$$C_1(x_1) = 35x_1,$$

während die Kosten für Mr. Quandt durch die Funktion

$$C_2(x_2) = 1{,}5x_2^2$$

beschrieben werden können, x_1 und x_2 bezeichnen die Mengen, die Mr. Henderson bzw. Mr. Quandt herstellen und auf den Markt von Darlington anbieten. Die beiden Kostenfunktionen sind allseits bekannt.

a) Welche Gewinne erzielen Mr. Henderson und Mr. Quandt im Gleichgewicht, wenn beide ihren Gewinn maximieren und bei der mengenmäßigen Bestimmung ihres Angebots davon ausgehen, daß der Konkurrent seine Angebotsmenge nicht verändert?

b) Welchen Gewinn erzielt Mr. Henderson, wenn Mr. Quandt sein Angebot dem Angebot von Mr. Henderson anpaßt und beide unter dieser Annahme ihren Gewinn maximieren? Gehen Sie bei der Beantwortung dieser Frage davon aus, daß weder Mr. Henderson noch Mr. Quandt sich scheuen, "Bruchteile von Kälbern" auf den Markt zu bringen.

c) Welche Gewinne würden Mr. Henderson und Mr. Quandt erzielen, wenn sie beide davon ausgingen, daß jeweils der andere seine Menge der eigenen Mengenentscheidung anpaßt, sie selbst aber unter dieser Annahme ein Gewinnmaximum anstreben?

d) Mr. Henderson und Mr. Quandt entschließen sich, den gemeinsamen Gewinn zu maximieren. Ermitteln Sie den Gewinn und vergleichen sie ihn mit den in **a)**, **b)**, und **c)** ermittelten Werten.

e) Mr. Henderson schlägt Mr. Quandt vor, den Gewinn unter sich so aufzuteilen, daß jeder den aus seiner eigenen Produktion entstehenden Gewinn bekommt. Wird Mr. Quandt darauf eingehen?

Lösung:

a) Ein Cournot–Nash–Gleichgewicht (x_1^*, x_2^*) liegt vor, wenn

$$\pi_1(x_1^*, x_2^*) = \max_{x_1} \pi_1(x_1, x_2^*)$$
$$\pi_2(x_1^*, x_2^*) = \max_{x_2} \pi_2(x_2^*, x_2).$$

Das Gewinnmaximierungsproblem für Mr. Henderson lautet also

$$\max_{x_1}(100 - x_1 - x_2)x_1 - 35x_1.$$

Die notwendige Bedingung für ein Gewinnmaximum ist

$$65 - x_2 - 2x_1(x_2) = 0$$

oder

(i) $\quad x_1(x_2) = \tfrac{1}{2}(65 - x_2).$

Analog gilt für Mr. Quandt

$$100 - 5x_2(x_1) - x_1 = 0$$

bzw.

(ii) $\quad x_2(x_1) = \tfrac{1}{5}(100 - x_1).$

Aus den Gleichungen (i) und (ii) können die Gleichgewichtsmengen bestimmt werden, nämlich

$$x_1^* = 25 \quad \text{und} \quad x_2^* = 15.$$

Die Gewinne sind dann $\pi_1(x_1^*, x_2^*) = 625$ und $\pi_2(x_1^*, x_2^*) = 562,5$.

b) Das in **b)** beschriebene Verhalten ergibt das sogenannte Stackelberg–Gleichgewicht mit Mr. Henderson als Stackelbergführer. Da sich Mr. Quandt dem Angebot von Mr. Henderson anpaßt, kann dieser die Reaktionsfunktion $x_2(x_1)$ von Mr. Quandt in sein Optimierungsproblem miteinbeziehen. Die Gewinnfunktion von Mr. Henderson lautet dann

$$\pi_1[x_1, x_2(x_1)] = \left[100 - x_1 - \frac{1}{5}(100 - x_1)\right]x_1 - 35x_1$$
$$= 45x_1 - \frac{4}{5}x_1^2.$$

Also ist $\bar{x}_1 = 225/8$. Durch Einsetzen in die Reaktionsfunktion von Mr. Quandt erhält man $\bar{x}_2 = 115/8$. Mr. Hendersons Gewinn ist $\pi_1[\bar{x}_1, x_2(\bar{x}_1)] = 632{,}813$.

c) Beide verhalten sich wie Stackelbergführer. In diesem Stackelberg–Ungleichgewicht ergibt sich für Mr. Henderson die gleiche Angebotsmenge $\bar{x}_1$ wie in **b)**. Das Maximierungsproblem für Mr. Quandt lautet

$$\max_{x_2}\left[100 - x_2 - \frac{1}{2}(65 - x_2)\right]x_2 - \frac{3}{2}x_2^2,$$

wobei die notwendige Bedingung $\tilde{x}_2 = 135/8$ ergibt. Da gilt $x_1^* + x_2^* < \tilde{x}_1 + \tilde{x}_2$, ist der realisierte Preis niedriger und die Gewinne sind $\pi_1(\tilde{x}_1, \tilde{x}_2) = 562{,}5$ und $\pi_2(\tilde{x}_1, \tilde{x}_2) = 500{,}976$.

d) Bei gemeinsamer Gewinnmaximierung lautet das Problem

$$\max_{x_1,x_2}\left[\pi_1(x_1,x_2) + \pi_2(x_1,x_2)\right] = \max_{x_1,x_2}\pi(x_1,x_2)$$

$$= \max_{x_1,x_2}\left[(100 - x_1 - x_2)(x_1 + x_2) - 35x_1 - \frac{3}{2}x_2^2\right].$$

Die notwendigen Bedingungen sind

$$\frac{\partial \pi(x_1, x_2)}{\partial x_1} = 100 - 2\hat{x}_1 - 2\hat{x}_2 - 35 = 0,$$
$$\frac{\partial \pi(x_1, x_2)}{\partial x_2} = 100 - 2\hat{x}_1 - 2\hat{x}_2 - 3\hat{x}_2 = 0.$$

Das optimale Angebot ist dann $\hat{x}_1 = 125/6$ und $\hat{x}_2 = 35/3$. Der gemeinsame Gewinn ist $\pi(\hat{x}_1, \hat{x}_2) = 1260,4$.

Sei $\pi(x_1, x_2) = \pi_1(x_1, x_2) + \pi_2(x_1, x_2)$. Dann gilt für die Gewinne in **a)**, **b)**, und **c)**

$$\pi(\hat{x}_1, \hat{x}_2) > \pi(x_1^*, x_2^*) > \pi(\bar{x}_1, x_2(\bar{x}_1)) > \pi(\tilde{x}_1, \tilde{x}_2).$$

e) Ja, denn dabei ist sein Gewinn

$$\pi_2(\hat{x}_1, \hat{x}_2) = p(\hat{x}_1, \hat{x}_2)\hat{x}_2 - C(\hat{x}_2) = 583,3.$$

Als Stackelbergführer hat er nur einen Gewinn von

$$\begin{aligned}\pi_2(x_1(\bar{x}_2), \bar{x}_2) &= p(x_1(\bar{x}_2) + \bar{x}_2)\bar{x}_2 - \frac{3}{2}\bar{x}_2^2 \\ &= 569,5.\end{aligned}$$

Also gilt $\pi_2(\hat{x}_1, \hat{x}_2) > \pi_2(x_1(\bar{x}_2), \bar{x}_2) > \pi_2(x_1^*, x_2^*) > \pi_2(\bar{x}_1, x_2(\bar{x}_1))$ und damit ist gezeigt, daß Mr. Quandt den Vorschlag von Mr. Henderson annimmt.

Aufgabe 4.2

Homogenes Duopol vs. Monopol

(Vergleich Monopol, Cournot–Nash, Stackelberg, Kooperation mit Technologiewechsel)

In einer Kleinstadt ist die Firma Schmidt & Co. bislang der einzige Anbieter für ein Gut, das hier nicht weiter beschrieben werden soll. Ihre Kostenfunktion ist

$$C_1(x_1) = 20x_1,$$

und die aggregierte Nachfrage genügt der Funktion

$$D(p) = \max\{0, 60 - p\}.$$

Herr Meyer, den die hohen Gewinne der Firma Schmidt & Co. schon immer reizten, bringt von einer Reise die Pläne für eine moderne Produktionsanlage mit, die das gleiche Gut herstellen kann, das Schmidt & Co. anbietet. Sie wird durch die Kostenfunktion

$$C_2(x_2) = \frac{1}{2}x_2^2$$

beschrieben. Herr Meyer beabsichtigt, mit Schmidt & Co. ein Marktabkommen auszuhandeln oder die Pläne an Schmidt & Co. zu verkaufen. Zur Vorbereitung der Verhandlungen berechnet er als Referenzpunkte die Konstellationen (Angebotsmengen und Gewinne), die sich auf dem Markt ergeben,

a) wenn jede der beiden Firmen jeweils allein als Monopolist den Markt versorgt;

b) wenn beide Unternehmen ihr Angebot gewinnmaximierend wählen unter der Annahme, daß das Angebot des jeweils anderen Unternehmens gegeben ist;

c) für die beiden Fälle, in denen sich jeweils eines der Unternehmen wie in **b)** verhält, und das andere dies bei der Gewinnmaximierung berücksichtigt;

d) wenn beide Unternehmen ihren Gewinn maximieren unter der Annahme, daß sich das jeweils andere Unternehmen wie in **b)** verhält;

e) wenn die Unternehmen kooperieren und den gemeinsamen Gewinn maximieren.

Welche Gewinnaufteilung würde Herr Meyer der Firma Schmidt & Co. aufgrund dieser Berechnungen im Fall der Kooperation vorschlagen? Kann er davon ausgehen, daß Schmidt & Co. eine solche Vereinbarung einhalten wird?

Die Verhandlungen führen schließlich dazu, daß die Firma Schmidt & Co. Herrn Meyer die Pläne abkauft, um ihre Monopolstellung zu behalten. Errichtet Schmidt & Co. nun eine neue Anlage? Produziert sie weiterhin mit der alten Technologie?

Lösung:

a) Für Schmidt & Co. als Monopolist erhält man aus

$$\max\{px_1 - C_1(x_1)\}$$

als optimale Lösung $x_1 = 20$, $p_1 = 40$ und einen maximalen Gewinn $\pi_1 = 400$. Für Herrn Meyer ergibt sich $x_2 = 20$, $p_2 = 40$

und $\pi_2 = 600$. Die monopolistische Gleichgewichtssituation ist für beide im Diagramm dargestellt.

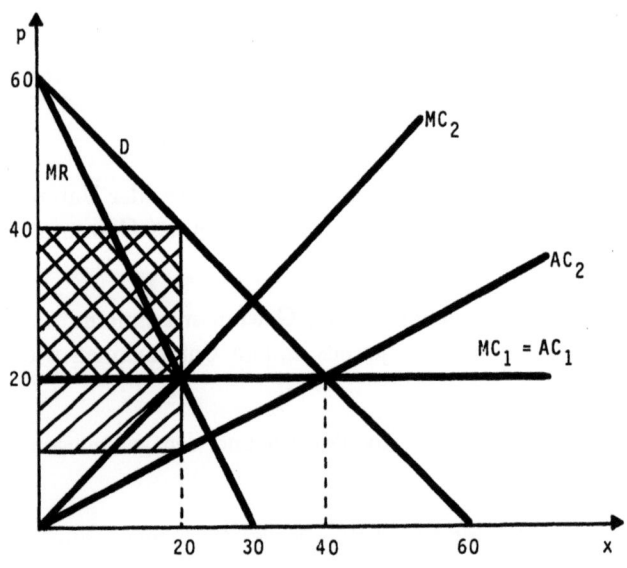

Man erkennt daran, daß die unterschiedlichen Kostenfunktionen, die bis zur Menge 40 Herrn Meyer begünstigen, keinen Niederschlag im Monopolpreis und in der Monopolmenge finden. Lediglich der Gewinn π_2 von Herrn Meyer (gesamte schraffierte Fläche) ist größer als der Gewinn π_1 von Schmidt & Co. (doppelt schraffierte Fläche).

b) Ist das Angebot des jeweils anderen gegeben, so maximiert jeder seinen Gewinn bezüglich seiner Produktionsmenge. Gefragt ist damit nach dem Cournot–Nash–Gleichgewicht in einem Mengenduopol. Für $i = 1, 2$ erhält man aus

$$\max_{x_i} \{p(x_1 + x_2)x_i - C_i(x_i)\}$$

die notwendige Bedingung

$$p'(x_1 + x_2)x_i + p(x_1 + x_2) = MC_i(x_i).$$

Dies ergibt für $i = 1$

$$60 - 2x_1 - x_2 = 20$$

und damit als Reaktionsfunktion

$$x_1 = r_1(x_2) = \max\left\{20 - \frac{1}{2}x_2, 0\right\}.$$

Analog erhält man für $i = 2$ aus

$$60 - 2x_2 - x_1 = x_2$$

als Reaktionsfunktion

$$x_2 = r_2(x_1) = \max\left\{20 - \frac{1}{3}x_1, 0\right\}.$$

Für ein Cournot–Nash–Gleichgewicht (x_1^C, x_2^C) muß $x_1^C = r_1(x_2^C)$ und $x_2^C = r_2(x_1^C)$ gelten. Durch entsprechendes Einsetzen erhält man

$$x_1^C = 20 - \frac{1}{2}\left(20 - \frac{1}{3}x_1^C\right)$$

und damit $x_1^C = 12$ und $x_2^C = 16$. Daraus ergibt sich als Gesamtmenge $x_1^C + x_2^C = 28$, ein Marktpreis $p^C = 32$ und Gewinne $\pi_1^C = 144$ und $\pi_2^C = 384$.

c) Das beschriebene Verhalten weist jeweils eines der Unternehmen als Stackelbergführer aus. Ist dies das Unternehmen 1 (Schmidt & Co.), so kennt dies die Reaktionsfunktion von Herrn Meyer und bestimmt die Lösung von

$$\max_{x_1} \{p(x_1 + r_2(x_1)) \cdot x_1 - C_1(x_1)\}.$$

Dies ergibt

$$p'(x_1 + r_2(x_1)) \cdot r_2'(x_1) \cdot x_1 + p(x_1 + r_2(x_1)) = MC_1(x_1)$$

bzw.

$$-\frac{2}{3}x_1 + 60 - x_1 - 20 + \frac{1}{3}x_1 = 20$$

und damit $x_1^{S_1} = 15$. Als Konsequenzen ergeben sich daraus $x_2^{S_1} = 15$, $p^{S_1} = 30$, $\pi_1^{S_1} = 150$ und $\pi_2^{S_1} = 337{,}5$. Die allgemein gültige Eigenschaft $\pi_1^{S_1} > \pi_1^C$ wird also bestätigt.

Für Herrn Meyer als Stackelbergführer erhält man in analoger Weise

$$\max_{x_2}\{p(x_2 + r_1(x_2)) \cdot x_2 - C_2(x_2)\}.$$

Dies ergibt

$$p'(x_2 + r_1(x_2)) \cdot r_1'(x_2) \cdot x_2 + p(x_2 + r_1(x_2)) = MC_2(x_2)$$

bzw.

$$-\frac{1}{2}x_2 + 60 - 20 + \frac{1}{2}x_2 - x_2 = x_2$$

und damit $x_2^{S_2} = 20$. Daraus ergeben sich $x_1^{S_2} = 10$, $p^{S_2} = 30$, $\pi_1^{S_2} = 100$ und $\pi_2^{S_2} = 400$.

d) In dieser Situation versuchen beide Unternehmen, sich wie Stackelbergführer zu verhalten. Dann ergibt sich als Marktsituation $(x_1^{S_1}, x_2^{S_2}) = (15, 20)$ und damit ein Preis $p = 25$ und Gewinne $\pi_1 = 75$ und $\pi_2 = 300$. Dies kann kein Gleichgewicht sein, da sich beide Firmen verbessern können und die Entscheidung des anderen ihre Annahme über dessen Verhalten nicht bestätigt.

e) Die Maximierung des gemeinsamen Gewinns ist äquivalent zur Monopollösung mit zwei Betrieben. Entscheidend ist dabei die Frage, ob beide Produktionsanlagen im Maximum benutzt werden, oder die komparativen Kostenvorteile eines Betriebes dazu führen, den anderen stillzulegen. Das Optimierungsproblem

$$\max_{x_1, x_2} \{p(x_1 + x_2)(x_1 + x_2) - C_1(x_1) - C_2(x_2)\}$$

unter der Nebenbedingung $x_1 \geq 0$, $x_2 \geq 0$ führt zu der Lagrangefunktion

$$\mathcal{L} = p(x_1 + x_2)(x_1 + x_2) - C_1(x_1) - C_2(x_2) + \lambda_1 x_1 + \lambda_2 x_2.$$

Dies ergibt als notwendige Bedingungen

(1) $\quad p'(x_1 + x_2)(x_1 + x_2) + p(x_1 + x_2) = MC_1(x_1) - \lambda_1,$

(2) $\quad p'(x_1 + x_2)(x_1 + x_2) + p(x_1 + x_2) = MC_2(x_2) - \lambda_2,$

(3) $\quad \lambda_1 x_1 = \lambda_2 x_2 = 0$

und unter Verwendung der speziellen Funktionen

(4) $\quad 60 - 2(x_1 + x_2) = 20 - \lambda_1,$

(5) $\quad 60 - 2(x_1 + x_2) = x_2 - \lambda_2.$

Aus **(4)** und **(5)** folgt unmittelbar

(6) $\quad x_2 = 20 - \lambda_1 + \lambda_2.$

Die optimale Lösung erfüllt mit Sicherheit $x_1 + x_2 > 0$. Damit muß aber $x_2 > 0$ und $\lambda_2 = 0$ sein, denn sonst würde aus **(6)** und $\lambda_1 x_1 = 0$

$$0 = 20 - 0 + \lambda_2 > 0$$

folgen, was ein Widerspruch ist. Angenommen x_1 sei positiv. Dann ergibt **(6)** und $\lambda_1 x_1 = 0$, daß $x_2 = 20$ ist. Aus **(5)** folgt

$$60 - 2x_1 - 40 = 20$$

und damit $x_1 = 0$, und aus **(4)** folgt $\lambda_1 = 0$. Somit ergibt sich $x_1^M = 0$, $x_2^M = 20$, als Marktpreis $p^M = 40$ und als gemeinsamer

Gewinn $\pi_1^M + \pi_2^M = 600$. Diese Lösung entspricht jedoch genau dem Fall, bei dem Herr Meyer (Firma 2) allein als Monopolist am Markt ist. Die Gesamtsituation für **a)** – **e)** ist im Diagramm dargestellt, während die Tabelle einen Vergleich aller Werte in den unterschiedlichen Situationen ermöglicht.

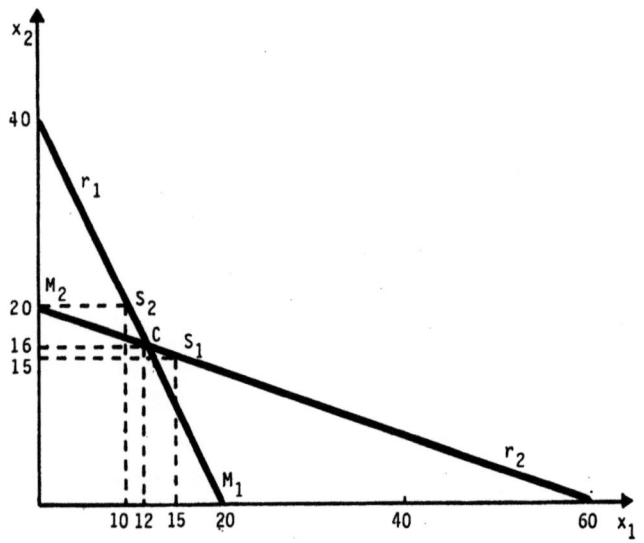

Schmidt & Co. = 1, Meyer = 2

	x_1	x_2	$x_1 + x_2$	p	π_1	π_2	$\pi_1 + \pi_2$
1 als Monopolist	20	0	20	40	400	0	400
2 als Monopolist	0	20	20	40	0	600	600
Cournot–Nash	12	16	28	32	144	384	528
1 als Stackelbergführer	15	15	30	30	150	337,5	487,5
2 als Stackelbergführer	10	20	30	30	100	400	500
1+2 als Stackelbergführer	15	20	35	25	75	300	375
Kooperation	0	20	20	40	0	600	600

Als Ausgangspunkt der Überlegungen für eine Aufteilung des Gesamtgewinnes können die Gewinne angesehen werden, die jeder der beiden als Stackelbergführer erzielen würde, da er diese im Zweifel durch Androhung des Verharrens bei der jeweiligen Menge $x_1^{S_1}$ bzw. $x_2^{S_2}$ erzwingen könnte. Damit ergibt sich als Mindestforderung von Schmidt & Co. $\pi_1^{S_1} = 150$ und von Herrn Meyer $\pi_2^{S_2} = 400$. Die Differenz von 50 zum Gesamtgewinn von 600 ist somit Gegenstand der Verhandlungen. Für $0 \leq c \leq 50$ würde somit jede Aufteilung der Form $\pi_1 = \pi_1^{S_1} + c$ und $\pi_2 = \pi_2^{S_2} + 50 - c$ für beide akzeptabel sein, und keiner der beiden hätte ein Interesse davon abzuweichen.

Nach Verkauf der Technologie von Herrn Meyer an Schmidt & Co. wird letztere nur die erworbene Technologie verwenden, da bis zur Outputmenge $x = 20$ der Kostenvorteil der erworbenen Technologie voll zur Geltung kommt. Die Wahlmöglichkeiten zwischen beiden Technologien ergibt als effektive Kostenfunktion

$$\tilde{C}(x) = \min\{C_1(x_1) + C_2(x_2) | x_1 + x_2 = x\},$$

die in der Abbildung dick eingezeichnet ist. Man erkennt, daß Grenz- und Gesamtkosten der Technologie 2 bis $x = 20$ geringer als bei Technologie 1 sind. Jede zusätzliche Outputeinheit wird jedoch mit Technologie 1 produziert, die die geringeren Grenzkosten aufweist. Dies bedeutet, daß bei größerer Gesamtnachfrage bzw. im Gleichgewicht der vollkommenen Konkurrenz beide Technologien zum Einsatz kommen.

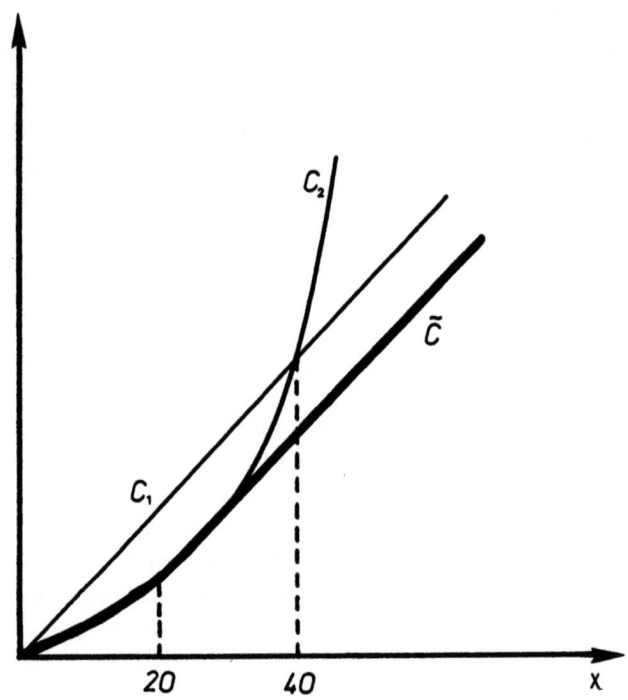

Aufgabe 4.3

Inhomogenes Duopol

(Substitutive Güter, Launhardt–Hotelling–Gleichgewicht, Stackelberg–Gleichgewicht)

Zwei Firmen ($i = 1, 2$) bieten zwei unterschiedliche Produkte an. Diese stehen aus der Sicht der Nachfrager in enger Substitutionsbeziehung. Die Kostenfunktionen der beiden Firmen lauten

$$C_i(x_i) = c_i x_i \qquad\qquad c_i > 0, \quad i = 1, 2.$$

Die Nachfrage nach den beiden Produkten in Abhängigkeit der Preise

(p_1, p_2) sei

$$x_1 = \max\{0, a_1 - b_1 p_1 + d_{12} p_2\} \quad a_1 > 0, \quad b_1 > d_{12} \geq 0,$$
$$x_2 = \max\{0, a_2 - b_2 p_2 + d_{21} p_1\} \quad a_2 > 0, \quad b_2 > d_{21} \geq 0,$$

wobei zusätzlich $a_1 > b_1 c_1$ und $a_2 > b_2 c_2$ gilt.

a) Bestimmen Sie die Marktpreise, Angebotsmengen und Gewinne der beiden Firmen, falls beide Firmen sich wie Mengenanpasser verhalten.

b) Bestimmen Sie die Preise $(p_1(L), p_2(L))$ im Launhardt–Hotelling-Gleichgewicht. Fertigen Sie eine möglichst maßstabsgetreue Skizze an, in der Sie den Bereich nicht-negativer Gewinne für beide Firmen angeben. Vergleichen Sie die Lösungen aus **a)** und **b)**.

c) Welchen Einfluß haben die positiven Substitutionsbeziehungen zwischen den beiden Märkten auf Preise, Mengen und Gewinne? Charakterisieren Sie das Gleichgewicht für $d_{ij} = d_{ji} = 0$, und vergleichen Sie dieses mit der Lösung aus **b)**.

d) Bestimmen Sie die Preise in den beiden Stackelberg-Gleichgewichten und vergleichen Sie die beiden Gewinnsituationen. Welche Rolle spielen dabei die Substitutionskoeffizienten?

Lösung:

a) Im Gleichgewicht bei Mengenanpassung muß auf jedem Markt der Preis gleich den Grenzkosten sein, d. h. $\underline{p}_1 = c_1$ und $\underline{p}_2 = c_2$. Dies ergibt die Mengen

$$\underline{x}_1 = \max\{0, a_1 - b_1 c_1 + d_{12} c_2\} = a_1 - b_1 c_1 + d_{12} c_2,$$
$$\underline{x}_2 = \max\{0, a_2 - b_2 c_2 + d_{21} c_1\} = a_2 - b_2 c_2 + d_{21} c_1,$$

die aufgrund der Restriktionen für die Parameter positiv sind. Da keine Fixkosten vorliegen, der Preis gleich den Grenzkosten ist und letztere konstant sind, ist der Gewinn jeder Firma Null.

b) Der Gewinn jeder Firma $i = 1, 2$ als Funktion der beiden Preise lautet

$$G_i(p_i, p_j) = (p_i - c_i) \cdot \max\{0, a_i - b_i p_i + d_{ij} p_j\}, \quad i \neq j.$$

Man erkennt sofort, daß positive Gewinne nur entstehen, wenn der Preis jeweils größer als die Grenzkosten ist und gleichzeitig die Absatzmenge positiv ist. Aus der Bedingung $x_1 \geq 0$ bzw. $x_2 \geq 0$ erhält man als Restriktionen

$$b_1 p_1 \leq a_1 + d_{12} p_2$$

bzw.

$$b_2 p_2 \leq a_2 + d_{21} p_1.$$

Dies bedeutet, daß der für jede Firma sinnvolle maximale Preis mit dem Preis der anderen Firma ansteigt. Als absolute Preisobergrenzen $(\bar{p}_1, \bar{p}_2)$ für beide Firmen erhält man

$$\bar{p}_1 = \frac{a_1 b_2 + a_2 d_{12}}{b_1 b_2 - d_{12} d_{21}},$$

$$\bar{p}_2 = \frac{a_2 b_1 + a_1 d_{21}}{b_1 b_2 - d_{12} d_{21}}.$$

Man sieht, daß bei positiver Interdependenz beide Obergrenzen größer sind als die jeweiligen Obergrenzen im Fall zweier isolierter Monopole. Der mögliche Gleichgewichtsbereich ist im Diagramm durch Schraffur gekennzeichnet.

Im Launhardt–Hotelling–Gleichgewicht setzt jede Firma einen gewinnmaximalen Preis bei gegebenem Preis der anderen Firma. Aus den notwendigen Bedingungen für ein Gewinnmaximum erhält man die beiden Reaktionsfunktionen

$$p_1 = R_1(p_2) = \frac{1}{2b_1} [a_1 + c_1 b_1 + d_{12} p_2]$$

und

$$p_2 = R_2(p_1) = \frac{1}{2b_2} [a_2 + c_2 b_2 + d_{21} p_1].$$

Man erkennt daran, daß bei positiver Interdependenz die optimalen Reaktionen eine linear steigende Funktion des jeweils anderen

Preises sind. Auch läßt sich daraus ableiten, daß mit steigendem Preis des anderen jeder zusätzliche Mengen absetzt.

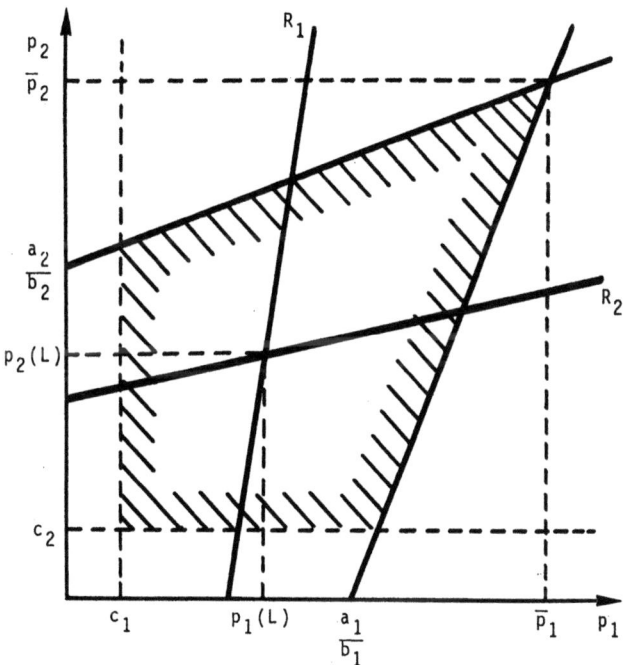

Als Gleichgewichtspreise $(p_1(L), p_2(L))$ erhält man aus den beiden Reaktionsfunktionen

$$p_1(L) = \frac{2b_2(a_1 + c_1 b_1) + d_{12}(a_2 + c_2 b_2)}{4b_1 b_2 - d_{12} d_{21}}$$

bzw.

$$p_2(L) = \frac{2b_1(a_2 + c_2 b_2) + d_{21}(a_1 + c_1 b_1)}{4b_1 b_2 - d_{12} d_{21}},$$

die beide größer als die jeweiligen Grenzkosten sind und im Inneren des Gleichgewichtsbereichs liegen. Beide Firmen erzielen einen positiven Gewinn.

c) Aus den Gleichungen für die Gleichgewichtspreise erkennt man, daß mit steigender positiver Interdependenz beide Gleichgewichtspreise steigen. Andererseits liegt im Fall $d_{ij} = d_{ji} = 0$ die Marktsituation zweier isolierter Monopole vor, die dann jeweils ihren Monopolpreis

$$p_1(M) = \frac{a_1 + c_1 b_1}{2b_1}, \qquad p_2(M) = \frac{a_2 + c_2 b_2}{2b_2}$$

setzen. Die Bedingung $a_i > c_i b_i$, $i = 1, 2$, garantiert, daß der Monopolpreis größer als die jeweiligen Grenzkosten ist und somit Mengen und Gewinne positiv sind. Diese sind jedoch geringer als bei positiver Interdependenz.

d) Ist Firma 1 Stackelbergführer, so ist ihre strategische Situation gekennzeichnet durch die Gewinnfunktion

$$\tilde{G}_1(p_1) = (p_1 - c_1) \cdot \max\{0, a_1 - b_1 p_1 + d_{12} R_2(p_1)\}.$$

Aus der notwendigen Bedingung für ein Maximum bezüglich p_1 erhält man als Lösung im Stackelberg–Gleichgewicht für Firma 1

$$p_1(S_1) = \frac{2b_2(a_1 + c_1 b_1) + d_{12}(a_2 + c_2 b_2) - c_1 d_{12} d_{21}}{4b_1 b_2 - 2d_{12} d_{21}}.$$

Ein Vergleich mit dem Preis $p_1(L)$ zeigt

$$p_1(S_1) = \frac{p_1(L)(4b_1 b_2 - d_{12} d_{21}) - c_1 d_{12} d_{21}}{4b_1 b_2 - 2d_{12} d_{21}},$$

und da $p_i(L) > c_i$ ist, gilt

$$p_1(S_1) > p_1(L) \frac{4b_1 b_2 - 2d_{12} d_{21}}{4b_1 b_2 - 2d_{12} d_{21}} = p_1(L),$$

falls positive Interdependenz vorliegt. Für Firma 2 erhält man als Gleichgewichtspreis

$$\begin{aligned}
&p_2(S_1) \\
&= R_2(p_1(S_1)) \\
&= \frac{(a_2 + c_2 b_2)(4b_1 b_2 - d_{12} d_{21}) + 2b_2 d_{21}(a_1 + c_1 b_1) - c_1 d_{12} d_{21}^2}{2b_2(4b_1 b_2 - 2d_{12} d_{21})}.
\end{aligned}$$

Da $R_2(\cdot)$ eine monoton steigende Funktion in p_1 ist, folgt auch $p_2(S_1) > p_2(L)$, da

$$p_2(S_1) = R_2(p_1(S_1)) > R_2(p_1(L)) = p_2(L).$$

Ein Vergleich der Gewinne zwischen dem Gleichgewicht S_1 und L läßt sich wie folgt durchführen, ohne im einzelnen den sehr mühsamen Weg der Berechnung zu gehen. Definitionsgemäß muß der Gewinn des Stackelbergführers mindestens so groß wie sein Gewinn im Launhardt–Hotelling–Gleichgewicht sein, d. h.

$$\tilde{G}_1(p_1(S_1)) = G_1(p_1(S_1), R_2(p_1(S_1)))$$
$$\geq G_1(p_1(L), R_2(p_1(L))).$$

Da $\tilde{G}_1$ aber eine streng konkave Funktion ist, gibt es nur den einen Maximierer $p_1(S_1)$. Damit ist die obige Ungleichung strikt. Für den Gewinn der Firma 2 ergibt sich

$$G_2(p_1(S_1), p_2(S_1)) > G_2(p_1(S_1), p_2(L))$$
$$> G_2(p_1(L), p_2(L)).$$

Somit sind bei positiver Interdependenz nicht nur beide Preise höher als im Launhardt–Hotelling–Gleichgewicht, sondern beide Firmen erzielen auch einen höheren Gewinn. Dabei steigt die abgesetzte Menge von Firma 2, während die des Stackelbergführers fällt.

Typisch für ein Preisduopol mit positiver Interdependenz ist jedoch auch, daß in der Regel der Gewinnzuwachs beim Stackelbergführer gegenüber dem Launhardt–Hotelling–Gleichgewicht geringer ausfällt, als wenn der andere Stackelbergführer wäre. Bezeichne $(p_1(S_2), p_2(S_2))$ das Stackelberg-Gleichgewicht für Firma 2. Dann gilt in der Regel

$$\tilde{G}_1(p_1(S_1)) < G_1(p_1(S_2), p_2(S_2)).$$

Um diese Eigenschaft hier nachzuweisen, ist es hinreichend zu zeigen, daß $p_2(S_2) > p_2(S_1)$ ist. Dann folgt nämlich aus der positiven Steigung der Reaktionsfunktion R_1

$$G_1[p_1(S_1), p_2(S_1)] < G_1[R_1(p_2(S_1)), p_2(S_1)]$$
$$< G_1[R_1(p_2(S_1)), p_2(S_2)]$$
$$< G_1[R_1(p_2(S_2)), p_2(S_2)]$$
$$= G_1[p_1(S_2), p_2(S_2)].$$

Aus Symmetriegründen erhält man analog zu $p_1(S_1)$ den Preis

$$p_2(S_2) = \frac{2b_1(a_2 + c_2b_2) + d_{21}(a_1 + c_1b_1) - c_2d_{12}d_{21}}{4b_1b_2 - 2d_{12}d_{21}}$$

für Firma 2 als Stackelbergführer. Dies ergibt

$$p_2(S_2) = \frac{4b_1b_2(a_2 + c_2b_2) + 2b_2d_{21}(a_1 + c_1b_1) - 2b_2c_2d_{12}d_{21}}{2b_2[4b_1b_2 - 2d_{12}d_{21}]}.$$

Da $a_2 + c_2b_2 > 2b_2c_2$ ist, folgt

$p_2(S_2)$

$$> \frac{4b_1b_2(a_2 + c_2b_2) + 2b_2d_{21}(a_1 + c_1b_1) - d_{12}d_{21}(a_2 + c_2b_2)}{2b_2[4b_1b_2 - 2d_{12}d_{21}]}$$

$$= \frac{(a_2 + c_2b_2)(4b_1b_2 - d_{12}d_{21}) + 2b_2d_{21}(a_1 + c_1b_1)}{2b_2[4b_1b_2 - 2d_{12}d_{21}]}$$

$$> \frac{(a_2 + c_2b_2)(4b_1b_2 - d_{12}d_{21}) + 2b_2d_{21}(a_1 + c_1b_1) - c_1d_{12}d_{21}^2}{2b_2[4b_1b_2 - 2d_{12}d_{21}]}$$

$$= p_2(S_1).$$

Damit ist gezeigt, daß der Stackelbergführer einen geringeren Gewinnzuwachs erzielt als der Abhängige. Beide Firmen haben somit einen Anreiz, den jeweils anderen als Stackelbergführer agieren zu lassen. Liegt jedoch keine positive Interdependenz vor, d. h. $d_{ij} = d_{ji} = 0$, so fallen beide Stackelberg-Gleichgewichte mit dem Launhardt-Hotelling-Gleichgewicht zusammen, das selbst wiederum das Gleichgewicht für zwei isolierte Monopole darstellt.

Aufgabe 4.4

Inhomogenes Duopol

(Komplementäre Güter, Launhardt-Hotelling-Gleichgewicht, Monopol)

Der Markt für Computer werde von einem einzigen Unternehmen beherrscht, das sowohl die Hardware zum Preis p_h als auch die Software zum Preis p_s anbietet. Da Hardware und Software zueinander komplementäre Güter sind, wird mit jedem Hardwarepaket genau ein Softwarepaket gekauft, d. h. es gilt bei entsprechender Skalierung $q_h = q_s$ (q_h Nachfrage nach Hardware, q_s Nachfrage nach Software). Die aggregierte Nachfrage q_h (ebenso q_s) genüge der linearen Beziehung

$$q_h = \max\{8 - (p_h + p_s), 0\}.$$

Die Herstellung der Hardware sei durch die Kostenfunktion

$$C_h(q_h) = \frac{1}{2}q_h^2 + 2,$$

die der Software durch die Kostenfunktion

$$C_s(q_s) = 2q_s$$

beschrieben.

a) Das Unternehmen verhalte sich als Monopolist (Preissetzung). Wieviele Einheiten an Computern wird es verkaufen? Sind p_h und p_s in der Monopollösung eindeutig bestimmt?

b) Die Antitrustkommission erwägt, ein Gesetz vorzuschlagen, das die Aufspaltung des Computerunternehmens in zwei getrennte Unternehmen, eines für Hardware und eines für Software, vorschreibt. Nach längerer Beratungszeit legt Ministerialrat B., der in seiner Studienzeit das Launhardt-Hotelling-Gleichgewicht für Duopole kennengelernt hat, eine Studie vor, die es nahe legt, den Monopolzustand beizubehalten. Berechnen Sie die Launhardt-Hotelling-Lösung und vergleichen Sie Ihr Ergebnis mit der Monopollösung aus **a)**. Nennen Sie ein (Wohlfahrts-) Kriterium, nach dem der Beurteilung durch Ministerialrat B. zuzustimmen ist.

Lösung:

a) Als Monopolist kontrolliert das Unternehmen zwei Märkte für Güter, die vollständig komplementär zueinander sind. Das Optimierungsproblem lautet

$$\max_{p_h, p_s}\{(p_h q_h + p_s q_s) - (C_h(q_h) + C_s(q_S))\}$$

unter der Nebenbedingung $q_h = q_s = \max\{8 - (p_h + p_s), 0\}$. Daraus folgt unmittelbar, daß die Lösung nur abhängig sein kann von $\bar{p} = p_h + p_s$ und daß $\bar{p}$ kleiner als 8 zu wählen ist. Folglich ergibt sich aus

$$\max_{\bar{p}} \{\bar{p}(8 - \bar{p}) - C_h(8 - \bar{p}) - C_s(8 - \bar{p})\}$$

als notwendige Bedingung

$$8 - 2\bar{p} + MC_h(8 - \bar{p}) + MC_s(8 - \bar{p}) = 0$$

und damit

$$8 - 2\bar{p} + (8 - \bar{p}) + 2 = 0.$$

Man erhält $\bar{p} = 6$, als Gleichgewichtsmenge $\bar{q} = q_h = q_s = 2$ und als Gewinn $\pi = 4$.

b) Es liegt ein Preisduopol mit inhomogenen Gütern vor. Das Optimierungsproblem der Hardware Firma lautet

$$\max_{p_h, q_h}\{p_h q_h - C_h(q_h)\}$$

unter der Nebenbedingung $q_h = \max\{8 - (p_h + p_s), 0\}$, woraus man die notwendige Bedingung

$$8 - 2p_h - p_s + (8 - p_h - p_s) = 0$$

erhält, falls $p_h + p_s \leq 8$. Dies ergibt als Reaktionsfunktion

$$p_h = r_h(p_s) = \frac{1}{3}(16 - 2p_s),$$

die für alle $p_s \leq 8$ wohl definiert ist.

Für die Software Firma lautet das Problem

$$\max_{p_s, q_s}\{p_s q_s - C_s(q_s)\}$$

unter der Nebenbedingung $q_s = \max\{8 - (p_h + p_s), 0\}$. Als notwendige Bedingung für $q_s > 0$ ergibt sich

$$8 - p_h - p_s + 2 = 0$$

und damit

$$p_s = 5 - \frac{1}{2}p_h.$$

Dies ergibt die Reaktionsfunktion

$$p_s = r_s(p_h) = \begin{cases} 5 - \frac{1}{2}p_h & 0 \leq p_h \leq 6 \\ \in [8 - p_h, +\infty] & \text{sonst.} \end{cases}$$

Für das Launhardt-Hotelling-Gleichgewicht (p_h^*, p_s^*) definiert durch $p_h^* = r_h(p_s^*)$ und $p_s^* = r_s(p_h^*)$, erhält man durch entsprechendes Einsetzen

$$p_h^* = \frac{1}{3}\left(16 - 2(5 - \frac{1}{2}p_h)\right) = 3,$$

$$p_s^* = 5 - \frac{3}{2} = \frac{7}{2}$$

und für

$$q_h^* = q_s^* = 8 - \frac{13}{2} = \frac{3}{2}.$$

Als Gewinn folgt daraus $\pi_h = 11/8$ und $\pi_s = 9/4$. Die Tabelle ermöglicht den Vergleich der beiden Lösungen.

	p_h	p_s	$p_h + p_s$	q	π_h	π_s	$\pi_h + \pi_s$
Monopol			6	2			$4 = 32/8$
Launhardt Hotelling	3	$\frac{7}{2}$	$\frac{13}{2}$	$\frac{3}{2}$	$\frac{11}{8}$	$\frac{9}{4}$	$\frac{29}{8}$

Das Monopol liefert im Gleichgewicht eine höhere Menge zu einem geringeren Gesamtpreis, obwohl der gemeinsame Gewinn im Monopol höher ist als im Launhardt–Hotelling-Gleichgewicht. Damit erreichen beide Marktseiten einen von ihnen vorgezogenen

Zustand. Somit ist unter Wohlfahrtsaspekten das Monopol vorzuziehen. Das Diagramm veranschaulicht die Lösungen zu a) und b). Man erkennt an Verlauf und Lage der Reaktionsfunktionen sowie der Isogewinnlinien, daß der Fall komplementärer Güter im Preisduopol der Struktur des Cournotschen Mengenduopols gleicht.

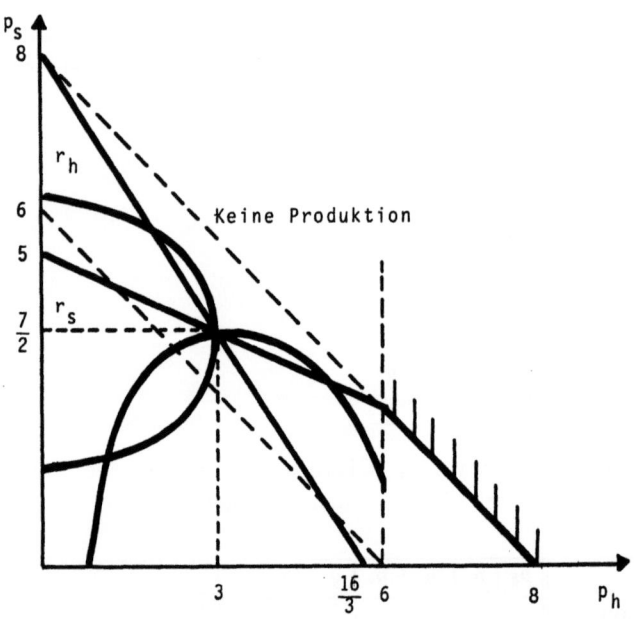

Aufgabe 4.5

Homogenes Oligopol

(Lineare Kosten, Fixkosten, Marktzutritt, oligopolistische Konkurrenz)

Zwei Duopolisten mit der gleichen linearen Kostenfunktion

$$C(x_i) = cx_i \qquad c \geq 0, \quad i = 1,2$$

bieten das gleiche homogene Gut auf einem Markt mit der Preisabsatzfunktion

$$p = \max\{a - bx, 0\} \qquad b > 0, \quad a > c$$

an.

a) Bestimmen Sie Marktpreis, Angebotsmenge, Gewinne und Gesamtangebot für

   (i) das Cournot–Nash–Gleichgewicht,

   (ii) das Gleichgewicht, falls sich beide wie Mengenanpasser verhalten,

   (iii) die beiden Stackelberg–Gleichgewichte,

   (iv) das Gesamtmonopol.

   Stellen Sie die Resultate in einer Tabelle zusammen und vergleichen Sie diese.

b) Bestimmen Sie Marktpreis, Angebotsmenge und Gewinn im Cournotgleichgewicht als Funktion der Anzahl der Oligopolisten, falls insgesamt n identische Firmen auf diesem Markt aktiv sind.

c) Bestimmen Sie für $n \to \infty$

   (i) den Gleichgewichtspreis,

   (ii) Menge und Gewinn einer jeden Firma,

   (iii) Gesamtmenge und Gesamtgewinn.

d) Wie groß ist die maximale Anzahl an Firmen, die im Markt verbleiben wird ohne negative Gewinne zu erzielen, falls zusätzliche Fixkosten in Höhe von $f > 0$ bei jeder Firma anfallen?

e) Zeigen Sie, daß in dem unter **d)** ermittelten langfristigen Gleichgewicht trotz des freien Zutritts von beliebig vielen Firmen keine maximale Marktversorgung bei Gewinnen von Null vorliegt. Welche Marktform mit welcher Verhaltensregel würde dies garantieren?

Lösung:

a)(i) Für die beiden Duopolisten bestimmt sich der Gewinn π_1 und π_2 als Funktion der beiden Outputmengen x_1 und x_2 durch

$$\pi_1 = G_1(x_1, x_2) = [a - b(x_1 + x_2)]x_1 - cx_1,$$
$$\pi_2 = G_2(x_1, x_2) = [a - b(x_1 + x_2)]x_2 - cx_2.$$

Ein Cournot–Nash–Gleichgewicht ist eine solche Kombination (x_1^C, x_2^C), bei der x_1^C Gewinnmaximierer von 1 ist bei gegebenem x_2^C und gleichzeitig x_2^C Gewinnmaximierer von 2 ist für gegebenes x_1^C. Äquivalent dazu ist (x_1^C, x_2^C) ein Schnittpunkt der beiden sogenannten Reaktionsfunktionen R_1 und R_2, die durch

$$R_1(x_2) = \arg\max_{x_1} G_1(x_1, x_2)$$

und

$$R_2(x_1) = \arg\max_{x_2} G_2(x_1, x_2)$$

definiert sind. R_1 erhält man als Lösung aus der notwendigen Bedingung für ein Maximum

$$\frac{\partial G_1}{\partial x_1}(x_1, x_2) = a - c - 2bx_1 - bx_2 = 0.$$

Dies ergibt

$$x_1 = R_1(x_2) = \frac{a - c - bx_2}{2b}.$$

Analog dazu erhält man für R_2

$$x_2 = R_2(x_1) = \frac{a - c - bx_1}{2b}.$$

Als Cournotlösung (x_1^C, x_2^C), d. h. als Schnittpunkt von R_1 und R_2, ergibt sich

$$x_1^C = \frac{a-c}{3b} = x_2^C.$$

Als Gleichgewichtspreis p^C erhält man

$$\begin{aligned} p^C &= \max\{0, a - b(x_1^C, x_2^C)\} \\ &= \frac{a+2c}{3} \end{aligned}$$

und als Gewinne

$$G_1(x_1^C, x_2^C) = G_2(x_1^C, x_2^C) = \frac{(a-c)^2}{9b}.$$

a)(ii) Falls sich beide Duopolisten wie Mengenanpasser verhalten, muß im Gleichgewicht der Preis gleich den Grenzkosten sein. Für $\bar{p} = c$ folgt damit als Gesamtnachfrage

$$\bar{x} = \frac{a-c}{b}.$$

Da die Grenzkosten konstant sind und keine Fixkosten vorliegen, gilt $\bar{p}$ = Grenzkosten = Durchschnittskosten, so daß der Gewinn jedes Duopolisten Null ist. Die mengenmäßige Aufteilung der Gesamtnachfrage ist dabei unbestimmt.

a)(iii) Sei Duopolist 1 der Stackelbergführer. Dann berücksichtigt er bei seiner gewinnmaximalen Wahl von x_1 die Reaktion von 2 entlang R_2. Dies führt zu seiner optimalen Entscheidung $x_1^{S_1}$, die bestimmt ist durch

$$x_1^{S_1} = \arg\max_{x_1}\{G_1(x_1, x_2) | x_2 = R_2(x_1)\}.$$

Aus

$$g_1(x_1, R_2(x_1)) = \frac{1}{2}[(a-c)x_1 - bx_1^2]$$

erhält man damit

$$x_1^{S_1} = \frac{a-c}{2b} \quad \text{und} \quad x_2^{S_1} = R_2(x_1^{S_1}) = \frac{a-c}{4b},$$

$$x_1^{S_1} + x_2^{S_1} = \frac{3(a-c)}{4b},$$

$$p^{S_1} = \frac{a+3c}{4}.$$

Als Gewinne im Gleichgewicht ergibt dies

$$\pi_1^{S_1} = \frac{(a-c)^2}{8b}, \quad \pi_2^{S_1} = \frac{(a-c)^2}{16b}.$$

Da beide Duopolisten die gleiche Kostenfunktion haben, sind die Preis- und Mengenentscheidungen in der Situation, wenn Duopolist 2 Stackelbergführer ist, zu der obigen symmetrisch. Dies ergibt somit im Gleichgewicht die gleiche Gesamtmenge und den gleichen Preis $p^{S_2} = p^{S_1}$ bei einer Vertauschung der Mengen und Gewinne, d. h.

$$x_1^{S_2} = \frac{a-c}{4b}, \qquad x_2^{S_2} = \frac{a-c}{2b},$$
$$\pi_1^{S_2} = \frac{(a-c)^2}{16b}, \qquad \pi_2^{S_2} = \frac{(a-c)^2}{8b}.$$

Ein Vergleich mit den Gewinnen im Cournot–Nash–Gleichgewicht zeigt, daß es sich für jeden der beiden Duopolisten lohnt, Stackelbergführer zu sein, und er jeweils weniger erzielt als im Cournot–Nash–Gleichgewicht, wenn der andere Stackelbergführer ist.

a)(iv) Da beide Duopolisten die gleiche lineare Kostenfunktion besitzen, unterscheidet sich die Lösung im Gesamtmonopol nicht von der im Einzelmonopol. Dies ergibt somit

$$p^M = \frac{a+c}{2}, \quad x_1^M + x_2^M = \frac{a-c}{2b}$$

und

$$\pi_1^M + \pi_2^M = \frac{(a-c)^2}{4b}.$$

Die Mengen- und die Gewinnaufteilung sind dabei unbestimmt. Die Anordnung der Resultate in der folgenden Tabelle ergibt einen Gesamtvergleich der einzelnen Gleichgewichte.

	p	x_1	x_2	x_1+x_2	π_1	π_2	$\pi_1+\pi_2$
Vollkommene Konkurrenz	c	?	?	$\frac{a-c}{b}$	0	0	0
1 Stackelbergführer	$\frac{a+3c}{4}$	$\frac{a-c}{2b}$	$\frac{a-c}{4b}$	$\frac{3}{4}\frac{a-c}{b}$	$\frac{(a-c)^2}{8b}$	$\frac{(a-c)^2}{16b}$	$\frac{3}{16}\frac{(a-c)^2}{b}$
2 Stackelbergführer	$\frac{a+3c}{4}$	$\frac{a-c}{4b}$	$\frac{a-c}{2b}$	$\frac{3}{4}\frac{a-c}{b}$	$\frac{(a-c)^2}{16b}$	$\frac{(a-c)^2}{8b}$	$\frac{3}{16}\frac{(a-c)^2}{b}$
Cournot	$\frac{a+2c}{3}$	$\frac{a-c}{3b}$	$\frac{a-c}{3b}$	$\frac{2}{3}\frac{a-c}{b}$	$\frac{(a-c)^2}{9b}$	$\frac{(a-c)^2}{9b}$	$\frac{2}{9}\frac{(a-c)^2}{b}$
Monopol	$\frac{a+c}{2}$	?	?	$\frac{a-c}{2b}$	?	?	$\frac{(a-c)^2}{4b}$

Man erkennt, daß der Marktpreis und der Gesamtgewinn beim Übergang von der vollkommenen Konkurrenz über das Stackelberg-Gleichgewicht, das Cournot-Nash-Gleichgewicht, zum Monopol sukzessiv ansteigen und die Gesamtmengen fallen.

b) Bei n Oligopolisten im Markt erhält man als Gewinnfunktion für jeden Oligopolisten $i=1,\ldots,n$

$$G_i(x_1,\ldots,x_n) = \left(a - b\sum_{j=1}^n x_j\right)x_i - cx_i,$$

die als notwendige Bedingung für ein Maximum für i bei gegebenen Mengenentscheidungen der anderen

(i) $\qquad a - b\sum_{j=1}^n x_j - c = bx_i, \qquad i = 1,\ldots,n$

ergibt. Im Cournot-Nash-Gleichgewicht $(x_1^c,\ldots,x_n^c)$ muß diese Bedingung also auch für jeden anderen Oligopolisten $k \neq i$ gelten, d. h.

(k) $\qquad a - b\sum_{j=1}^n x_j - c = bx_k.$

Bildet man die Differenz aus den beiden Gleichungen (i) und (k), so erhält man

$$0 = b(x_i - x_k), \qquad i \neq k.$$

Dies zeigt aber, daß alle Oligopolisten die gleiche Menge $x(n)$ anbieten müssen. Aus **(i)** folgt dann, daß

$$a - c = b[n+1]x(n),$$

so daß

$$x(n) = \frac{a-c}{b(n+1)}.$$

Dieses Resultat bestätigt auch die Gleichgewichtssituation im Fall **a)(i)**, bei der $n = 2$ gilt. Die Gesamtmenge $X(n) = nx(n)$ ergibt sich damit als

$$X(n) = \frac{(a-c)n}{b(n+1)}$$

und der Gleichgewichtspreis $p(n)$ als

$$p(n) = \frac{a+nc}{n+1}.$$

Als Gewinn jedes einzelnen Oligopolisten $i = 1, \ldots, n$ erhält man

$$\pi_i(n) = \frac{(a-c)^2}{b(n+1)^2}$$

und als Gesamtgewinn

$$\Pi(n) = \frac{n(a-c)^2}{b(n+1)^2}.$$

c) Die zunehmende Konkurrenz, die durch Hinzutreten beliebig vieler Oligopolisten entsteht ($n \to \infty$), führt dazu, daß der Marktpreis gegen die Grenzkosten konvergiert. Damit konvergieren die

Angebotsmenge jedes Oligopolisten ebenso wie sein Gewinn gegen Null. Dies erhält man durch Ermittlung der entsprechenden Grenzwerte. Denn es gilt:

$$\lim_{n\to\infty} p(n) = \lim_{n\to\infty}\left[\frac{a}{n+1} + \frac{c}{1+1/n}\right] = c$$

$$\lim_{n\to\infty} x(n) = \lim_{n\to\infty} \frac{a-c}{b(n+1)} = 0$$

$$\lim_{n\to\infty} \pi_i(n) = \lim_{n\to\infty} \frac{(a-c)^2}{b(n+1)^2} = 0$$

$$\lim_{n\to\infty} \Pi(n) = \lim_{n\to\infty} \frac{n(a-c)^2}{b(n+1)^2} = 0.$$

Für das Gesamtangebot erhält man jedoch

$$\lim_{n\to\infty} X(n) = \lim_{n\to\infty} \frac{a-c}{b(1+\frac{1}{n})} = \frac{a-c}{b}.$$

Man erkennt, daß mit zunehmender Konkurrenz der Preis fortlaufend fällt und das Gesamtangebot steigt. Dabei sinkt jedoch das Angebot eines jeden Oligopolisten auf eine immer kleiner werdende und schließlich gegen Null konvergierende Menge.

d) Bei positiven Fixkosten $f > 0$ können langfristig nur eine endliche Anzahl von Oligopolisten im Markt mit nicht-negativem Gewinn verbleiben. Diese Anzahl wird durch dasjenige n bestimmt, bei dem unter c) der Gewinn $\pi_i(n)$ gerade gleich den Fixkosten f ist. Dies bedeutet, daß die maximale Anzahl $\bar{n}$ durch die Gleichung

$$\pi_i(\bar{n}) = \frac{(a-c)^2}{b(\bar{n}+1)^2} = f$$

bestimmt ist. Dies ergibt

$$\bar{n} = \frac{(a-c)}{\sqrt{bf}} - 1.$$

e) Ist die Anzahl $\bar{n} > 1$, so kann keine maximale Marktversorgung vorliegen. Für jede Firma im Markt gilt, daß der Preis $\bar{p}$ gleich den Stückkosten ist. Da aber die Grenzkosten konstant sind und positive Fixkosten vorliegen, ist der Preis größer als die Grenzkosten. Der Preis muß aber hoch genug sein, um $\bar{n}$–mal die Fixkosten zu decken, d. h.

$$\bar{p}\,\bar{n}\,x(\bar{n}) - c\,\bar{n}\,x(\bar{n}) = \bar{n}f.$$

Würde hingegen die gleiche Gesamtmenge $\bar{n}x(\bar{n})$ von einer geringeren Firmenanzahl produziert, würde für jede Firma ein positiver Gewinn verbleiben. Bei einem Gewinn von Null könnte jedoch jede Firma mehr zu einem geringeren Preis absetzen. Dies folgt natürlich aus der Tatsache, daß unter den gemachten Annahmen über die Kostenfunktion die Stückkosten eine fallende Funktion der Menge sind. Führt man dieses Argument weiter, so erkennt man, daß die maximale Marktversorgung bei einem Gewinn von Null von genau einer Firma möglich ist. Dies ist die Marktform eines natürlichen Monopols, das den Markt so beliefern soll, daß die Kosten gerade gedeckt sind.

Aufgabe 4.6

Homogenes Oligopol

(Quadratische Kostenfunktion, Fixkosten, Marktzutritt, oligopolistische vs. vollkommene Konkurrenz, Überschußkapazitäten)

Auf einem monopolistischen Markt sei die Preisabsatzfunktion gegeben durch

$$p = \max\{0, a - bx\}.$$

a) Bestimmen Sie Preis und Menge im monopolistischen Gleichgewicht, falls die Kostenfunktion des (alleinigen) Monopolisten von der Form

$$C(x) = \frac{1}{2}x^2 + f, \qquad f \geq 0$$

ist. Welchen Wert darf f höchstens annehmen, damit der Gewinn des Monopolisten nicht negativ ist?

b) Aufgrund des erzielten positiven Gewinns treten weitere $(n-1)$ Firmen in den Markt als zusätzliche oligopolistische Anbieter ein, die alle die gleiche Kostenfunktion wie der ursprüngliche Monopolist besitzen. Bestimmen Sie den Marktpreis des Gutes, die Menge eines jeden Anbieters und seinen Gewinn als Funktion der Anzahl n der Oligopolisten im Cournot–Gleichgewicht.

c) Angenommen die Fixkosten f sind für alle Firmen Null. Analysieren Sie die Gleichgewichtskonstellation, wenn die Anzahl der Firmen sehr groß wird, d. h. für $n \to \infty$. Bestimmen Sie insbesondere die Grenzwerte für den Marktpreis, für das Angebot und für den Gewinn einer jeden Firma.

d) Wie groß ist das Gesamtgüterangebot für $n \to \infty$? Kann diese Situation als ein Zustand bei vollkommener Konkurrenz angesehen werden?

e) Welche Änderungen der Resultate aus c) und d) ergeben sich, wenn die Fixkosten positiv sind?

Lösung:

a) Als gewinnmaximale Lösung für den alleinigen Monopolisten erhält man

$$p^M = \frac{a(1+b)}{1+2b} \quad \text{und} \quad x^M = \frac{a}{1+2b}.$$

Der Gewinn des Monopolisten ist

$$\pi^M = \frac{a^2}{2(1+2b)} - f,$$

so daß $f \leq a^2/(2(1+2b))$ gelten muß.

b) Sind n Oligopolisten im Markt, so lautet der Gewinn für alle $i = 1, \ldots, n$

$$G_i(x_1, \ldots, x_n) = \left(a - \sum_{j=1}^{n} x_j\right) x_i - \frac{1}{2} x_i^2 - f.$$

Als notwendige Bedingung für ein Maximum für i bei gegebenen Mengenentscheidungen der anderen erhält man

(i) $\quad a - b\sum_{j=1}^{n} x_j = (1+b)x_i, \qquad i = 1,\ldots,n.$

Im Cournot–Gleichgewicht muß diese Bedingung auch für jeden anderen Oligopolisten $k \neq i$ gelten, d. h.

(k) $\quad a - b\sum_{j=1}^{n} x_j = (1+b)x_k, \qquad k \neq i.$

Bildet man die Differenz aus den beiden Gleichungen **(i)** und **(k)**, so erhält man

$$0 = (1+b)(x_i - x_k), \qquad k \neq i.$$

Dies zeigt, daß alle Oligopolisten die gleiche Menge $x(n)$ anbieten müssen. Aus **(i)** folgt deshalb

$$a - bnx(n) = (1+b)x(n),$$

so daß

$$x(n) = \frac{a}{1 + b(1+n)}.$$

Die Gesamtmenge beträgt deshalb

$$X(n) = \frac{an}{1 + b(1+n)},$$

und es ergibt sich als Marktpreis

$$p(n) = \frac{a(1+b)}{1 + b(1+n)}.$$

Als Gewinn jedes einzelnen Oligopolisten ergibt sich damit

$$\pi(n) = \frac{a^2(1+2b)}{2[1 + b(n+1)]^2} - f.$$

c) Sind die Fixkosten Null, so erkennt man aus der letzten Gleichung, daß eine beliebige endliche Anzahl von Oligopolisten im Markt mit positiven Gewinnen existieren kann. Führt dies zu Marktzutritt weiterer Oligopolisten, so wird durch die Verstärkung der oligopolistischen Konkurrenz, d. h. $n \to \infty$, der Preis, die Menge und der Gewinn eines jeden Oligopolisten gegen Null konvergieren. Denn es gilt:

$$\lim_{n \to \infty} p(n) = \lim_{n \to \infty} \frac{a(1+b)}{1+b(n+1)} = 0$$

$$\lim_{n \to \infty} x(n) = \lim_{n \to \infty} \frac{a}{1+b(n+1)} = 0$$

$$\lim_{n \to \infty} \pi(n) = \lim_{n \to \infty} \frac{a^2(1+2b)}{2[1+b(n+1)]^2} = 0.$$

d) Für den Grenzwert des Gesamtgüterangebots erhält man

$$\lim_{n \to \infty} nx(n) = \lim_{n \to \infty} \frac{an}{1+b(n+1)}$$
$$= \lim_{n \to \infty} \frac{a}{1/n + b + b/n} = \frac{a}{b}.$$

Für $n \to \infty$ wird somit eine positive Gesamtmenge angeboten, die auf "unendlich" viele Firmen mit verschwindend geringem Angebot aufgeteilt ist. Der Preis tendiert gegen Null und somit gegen die Grenzkosten bei einer Ausbringungsmenge von Null, bei der die Grenzkosten gleich dem Minimum der Stückkosten sind. Das gleiche Resultat würde man bei dieser Nachfrage– und Kostensituation im Fall des freien Marktzutritts bei vollkommener Konkurrenz erhalten. Dies bedeutet, daß hier in der Grenze oligopolistische und vollkommene Konkurrenz bei freiem Marktzutritt zur gleichen Marktsituation im langfristigen Gleichgewicht führen.

e) Sind bei der gegebenen Kostenstruktur die Fixkosten f aller Oligopolisten positiv, so können bei freiem Marktzutritt nur endlich viele Oligopolisten mit einem nicht–negativen Gewinn im Markt verbleiben. Der sich einstellende Preis ist dabei gerade gleich den Stückkosten. Die maximale Anzahl $\bar{n}$ an Oligopolisten im Markt ergibt sich dabei aus der Bedingung

$$\pi(\bar{n}) = \frac{a^2(1+2b)}{2[1+b(\bar{n}+1)]^2} - f = 0,$$

die zu der Bestimmungsgleichung für $\bar{n}$,

$$a\sqrt{\frac{1+2b}{2f}} = 1 + b(\bar{n}+1),$$

führt. Als Preis $p(\bar{n})$, der gleich den Stückkosten ist, erhält man

$$p(\bar{n}) = \frac{(1+b)\sqrt{2f}}{\sqrt{1+2b}}.$$

Andererseits ergibt sich als Minimum der Stückkosten aus der Kostenfunktion

$$\min_x AC(x) = \sqrt{2f}.$$

Ein Vergleich der beiden Werte ergibt

$$\begin{aligned} p(\bar{n}) - \min_x AC(x) &= \frac{(1+b)\sqrt{2f}}{\sqrt{1+2b}} - \sqrt{2f} \\ &= \sqrt{\frac{2f}{1+2b}}\left[(1+b) - \sqrt{1+2b}\right] \\ &= \sqrt{\frac{2f}{1+2b}}\left[\sqrt{1+2b+b^2} - \sqrt{1+2b}\right] > 0. \end{aligned}$$

Dabei gilt diese Ungleichung für beliebige positive Werte von f und b. Im langfristigen oligopolistischen Gleichgewicht stellt sich somit ein Preis ein, der über dem Minimum der Stückkosten liegt, d. h. kein Oligopolist produziert im sogenannten Betriebsoptimum. Dieses Resultat beschreibt das von Chamberlin als erstem nachgewiesene Überschußkapazitätenphänomen bei monopolistischer Konkurrenz. Zunehmender Wettbewerb zwischen Oligopolisten durch Marktzutritt führt zwar dazu, daß die Gewinne aller Firmen im Markt Null werden. Aufgrund des U–förmigen Stückkostenverlaufs und des strategischen Verhaltens jeder Firma sinkt der Preis jedoch nicht auf das Minimum der Stückkosten. Jeder Oligopolist sieht sich im langfristigen Gleichgewicht stets noch einer für ihn fallenden Preisabsatzfunktion bei gegebenen Mengenentscheidungen der anderen gegenüber. Es stellt sich also trotz oligopolistischer Konkurrenz und freiem Marktzutritt kein Gleichgewicht wie bei vollkommener Konkurrenz ein.

Das Diagramm stellt die Situation eines typischen Oligopolisten im langfristigen Gleichgewicht dar. Dabei bezeichnet $\bar{x}$ die von jedem Oligopolisten produzierte Menge, $\bar{p}$ den Preis und $\bar{D}$ die für den Oligopolisten relevante Preis-Absatz-Beziehung, wenn alle anderen Oligopolisten die Gesamtmenge $(\bar{n}-1)\bar{x}$ anbieten. $(\bar{p}, \bar{x})$ ist das langfristige Cournot-Gleichgewicht auf diesem Markt.

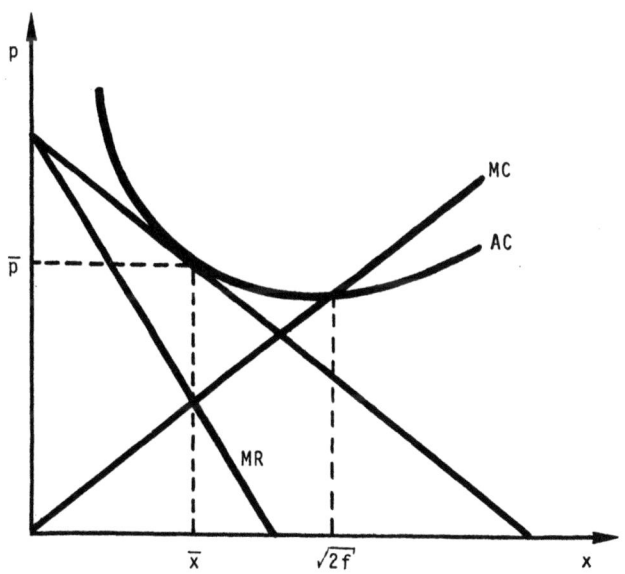

Aufgabe 4.7

Inhomogenes Oligopol

(Launhardt–Hotelling–Gleichgewicht, Mengenwettbewerb, Cournot–Nash–Gleichgewicht, Marktzutritt, Überschußkapazitäten)

In einer Region verteilen sich die k Produzenten eines identischen Gutes auf $i = 1, \ldots, k$ Standorte. Die Technologie einer jeden Firma ist identisch und gegeben durch die Kostenfunktion

$$C(x_i) = \frac{1}{2}x_i^2 + f, \qquad f \leq 0.$$

Sei $p_i \geq 0$, $i = 1, \ldots, k$, der am Standort i von der Firma i gesetzte Preis. Für gegebene Preisverteilung $p = (p_1, \ldots, p_k)$ teilt sich die Gesamtnachfrage gemäß dem System von Nachfragefunktionen

$$x_i = \max\left\{0, a_i - b_i p_i + \sum_{j \neq i} d_{ij} p_j\right\}, \qquad i = 1, \ldots, k$$

auf, wobei $a_i > 0$, $b_i > 0$, $d_{ij} \geq 0$ gilt.

a) Bestimmen Sie für eine beliebige Firma i die optimale Preis– und Mengenentscheidung bei gegebenem Preissystem $p_i = (p_1, \ldots, p_{i-1}, p_{i+1}, \ldots, p_k)$ der anderen Firmen. Diskutieren Sie die Wirkungsweise der Parameter $a_i, b_i, (d_{ij})$ und p_{-i} auf die optimale Entscheidung der Firma.

b) Die Standortentscheidungen der Firmen haben dazu geführt, daß für die Parameter die folgenden Beschränkungen gelten:

  b1) $b_i - \sum_{j \neq i} d_{ij} = 0$ für alle $i = 1, \ldots, k$

  b2) $d_{ij} = d_{ji}, i \neq j$ für alle $i, j, = 1, \ldots, k$

  b3) $a_i = \frac{A}{k}, b_i = b$ für alle $i = 1, \ldots, k$.

Erläutern Sie die Bedeutung dieser Annahmen.

c) Bestimmen Sie Preise, Mengen und Gewinne der k Firmen im nicht-kooperativen Gleichgewicht (Launhardt–Hotelling) unter den Annahmen aus b). Unterstellen Sie dabei zunächst, daß die Fixkosten Null sind.

d) Aufgrund der positiven Gewinne, die die k Firmen unter **c)** erzielen, treten weitere Anbieter mit der gleichen Kostenfunktion hinzu. Diese wählen ihre Standorte derart, daß die Aufteilung der Gesamtnachfrage weiterhin entsprechend den Eigenschaften aus **a)** und **b)** erfolgt. Wie entwickeln sich Preise, Mengen und Gewinne im Gleichgewicht, wenn die Anzahl der Firmen sehr groß wird ($k \to \infty$) und $f = 0$ ist?

e) Bestimmen Sie die maximale Anzahl von Firmen, die langfristig mit nicht-negativem Gewinn im Gesamtmarkt verbleibt, wenn $f > 0$ ist. Zeigen Sie, daß dabei keine der Firmen im Minimum der Stückkosten produziert.

Lösung:

a) Für gegebenes Preissystem $p = (p_1, \ldots, p_k)$ ist die Gewinnfunktion jedes Produzenten $i = 1, \ldots, k$ gegeben durch

$$G_i(p_1, \ldots, p_k) = p_i \left[a_i - b_i p_i + \sum_{j \neq i} d_{ij} p_j \right]$$
$$- \frac{1}{2} \left[a_i - b_i p_i + \sum_{j \neq i} d_{ij} p_j \right]^2 - f.$$

Als notwendige Bedingung für ein Gewinnmaximum der Firma i bei gegebenen Preisen p_{-i} aller anderen erhält man

$$\frac{\partial G_i}{\partial p_i} = \left(a_i + \sum_{j \neq i} d_{ij} p_j \right)(1 + b_i) - p_i (2 b_i + b_i^2) = 0.$$

Dies ergibt als optimale Preissetzung

$$p_i = \frac{1 + b_i}{b_i (2 + b_i)} \left[a_i + \sum_{j \neq i} d_{ij} p_j \right], \qquad i = 1, \ldots, k,$$

und als optimales Angebot

$$x_i = \frac{1}{2 + b_i} \left[a_i + \sum_{j \neq i} d_{ij} p_j \right].$$

Man erkennt, daß für jeden nicht–negativen Preisvektor p_{-i} der anderen die Firma i einen positiven Preis und eine positive Menge optimal bestimmt. Aus der Form der Nachfragefunktion und der Vorzeichen der Parameter sieht man, daß der Ausdruck $[a_i + \sum_{j \neq i} d_{ij} p_j]$ die Lage der Nachfragefunktion und b_i seine Steigung angibt. Bezüglich beider Größen ist die Lösung äquivalent zur Monopollösung. Erhöhungen von a_i, d_{ij} oder p_j führen somit zu Erhöhungen des optimalen Preises und der optimalen Menge der Firma i. Andererseits führt eine Erhöhung von b_i ceteris paribus zu einer Senkung des optimalen Preises und der optimalen Menge.

b) Alle drei Annahmen b1) bis b3) zeigen, daß die Interdependenz zwischen den Oligopolisten vollständig symmetrisch ist. b3) impliziert die gleiche Lage und Steigung der Nachfragefunktion für jeden Oligopolisten. b2) besagt, daß wechselseitige Nachfrageveränderungen zwischen zwei Firmen aufgrund von Preisänderungen gleich sind. b1) beschreibt die Tatsache, daß eine Preiserhöhung des i ceteris paribus bei ihm einen Mengenrückgang erzeugt, der gerade gleich der Summe der Mengenerhöhungen bei allen anderen Firmen ist. Schließlich läßt sich unter Verwendung von allen drei Annahmen zeigen, daß die Gesamtnachfrage konstant ist. Um dies nachzuweisen, definieren wir für jede Firma den eigenen Preiseffekt als $d_{ii} = -b_i$. Die Annahme b1) läßt sich dann schreiben als die Bedingung

$$\sum_{j=1}^{k} d_{ji} = 0 \qquad \text{für alle } i = 1, \ldots, k,$$

und die Nachfrage x_i ergibt

$$x_i = a_i + \sum_{j \neq i}^{k} d_{ij} p_j, \qquad i = 1, \ldots, k.$$

Als Gesamtnachfrage erhält man durch Summation

$$\begin{aligned}\sum_{i=1}^{k} x_i &= \sum_{i=1}^{k} a_i + \sum_{i=1}^{k}\sum_{j=1}^{k} d_{ij}p_j \\ &= A + \sum_{j=1}^{k}\sum_{i=1}^{k} d_{ij}p_j \\ &= A + \sum_{j=1}^{k} p_j \left(\sum_{i=1}^{k} d_{ij}\right) \\ &= A.\end{aligned}$$

Damit beschreibt das Modell in dieser Form ein System, bei dem die unterschiedlichen Preissetzungen die Verteilung einer konstanten Gesamtnachfrage bestimmen und die Konkurrenzsituation aller Oligopolisten zueinander symmetrisch ist.

c) Ein Launhardt–Hotelling–Gleichgewicht ist ein Preisvektor $(p_1,\ldots,p_k)$, so daß für jeden Oligopolisten i die Bedingung der optimalen Preissetzung aus **a)** erfüllt ist. Damit muß $(p_1,\ldots,p_k)$ unter den Symmetrieannahmen aus **b)** eine Lösung des folgenden Gleichungssystems sein:

$$\begin{aligned}+b\frac{2+b}{1+b}p_1 &\quad -d_{12}p_2 \quad -d_{13}p_3 \quad -\ldots \quad -d_{1k}p_k = \frac{A}{k}, \\ -d_{21}p_1 &\quad +b\frac{2+b}{1+b}p_2 \quad -d_{23}p_3 \quad -\ldots \quad -d_{2k}p_k = \frac{A}{k}, \\ \vdots &\quad\ \vdots\qquad\qquad\ \vdots\qquad\qquad\ \vdots\qquad\qquad\ \vdots \\ -d_{k1}p_1 &\quad -d_{k2}p_2 \quad -\ldots \quad -\ldots \quad +b\frac{2+b}{1+b}p_k = \frac{A}{k}.\end{aligned}$$

Summiert man alle k Gleichungen auf, so ergibt sich

$$\sum_{i=1}^{k} p_i \left(b\frac{2+b}{1+b} - \sum_{j\neq i} d_{ji}\right) = A$$

und unter Verwendung von **b1)**

$$A = \sum_{i=1}^{k} p_i \left(b\frac{2+b}{1+b} - b\right) = \frac{b}{1+b} \sum_{i=1}^{k} p_i.$$

Damit ist die Summe der Gleichgewichtspreise

$$(*) \quad \sum_{i=1}^{k} p_i = A\frac{1+b}{b}.$$

Aufgrund der Symmetrieannahmen ist zu vermuten, daß alle Preise im Gleichgewicht gleich sind. Um dies zu beweisen, sei angenommen, dies wäre nicht der Fall. Dann kann ohne Beschränkung der Allgemeinheit unterstellt werden, daß p_1 der kleinste aller Preise sei, d. h. $p_1 \leq p_j, j \neq 1$, wobei mindestens eine Ungleichung strikt ist. Dann gilt für p_1 aufgrund der Optimalitätsbedingung aus **a)**

$$\begin{aligned}p_1 &= \frac{1+b}{b(2+b)}\left[\frac{A}{k} + \sum_{j=2}^{k} d_{1j}p_j\right] \\ &\geq \frac{1+b}{b(2+b)}\left[\frac{A}{k} + p_1\sum_{j=2}^{k} d_{1j}\right] \\ &= \frac{1+b}{b(2+b)}\left[\frac{A}{k} + p_1\sum_{j=2}^{k} d_{j1}\right] \\ &= \frac{1+b}{b(2+b)}\left[\frac{A}{k} + p_1 b\right]\end{aligned}$$

und damit

$$p_1\frac{b(2+b)}{1+b} \geq \frac{A}{k} + p_1 b$$

bzw.

$$p_1 \geq \frac{A}{k}\frac{1+b}{b}.$$

Da $p_i \geq p_1$ für alle i ist und für mindestens ein i die strikte Ungleichung gilt, folgt

$$\sum_{i=1}^{k} p_i > k p_1 \geq A\frac{1+b}{b},$$

was im Widerspruch zu der Bedingung (∗) steht. Damit ist bewiesen, daß alle Oligopolisten den gleichen Preis

$$p(k) = \frac{A}{k}\frac{1+b}{b}$$

setzen und das einzige Gleichgewicht symmetrisch ist. Die von jeder Firma angebotene Menge $x(k)$ ist damit

$$x(k) = \frac{A}{k},$$

und der Gewinn jeder Firma ist

$$\pi(k) = \frac{2+b}{2b}\frac{A^2}{k^2}.$$

d) Man erkennt sofort, daß durch Marktzutritt weiterer Oligopolisten der Preis und der Marktanteil jeder Firma sinkt und diese für $k \to \infty$ gegen Null konvergieren. Das heißt, daß der erzielte Preis und die an jedem Standort abgesetzte Menge verschwindend klein werden. Die insgesamt abgesetzte Menge ist aber stets A und damit positiv.

e) Falls positive Fixkosten vorliegen ($f > 0$), kann nur eine endliche Anzahl von Oligopolisten langfristig bei freiem Marktzutritt mit nicht–negativem Gewinn im Markt verbleiben. Die maximale Firmenanzahl $\bar{k}$ ergibt sich aus der Bedingung

$$\pi(\bar{k}) = \frac{2+b}{2b}\frac{A^2}{k^2} - f = 0$$

zu

$$\bar{k} = A\sqrt{\frac{2+b}{2bf}}.$$

Preis und Menge an jedem Standort sind damit

$$p(\bar{k}) = \frac{1+b}{b}\sqrt{\frac{2bf}{2+b}}, \quad x(\bar{k}) = \sqrt{\frac{2bf}{2+b}}.$$

Da der Gewinn für jeden Oligopolisten Null ist, ist $p(\bar{k})$ gleich den Stückkosten $AC(x(\bar{k}))$. Andererseits ergibt sich als Minimum der Stückkosten aus der Kostenfunktion

$$\min_x AC(x) = \sqrt{2f}.$$

Ein Vergleich der beiden Werte ergibt

$$\begin{aligned}
& p(\bar{k}) - \min_x AC(x) \\
&= \frac{1+b}{b}\sqrt{\frac{2bf}{2+b}} - \sqrt{2f} \\
&= \frac{\sqrt{2f}}{b\sqrt{2+b}}\left[(1+b)\sqrt{b} - b\sqrt{2+b}\right] \\
&= \frac{\sqrt{2f}}{b\sqrt{2+b}}\left[\sqrt{b+2b^2+b^3} - \sqrt{2b^2+b^3}\right] > 0.
\end{aligned}$$

Damit ist gezeigt, daß im langfristigen Gleichgewicht bei monopolistischer Konkurrenz der Preis größer ist als das Minimum der Stückkosten, falls positive Fixkosten vorliegen. Dies bestätigt das von Chamberlin als erstem nachgewiesene Überschußkapazitätenphänomen. Zunehmender Wettbewerb zwischen Monopolisten durch Marktzutritt bewirkt zwar ein Absinken aller Gewinne auf Null, jedoch produziert keines der Unternehmen langfristig im sogenannten Betriebsoptimum. Aufgrund U–förmigen Verlaufs der Stückkostenfunktion und des monopolistischen Verhaltens jeder Firma sieht sich jeder Monopolist auch nach freiem Marktzutritt einer fallenden Preisabsatzfunktion gegenüber. Dies ergibt ein Verhalten im Gleichgewicht, bei dem der Grenzerlös gleich den Grenzkosten ist, diese jedoch geringer als der Preis sind.

Im Diagramm ist diese Situation für einen Monopolisten dargestellt. Dabei bezeichnet $\bar{D}$ die Nachfragefunktion

$$x = \max\left\{0, \frac{A}{k} - pb + p(\bar{k})\sum_{j\neq i} d_{ij}\right\}$$

für $\bar{k}$ Firmen und gegebenen Preis $p(\bar{k})$ aller anderen.

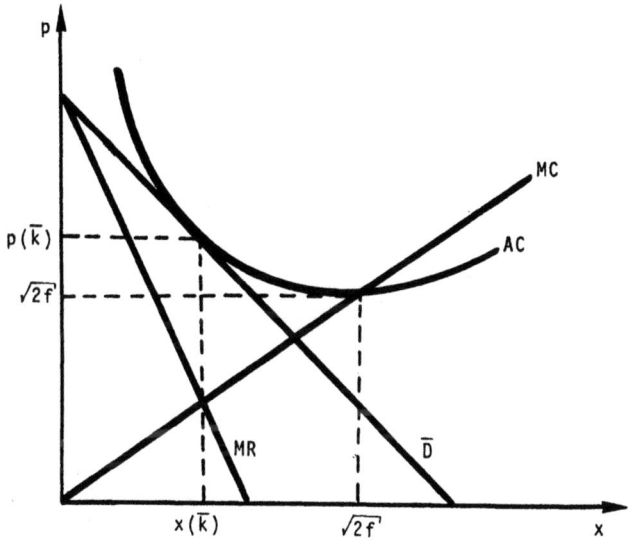

Aufgabe 4.8

Homogenes Oligopol

(Kubische Kostenfunktion, Fixkosten, monopolistische Konkurrenz)

Im Zentrum einer Stadt seien n Gaststätten ansässig. Die Kostenfunktionen der Gaststätten, $k = 1, \ldots, n$, seien

$$C_k(x_k) = \frac{1}{3}x_k^3 + f_k, \qquad f_k > 0.$$

Ihre Preis–Absatz–Funktionen seien von der Form

$$p_k(x_k, x_{-k}) = \max\left\{1 - x_k + \frac{1}{2}\sum_{\substack{i=1 \\ i \neq k}}^{n} x_i, 0\right\},$$

wobei $x_{-k} = (x_1, \ldots, x_{k-1}, x_{k+1}, \ldots, x_n)$ den Vektor der Angebotsentscheidungen der übrigen $(n-1)$ Gaststätten bezeichnet. Die Gastwirte verhalten sich wie monopolistische Konkurrenten.

a) Leiten Sie die kurzfristige Angebotsfunktion der Gaststätte k als Funktion von x_{-k} ab.

b) Bestimmen Sie das Marktgleichgewicht bei Mengensetzung (Menge, Preise, Gewinne) für den Fall $n = 2$. Hinweis: Zeigen Sie zunächst, daß beide Gaststätten, falls sie im Markt verbleiben, unabhängig von ihren möglicherweise unterschiedlichen Fixkosten die gleiche Menge anbieten.

c) Es sei $f_k = 5/3$ für alle k. Untersuchen Sie die Situation, in der die Gaststätten einen Gewinn von Null erwirtschaften. Zeigen Sie, daß in diesem Fall jede Gaststätte eine Einheit anbietet und fünf Gaststätten im Zentrum der Stadt ansässig sind.

Lösung:

a) Die n Gaststätten befinden sich in einer Situation der monopolistischen Konkurrenz. Bei gegebenem Angebot aller anderen Konkurrenten bietet die Gaststätte k kurzfristig gewinnmaximierend an, solange der von ihr erzielte Preis größer als das Minimum der durchschnittlichen variablen Kosten ist. Es gilt min $AVC_k = 0$. Damit gilt für Gaststätte k notwendig die Gleichheit von Grenzerlös und Grenzkosten, d. h.

$$1 - 2x_k + \frac{1}{2}\sum_{i \neq k} x_i = x_k^2$$

bzw.

$$(x_k + 1)^2 = 2 + \frac{1}{2}\sum_{i \neq k} x_i.$$

Als Angebotsfunktion r_k erhält man

$$(1) \quad x_k = r_k(x_{-k}) = \sqrt{2 + \frac{1}{2}\sum_{i\neq k} x_i} - 1.$$

b) (x_k), $k = 1,\ldots,n$, ist ein kurzfristiges Gleichgewicht, wenn $x_k = r_k(x_{-k})$ für alle k erfüllt ist. Für $n = 2$ genügen die Angebotsmengen gemäß a) den Bedingungen

$$(2) \quad x_1^2 + 2x_1 = 1 + \frac{1}{2}x_2,$$

$$(3) \quad x_2^2 + 2x_2 = 1 + \frac{1}{2}x_1$$

bzw. als Differenz (2) − (3)

$$x_1^2 - x_2^2 = \frac{5}{2}(x_2 - x_1).$$

Dies kann aber nur für $x_1 = x_2 = x$ gelten, so daß die Gleichgewichtsmengen unabhängig von den individuellen Fixkosten sind. (2) oder (3) ergeben damit die Bedingung

$$x^2 + \frac{3}{2}x - 1 = 0.$$

Daraus erhält man als Gleichgewichtsmenge

$$x_1^* = x_2^* = x^* = -\frac{3}{4} + \sqrt{\frac{9+16}{16}} = \frac{1}{2},$$

als Gleichgewichtspreise $p_1^* = p_2^* = 3/4$ und als Gewinne $\pi_1^* = 1/3 - f_1$, $\pi_2^* = 1/3 - f_2$.

c) Für jede Gaststätte k gilt im Gleichgewicht bei monopolistischer Konkurrenz und einem Gewinn von Null die Bedingung (1) aus a) und $p_k = AC_k(x_k)$, d. h.

$$(4) \quad x_k^2 = 1 - 2x_k + \frac{1}{2}\sum_{i\neq k} x_i,$$

$$(5) \quad \frac{1}{3}x_k^2 + \frac{f_k}{x_k} = 1 - x_k + \frac{1}{2}\sum_{i \neq k} x_i.$$

Die Differenz (4) − (5) ergibt

$$\frac{2}{3}x_k^2 - \frac{f_k}{x_k} = -x_k$$

und unter Verwendung von $f_k = f = 5/3$

$$x_k^3 + \frac{3}{2}x_k^2 - \frac{5}{2} = 0.$$

Als einzige Lösung dieser kubischen Gleichung erhält man $x_k = x = 1$ für alle k. Für n Firmen im Markt liefert die Bedingung (4) damit

$$1 = 1 - 2 + \frac{1}{2}(n-1),$$

so daß $n = 5$ ist.

Aufgabe 4.9

Homogenes/Inhomogenes Oligopol

(Launhardt–Hotelling–Gleichgewicht, Cournot–Nash–Gleichgewicht, Marktzutritt)

Auf beiden Märkten 1 und 2 bieten jeweils $n_1 \geq 1$ und $n_2 \geq 1$ Firmen ein homogenes Gut an. Die beiden Güter sind jedoch aus der Sicht der Nachfrager enge Substitute, so daß die Preis-Absatz-Funktion auf den beiden Märkten von der Form

$$\begin{aligned} p_1 &= \max\{0, a_1 - b_1 x_1 + d_2 p_2\}, \\ p_2 &= \max\{0, a_2 - b_2 x_2 + d_1 p_1\} \end{aligned}$$

sind. Dabei sind a_i, b_i und d_i, $i = 1,2$, positiv und $d_1, d_2 \leq 1$. Die Kostenfunktionen der Unternehmen in jeder Gruppe sind identisch von der Form

$$C(y_i) = c_i y_i, \qquad\qquad a_i > c_i > 0, \quad i = 1,2.$$

a) Bestimmen Sie die Preise und Mengen auf beiden Märkten, wenn die Unternehmen auf jedem Markt den Preis des Gutes auf dem anderen Markt als gegeben betrachten, sich auf dem eigenen Markt aber wie Oligopolisten verhalten. Zeigen Sie, daß aufgrund der Interdependenz zwischen den Märkten die Preise höher sind als für den Fall $d_1 = d_2 = 0$.

b) Vergleichen Sie die Situation unter **a)** mit derjenigen, bei der sich alle Unternehmen als Mengenanpasser verhalten.

c) Zeigen Sie, daß zunehmender Wettbewerb (größere Firmenanzahl) auf Markt 1 im Gleichgewicht unter **a)** zur Senkung beider Marktpreise führt, jedoch für $n_1 \to \infty$ nur die Gewinne auf Markt 1 gegen Null konvergieren.

d) Angenommen, die Anzahl der Firmen in beiden Märkten wird beliebig groß ($n_1 \to \infty$ und $n_2 \to \infty$). Bestimmen Sie für diesen Fall die Gleichgewichtspreise und -mengen und vergleichen Sie diese mit den Resultaten unter **b)**.

e) Diskutieren Sie den Einfluß von positiven Fixkosten auf die Resultate **a)** – **d)**.

Lösung:

a) Die vorliegende Marktform ist einerseits ein inhomogenes Preisduopol mit positiver Interdependenz zwischen den beiden Märkten. Andererseits herrscht auf jedem der beiden Märkte oligopolistische Mengenkonkurrenz (homogenes Oligopol) zwischen den jeweiligen Anbietern eines homogenen Produktes. Für gegebenen Preis auf dem jeweils anderen Markt ergibt sich ein Cournot-Gleichgewicht. Da die Firmen auf jedem Markt die gleichen konstanten Grenzkosten haben, ist das zugehörige Gleichgewicht symmetrisch, d. h. jede Firma bietet die gleiche Menge an.

Für eine beliebige Firma auf dem Markt $i = 1, 2$ läßt sich der Gewinn schreiben als

$$G_i = y_i \left(\max\left\{ 0, a_i - b_i \sum_{k=1}^{n_i} y_k + d_j p_j \right\} - c_i \right), \quad i \neq j.$$

Als notwendige Bedingung für ein Gewinnmaximum jeder Firma i erhält man

$$a_i - b_i \sum_{k \neq i} y_k - 2b_i y_i + d_j p_j - c_i = 0, \qquad i \neq j.$$

Da im Cournot-Gleichgewicht auf Markt i jede Firma die gleiche Menge anbietet, erhält man als Lösung für die individuellen Angebotsmengen

(i)
$$y_1 = \frac{a_1 - c_1 + d_2 p_2}{b_1(n_1 + 1)}$$

$$y_2 = \frac{a_2 - c_2 + d_1 p_1}{b_2(n_2 + 1)}$$

und die Preise

(ii)
$$p_1 = \frac{a_1 + d_2 p_2 + n_1 c_1}{n_1 + 1}$$

$$p_2 = \frac{a_2 + d_1 p_1 + n_2 c_2}{n_2 + 1}.$$

Im Gesamtgleichgewicht müssen für jeden Markt die jeweils angenommenen Preise des anderen Marktes mit den tatsächlichen übereinstimmen. Dies ist für ein Preistupel (p_1, p_2) genau dann der Fall, wenn beide Gleichungen aus (ii) erfüllt sind. Als Lösung von (ii) erhält man die Gleichgewichtspreise $(p_1(n_1, n_2), p_2(n_1, n_2))$

(iii)
$$p_1(n_1, n_2) = \frac{d_2(a_2 + n_2 c_2) + (n_2 + 1)(a_1 + n_1 c_1)}{(n_1 + 1)(n_2 + 1) - d_1 d_2}$$

$$p_2(n_1, n_2) = \frac{d_1(a_1 + n_1 c_1) + (n_1 + 1)(a_2 + n_2 c_2)}{(n_1 + 1)(n_2 + 1) - d_1 d_2}.$$

Als Gesamtangebotsmengen auf den Märkten ergeben sich damit

(iv)
$$x_1(n_1, n_2) = \frac{n_1}{b_1} \cdot \frac{(a_1 - c_1)(n_2 + 1) + d_2(c_1 d_1 + a_2 + c_2 n_2)}{(n_1 + 1)(n_2 + 1) - d_1 d_2}$$

$$x_2(n_1, n_2) = \frac{n_2}{b_2} \cdot \frac{(a_2 - c_2)(n_1 + 1) + d_1(c_2 d_2 + a_1 + c_1 n_1)}{(n_1 + 1)(n_2 + 1) - d_1 d_2}.$$

Man überprüft leicht, daß auf beiden Märkten die Preise größer als die Grenzkosten sind, d. h. $p_1(n_1, n_2) > c_1$ und $p_2(n_1, n_2) > c_2$. Da Fixkosten von Null vorliegen, sind die Gewinne für jedes Unternehmen auf jedem Markt für beliebiges (n_1, n_2) positiv. Man erkennt auch, daß ohne positive Interdependenz ($d_1 = d_2 = 0$) der Preis auf jedem Markt kleiner als mit Interdependenz ist, *und* daß er nur von den eigenen Marktdaten abhängt. Dies zeigt, daß c. p. positive Interdependenz zu höheren Marktpreisen führt. Gleichzeitig erkennt man aus den Gleichungen (iv), daß auch die Mengen auf beiden Märkten bei Interdependenz größer sind als ohne.

b) Verhalten sich alle Firmen als Mengenanpasser, so ist der Preis auf jedem Markt gleich den Grenzkosten, d. h. $\bar{p}_1 = c_1$, $\bar{p}_2 = c_2$. Die Gesamtmengen sind

$$\bar{x}_1 = \frac{a_1 - c_1 + d_2 c_2}{b_1}, \qquad \bar{x}_2 = \frac{a_2 - c_2 + d_1 c_1}{b_2}.$$

Der Gewinn jeder Firma ist Null, und die mengenmäßige Aufteilung auf jedem Markt ist unbestimmt.

c) Um zu zeigen, daß beide Preise mit zunehmender Anzahl n_1 fallen, betrachte man aus (iii) zunächst den Preis auf Markt 1 für festes n_2 allgemein als Quotient von zwei Funktionen $f(n_1)$ und $g(n_1)$, d. h.

$$p_1(n_1, n_2) = \frac{f(n_1)}{g(n_1)}.$$

Dann ist $p_1(n_1, n_2)$ fallend in n_1 genau dann, wenn

$$\frac{\partial p_1}{\partial n_1} = \frac{g(n_1) f'(n_1) - g'(n_1) f(n_1)}{(g(n_1))^2} < 0$$

bzw.

$$f'(n_1) < g'(n_1) \frac{f(n_1)}{g(n_1)} = g'(n_1) \cdot p_1(n_1, n_2).$$

Durch Ableitung ergibt sich

$$f'(n_1) = c_1(n_2 + 1) \quad \text{und} \quad g'(n_1) = (n_2 + 1).$$

Damit ist

$$g'(n_1) \cdot p_1(n_1, n_2) = (n_2 + 1) \cdot p_1(n_1, n_2)$$
$$> (n_2 + 1)c_1 = f'(n_1),$$

was zu beweisen war. Verfährt man nach der gleichen Methode für den Preis 2, so ergibt

$$p_2(n_1, n_2) = \frac{h(n_1)}{k(n_1)}$$

den Ausdruck

$$k'(n_1) \cdot p_2(n_1, n_2) = (n_2 + 1) \cdot p_2(n_1, n_2)$$

und

$$h'(n_1) = d_1 c_1 + a_2 + n_2 c_2.$$

Dann folgt aus $d_1, d_2 > 0$ und $a_1 > c_1$

$$\begin{aligned}k'(n_1)p_2(n_1, n_2) &> (n_2 + 1)\frac{d_1 a_1 + n_1 d_1 c_1 + (n_1 + 1)(a_2 + n_2 c_2)}{(n_1 + 1)(n_2 + 1)} \\ &> \frac{d_1 c_1(n_1 + 1) + (n_1 + 1)(a_2 + n_2 c_2)}{(n_1 + 1)} \\ &= d_1 c_1 + a_2 + n_2 c_2 = h'(n_1).\end{aligned}$$

Somit fallen beide Marktpreise mit zunehmender Konkurrenz auf Markt 1, d. h. zunehmende Konkurrenz auf einem Markt verringert auch den Effekt der positiven Interdependenz auf dem anderen Markt. Die Analyse zeigt, daß die gleichen Wirkungen c. p. auch von einer zunehmenden Konkurrenz auf Markt 2 ausgehen.

Im vorliegenden Modell sind die Gewinne genau dann Null, wenn der Preis gleich den Grenzkosten ist. Für $n_1 \to \infty$ erhält man

$$\lim_{n_1 \to \infty} p_1(n_1, n_2) = \lim_{n_1 \to \infty} \left[\frac{d_2(a_2 + c_2 n_2) + a_1(n_2 + 1)}{(n_1 + 1)(n_2 + 1) - d_1 d_2} \right.$$
$$\left. + \frac{(n_2 + 1)c_1}{(n_2 + 1)(n_2 + 1)/n_1 - d_1 d_2/n_1} \right] = c_1$$

und

$$\lim_{n_1 \to \infty} p_2(n_1, n_2) = \lim_{n_1 \to \infty} \left[\frac{d_1 a_1 + a_2 + n_2 c_2}{(n_1 + 1)(n_2 + 1) - d_1 d_2} \right.$$
$$\left. + \frac{d_1 c_1 + a_2 + n_2 c_2}{(n_2 + 1)(n_1 + 1)/n_1 - d_1 d_2/n_1} \right]$$
$$= \frac{d_1 c_1 + a_2 + n_2 c_2}{(n_2 + 1)}$$
$$> \frac{d_1 c_1 + c_2 + n_2 c_2}{(n_2 + 1)} > c_2.$$

Durch den Hinzutritt einer beliebig großen Anzahl von Firmen auf Markt 1 sinken somit die Gewinne auf diesem Markt auf Null ab. Auf Markt 2 hingegen verbleibt ein positiver Gewinn, der auch aufgrund der positiven Interdependenz um $d_1 c_1$ pro Einheit erhöht wird.

d) Aus der Analyse in c) folgt, daß für $n_1 \to \infty$ und $n_2 \to \infty$ beide Preise gegen die Grenzkosten konvergieren. Somit streben die Gewinne auf beiden Märkten gegen Null. Als Gesamtabsatz erhält man wie unter b)

$$\bar{x}_1 = \frac{a_1 - c_1 + d_2 c_2}{b_1}, \qquad \bar{x}_2 = \frac{a_2 - c_2 + d_1 c_1}{b_2}.$$

Dabei entspricht das Gleichgewicht im Limes dem Gleichgewicht bei vollkommener Konkurrenz, das durch freien Marktzutritt erzielt wird.

e) Positive Fixkosten für alle Firmen in beiden Märkten bewirken zunächst einmal, daß für alle Ausbringungsmengen die Stückkosten fallend verlaufen und über den Grenzkosten liegen. Dies impliziert, daß der Preis in jedem Markt über den Grenzkosten liegen muß, um einen nicht-negativen Gewinn zu gewährleisten. Damit kann kein Gleichgewicht bei vollkommener Konkurrenz existieren (Fall b). Vielmehr existiert dabei eine Tendenz zum natürlichen Monopol auf jedem Markt. Andererseits bewirken positive Fixkosten für das oligopolistische Gleichgewicht bei freiem Marktzutritt, daß auf jedem Markt nur eine maximale Firmenanzahl $\bar{n}_1$ und $\bar{n}_2$ mit nicht-negativem Gewinn verbleiben kann.

Kapitel 5

Theorie des allgemeinen Gleichgewichtes

Hauptgegenstand der Aufgaben dieses Abschnitts ist die Charakterisierung von Gleichgewichtssituationen bei vollkommener Konkurrenz in einfachen geschlossenen Volkswirtschaften, sowie die Optimalitätseigenschaften der Gleichgewichtsallokationen. Dabei stehen zunächst die beiden ersten Hauptsätze der Wohlfahrtstheorie im Vordergrund. Daneben werden Probleme der Nichtexistenz von Gleichgewichten und von Pareto-optimalen Allokationen behandelt. Eine weitere Teilgruppe der Aufgaben behandelt die Auswirkungen von anderen als wettbewerbsmäßigen Verhaltensannahmen und von zusätzlichen Nebenbedingungen, sowie von Parameteränderungen auf die Gleichgewichtsallokationen. Die beiden letzten Aufgaben entstammen dem Gebiet der reinen Außenhandelstheorie.

Literaturhinweise

Cornwall, R.R. (1984) Introduction to the Use of General Equilibrium Analysis, Amsterdam, Chapter 1.

Henderson, J.M. and R.E. Quandt (1980) Microeconomic Theory – A Mathematical Approach, New York, Chapter 5.

Varian, H.R. (1984) Microeconomic Analysis, second edition, New York, Chapter 5.

Aufgabe 5.1

Gleichgewichtsanalyse bei reinem Tausch

(Lineare Nutzenfunktion, Edgeworth–Box, Pareto–Optimalität, Gleichgewicht bei vollkommener Konkurrenz)

In einer Tauschwirtschaft mit zwei Gütern und zwei Konsumenten liegt eine gleiche Anfangsausstattung von $\omega_1 = \omega_2 = (1,1)$ vor. Die Nutzenfunktionen der beiden Konsumenten lauten

$$u_1(x_{11}, x_{12}) = x_{11} + x_{12} \quad \text{und} \quad u_2(x_{21}, x_{22}) = x_{21} + 2x_{22}.$$

a) Fertigen Sie eine möglichst maßstabsgetreue Skizze der beiden Indifferenzkurvensysteme an.

b) Bestimmen Sie in einem Edgeworth–Box–Diagramm die Menge der Pareto–optimalen Allokationen.

c) Ermitteln Sie die Nachfrage der beiden Haushalte in Abhängigkeit vom Preisverhältnis p_1/p_2.

d) Für welches Preisverhältnis herrscht Gleichgewicht bei vollkommener Konkurrenz?

Lösung:

a) Als Gleichungen für die Indifferenzkurven erhält man

$$x_{12} = \bar{u}_1 - x_{11}$$

sowie

$$x_{22} = \frac{1}{2}(\bar{u}_2 - x_{21}).$$

Dies ergibt die folgende graphische Darstellung, in der die Indifferenzkurven von Konsument 1 durchgezogen und die von Konsument 2 gestrichelt sind. Die Pfeile an den Indifferenzkurven zeigen die "Besser"-Richtungen der beiden Konsumenten an.

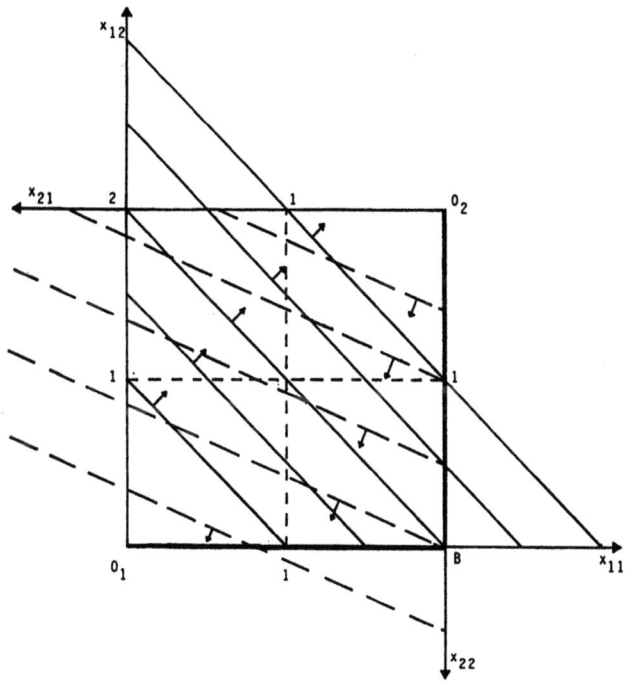

b) Die Menge der Pareto-optimalen Allokationen wird im Diagramm durch die Intervalle $0_1 B$ bzw. $B0_2$ repräsentiert, da beide Konsumenten von jeder anderen Allokation aus verbessert werden können.

c) Aufgrund der Linearität beider Nutzenfunktionen liegt die Nachfrage der Konsumenten für alle bis auf ein bestimmtes Preisverhältnis immer auf dem Rand der Konsummenge. So ergibt sich für Konsument 1 aus dem Maximierungsansatz

$$\max\{x_{11} + x_{12} \mid p_1 x_{11} + p_2 x_{12} \leq p_1 + p_2, x_{11} \geq 0, x_{12} \geq 0\}$$

als Nachfrage

$$x_{11}\left(\frac{p_1}{p_2}\right) = \begin{cases} 0 & \frac{p_1}{p_2} > 1 \\ \in [0,2] & \frac{p_1}{p_2} = 1 \\ 1 + \frac{p_2}{p_1} & \frac{p_1}{p_2} < 1 \end{cases}$$

und

$$x_{12}\left(\frac{p_1}{p_2}\right) = \begin{cases} 1 + \frac{p_1}{p_2} & \frac{p_1}{p_2} > 1 \\ \in [0,2] & \frac{p_1}{p_2} = 1 \\ 0 & \frac{p_1}{p_2} < 1. \end{cases}$$

Konsument 1 gibt stets sein gesamtes Einkommen für das jeweils billigere Gut aus, falls $p_1 \neq p_2$. Im Fall $p_1 = p_2$ ist seine Budgetgerade identisch mit der Indifferenzkurve $x_{11} + x_{12} = 2$, so daß jeder Punkt dieser Geraden für ihn ein Nachfragebündel darstellt.

Analog erhält man für Konsument 2 als kritisches Preisverhältnis $p_1/p_2 = 1/2$, bei dem Budgetgerade und Indifferenzkurve zusammenfallen. Als Nachfrage ergeben sich

$$x_{21}\left(\frac{p_1}{p_2}\right) = \begin{cases} 0 & \frac{p_1}{p_2} > \frac{1}{2} \\ \in [0,3] & \frac{p_1}{p_2} = \frac{1}{2} \\ 1 + \frac{p_2}{p_1} & \frac{p_1}{p_2} < \frac{1}{2} \end{cases}$$

und

$$x_{22}\left(\frac{p_1}{p_2}\right) = \begin{cases} 1 + \frac{p_1}{p_2} & \frac{p_1}{p_2} > \frac{1}{2} \\ \in \left[0, \frac{3}{2}\right] & \frac{p_1}{p_2} = \frac{1}{2} \\ 0 & \frac{p_1}{p_2} < \frac{1}{2}. \end{cases}$$

Im Diagramm sind die zugehörigen Preis–Konsum–Pfade (offer curves) eingezeichnet und mit Z_1 bzw. Z_2 bezeichnet.

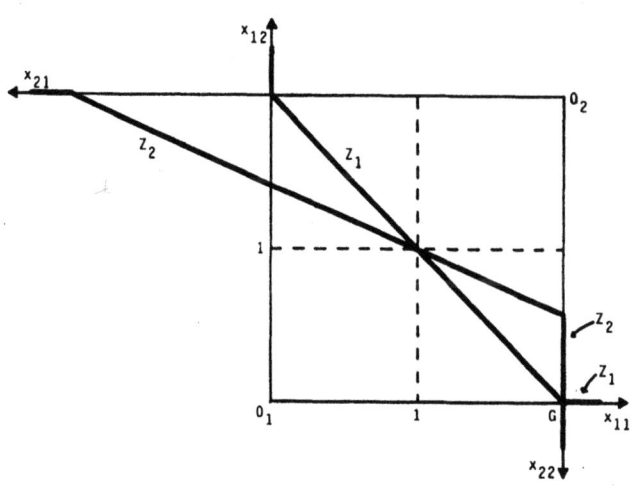

d) p_1^*/p_2^* ist Gleichgewichtspreisverhältnis, wenn die Gesamtnachfrage gleich der Gesamtausstattung an Gütern

$\omega = \omega_1 + \omega_2 = (2,2)$ ist. Man überprüft leicht, daß für $p_1^*/p_2^* = 1$ dies erfüllt ist, da

$$x_{11}(1) + x_{21}(1) = 2 + 0 = 2$$

$$x_{12}(1) + x_{22}(1) = 0 + 2 = 2.$$

Dies ist das einzige Gleichgewicht (Punkt G in der Abbildung). So gilt für $x_{11}(p_1/p_2) > 2$, $p_1/p_2 < 1$ bzw. für $x_{12}(p_1/p_2) > 2$, $p_1/p_2 > 1$.

Aufgabe 5.2

Gleichgewichtsanalyse bei reinem Tausch

(Leontief–Nutzenfunktion, Edgeworth–Box, Pareto–Optimalität, Gleichgewicht bei vollkommener Konkurrenz)

Zwei Haushalte $i = 1, 2$ mit den Nutzenfunktionen

$$u_i(x_{i1}, x_{i2}) = \min(a_i x_{i1}, b_i x_{i2})$$

verfügen über die Anfangsausstattung $\omega_i = (\omega_{i1}, \omega_{i2})$, $i = 1, 2$.

- **a)** Bestimmen Sie geometrisch die Menge der Pareto–Optima.
- **b)** Unter welcher Bedingung existiert ein Gleichgewicht bei positiven und endlichen Preisen beider Güter und wo liegt es?
- **c)** Bestimmen Sie die Menge der Allokationen, die Preisgleichgewichte bei einer geeignet gewählten Anfangsausstattung sind.

Lösung:

- **a)** Gesucht sind die erreichbaren Allokationen, die den Nutzen des einen Haushalts maximieren bei gegebenem Nutzen des anderen. Dazu betrachten wir im Edgeworth–Box–Diagramm die zwei Fälle, bei denen
    - (i) sich die Expansionspfade nicht schneiden und
    - (ii) ein Schnittpunkt der Expansionspfade existiert.

Die gepunktete Fläche umfaßt die Pareto–Optima.

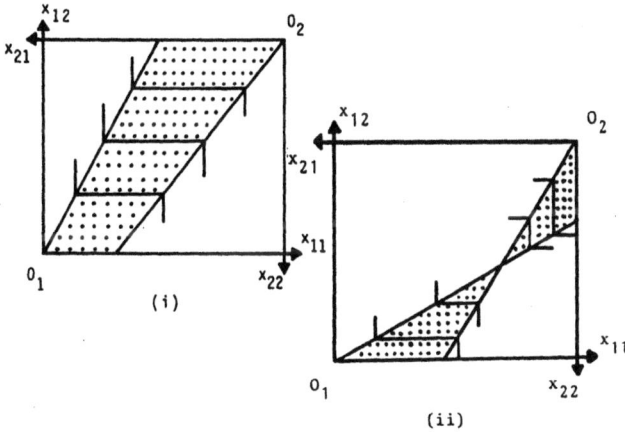

b) Wir geben eine notwendige Bedingung für die Existenz eines Preisgleichgewichtes an (vgl. Abbildung (ii) in **a**)). Dazu führen wir die Nutzenmaximierung für Haushalt 1 und 2 unter der Budgetbedingung

$$\sum_{j=1}^{2} p_j x_{ij} = \sum_{j=1}^{2} p_j \omega_{ij}, \qquad i = 1, 2,$$

durch. Als Expansionspfad erhalten wir:

$$E_i = \left\{ (x_{i1}, x_{i2}) \mid x_{i2} = \frac{a_i}{b_i} x_{i1}, x_{i1} \geq 0 \right\}, \qquad i = 1, 2.$$

Eine Gleichgewichtsallokation $(\bar{x}_{11}, \bar{x}_{12})$ mit

$$\sum_{i=1}^{2} \bar{x}_{ij} = \sum_{j=1}^{2} \omega_{ij}, \qquad j = 1, 2,$$

ist gemeinsames Element der Expansionspfade im Edgeworth–Box–Diagramm. Es sei

$$\rho = \frac{\omega_{12} + \omega_{22}}{\omega_{11} + \omega_{21}}.$$

Wenn gilt

$$\frac{a_1}{b_1} \geq \rho \geq \frac{a_2}{b_2} \quad \text{oder} \quad \frac{a_2}{b_2} \geq \rho \geq \frac{a_1}{b_1},$$

dann ist

$$E_1 \cap E_2 \neq \emptyset.$$

c) Folgende Fälle müssen bei der Bestimmung der Preisgleichgewichte berücksichtigt werden:

   (i) Wenn $a_1/b_1 = a_2/b_2 = \rho$ ist, dann ist die Menge der Gleichgewichtsallokationen:

$$GG = \left\{ (\bar{x}_{11}, \bar{x}_{12}) \mid \bar{x}_{12} = \rho \bar{x}_{11}, \bar{x}_{11} = \frac{\omega_{11} + \frac{p_2}{p_1}\omega_{12}}{1 + \frac{p_2}{p_1}\rho}, 0 < \frac{p_2}{p_1} < \infty \right\}.$$

   (ii) Wenn $a_1/b_1 > \rho \geq a_2/b_2$ oder $a_1/b_1 < \rho \leq a_2/b_2$ gilt, dann enthält $E_1 \cap E_2$ genau eine Gleichgewichtsallokation $(\bar{x}_{11}, \bar{x}_{12})$. $(\bar{x}_{11}, \bar{x}_{12})$ ist genau dann ein Preisgleichgewicht, wenn gilt:

$$\omega_1 \in (\bar{x}_{11}, \bar{x}_{12}) \cup \mathcal{K},$$

$$\mathcal{K} = \left\{ (x_{11}, x_{12}) \,\middle|\, \begin{array}{l} x_{12} < \bar{x}_{12}, \quad \text{wenn} \quad x_{11} > \bar{x}_{11} \\ x_{12} > \bar{x}_{12}, \quad \text{wenn} \quad x_{11} < \bar{x}_{11} \end{array} \right\}.$$

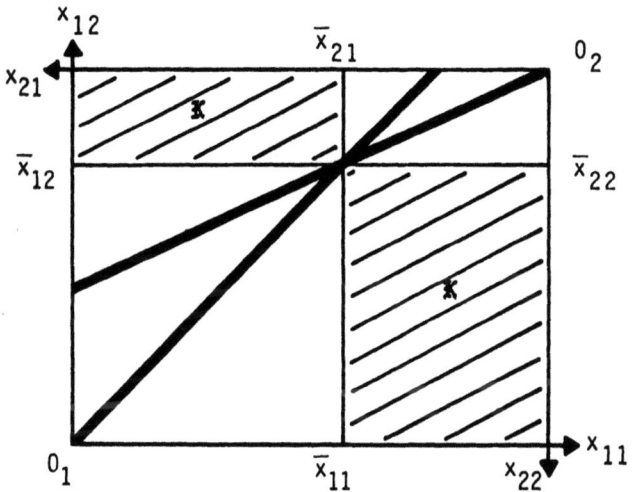

Aufgabe 5.3

Gleichgewichtsanalyse mit Produktion

(**Aggregation, Effizienz, Skalenerträge, Pareto–Optimalität, Gleichgewicht bei vollkommener Konkurrenz**)

In einer Volkswirtschaft mit Produktion erzeugt das einzige Unternehmen Gut 1 durch Einsatz von Gut 2. Dabei stehen die Produktionsverfahren A und B mit

$$Y_A = \left\{ y \in \mathbf{R}^2 \mid y_1 + 0{,}5\, y_2 \leq 3 \quad \text{und} \quad y_1 \geq 4{,}5 \right\}$$

und
$$Y_B = \left\{y \in \mathbf{R}^2 \mid y_1 + 1,5\, y_2 \leq 0 \quad \text{und} \quad 0 < y_1 < 4,5\right\}$$
zur Verfügung, die als Gesamttechnologie $Y = Y_A \cup Y_B$ ergeben. Der einzige Haushalt hat die Nutzenfunktion $u(x_1, x_2) = \min\{2x_1, 3x_2\}$ und die Anfangsausstattung $\omega = (\frac{3}{2}, 7)$.

a) Bestimmen Sie geometrisch und analytisch die Menge der Pareto–Optima.

b) Bestimmen Sie das Gleichgewichtspreissystem. Welchen Gewinn macht der Betrieb? Welche Annahme haben Sie über die Verwendung des Gewinns gemacht?

c) Wie verändern sich Pareto–Optima und Preisgleichgewichte, wenn sich das Verfahren A zu A' mit
$$Y_{A'} = \left\{y \in \mathbf{R}^2 \mid y_1 + 4,5\, y_2 \leq -9 \quad \text{und} \quad y_1 \geq 4,5\right\}$$
verändert? Vergleichen Sie die beiden Technologien $Y = Y_A \cup Y_B$ und $Y' = Y_{A'} \cup Y_B$.

d) Zu dem Unternehmen, das mit den Techniken A und B produziert, kommt nun eine zweite Unternehmung, die Gut 2 durch Einsatz von Gut 1 mit der Technologie
$$Y_C = \left\{y \in \mathbf{R}^2 \mid y_1 + y_2 \leq 0 \quad \text{und} \quad y_2 \geq 0\right\}$$
erzeugt. Zeigen Sie, daß es beiden Unternehmen zusammen jetzt möglich ist, von beiden Gütern eine positive Menge zu produzieren, ohne dabei die Anfangsausstattung des Konsumenten zu verwenden. Zeichnen Sie die gesamtwirtschaftliche Transformationskurve. Bestimmen Sie geometrisch Pareto–Optima und Preisgleichgewichte.

e) Angenommen das Verfahren B ändert sich zu B' mit
$$Y_{B'} = \left\{y \in \mathbf{R}^2 \mid y_1 + 1,5\, y_2 \leq 0 \quad \text{und} \quad y_1 \geq 0\right\}.$$
Welche Auswirkungen hat dies auf die Gesamttechnologie $(Y_A \cup Y_{B'}) + Y_C$ und auf die Menge der Pareto–optimalen Allokationen der Ökonomie?

Lösung:

a) Der effiziente Rand der Technologie Y läßt sich als Funktion in der Form

$$y_1 = f(y_2) = \begin{cases} -\frac{3}{2}y_2 & -3 \leq y_2 \leq 0 \\ 3 - \frac{1}{2}y_2 & y_2 \leq -3 \end{cases}$$

schreiben. Dies ergibt als Menge der erreichbaren Allokationen

$$\begin{aligned} X &= (Y - \omega) \cap \mathbf{R}_+^2 \\ &= \left\{ (x_1, x_2) \geq 0 \;\middle|\; \begin{array}{l} x_1 = \omega_1 + y_1 \;,\; x_2 = \omega_2 + y_2, \\ y_1 \leq f(y_2) \;\;,\; y_2 \leq 0 \end{array} \right\}. \end{aligned}$$

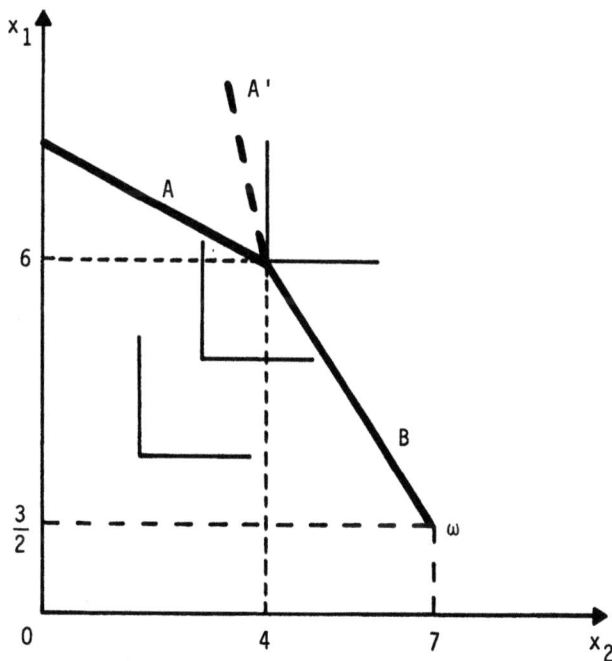

Da es nur einen einzigen Haushalt gibt, erhält man die Menge der Pareto–Optima $\mathcal{PO}$ als Lösung des Problems

$$\max\{u(x_1, x_2)|(x_1, x_2) \in X\},$$

die $\mathcal{PO} = (6, 4)$ ergibt. Im Diagramm ist die gesamtwirtschaftliche Transformationskurve durch die beiden Segmente A und B beschrieben, die den beiden Verfahren entsprechen.

b) Zunächst betrachten wir den gewinnmaximierenden Produzenten. Sein Angebot als Funktion des Preisverhältnisses lautet:

$$y_1\left(\frac{p_2}{p_1}\right) = \begin{cases} 0 & \frac{p_2}{p_1} > \frac{3}{2} \\ \in \left[0, \frac{9}{2}\right] & \frac{p_2}{p_1} = \frac{3}{2} \\ \frac{9}{2} & \frac{3}{2} > \frac{p_2}{p_1} > \frac{1}{2} \\ \in \left[\frac{9}{2}, \infty\right) & \frac{p_2}{p_1} = \frac{1}{2} \\ \infty & \frac{1}{2} > \frac{p_2}{p_1}. \end{cases}$$

Bei Realisierung seines Angebotes ergibt sich der Gewinn

$$\pi\left(\frac{p_2}{p_1}\right) = \begin{cases} 0 & \frac{p_2}{p_1} > \frac{3}{2} \\ 3p_1\left(\frac{3}{2} - \frac{p_2}{p_1}\right) & \frac{3}{2} \geq \frac{p_2}{p_1} \geq \frac{1}{2} \\ \infty & \frac{1}{2} > \frac{p_2}{p_1}. \end{cases}$$

Der Haushalt maximiert seinen Nutzen unter der Budgetbedingung $p_1 x_1 + p_2 x_2 = I$, dabei ist I das Einkommen. Wir erhalten für den Expansionspfad

$$E = \left\{(x_1, x_2) \mid x_1 = \frac{3}{2}x_2, \ x_2 \geq 0\right\}.$$

Da das Modell eine geschlossene Volkswirtschaft beschreibt, müssen im Gleichgewicht alle Gewinne dem Haushalt zufließen, d.h.

$$I = p_1\omega_1 + p_2\omega_2 + \pi\left(\frac{p_2}{p_1}\right).$$

Bei $\omega_1 = 3/2$, $\omega_2 = 7$ folgt dann für das Verhältnis der Gleichgewichtspreise

$$\frac{3}{2} \geq \frac{p_2}{p_1} \geq \frac{1}{2}.$$

Die Gleichgewichtsallokation ist $(x_1, x_2) = (6, 4)$.

c) Die Veränderung des Verfahrens A nach A' beschreibt eine Produktivitätssteigerung, da die Grenzproduktivität von Gut 2 von 1,5 auf 4,5 steigt. Dies ist durch eine dick gestrichelte Linie im Diagramm angedeutet. Auf die Menge der Pareto–Optima hat dies jedoch keinen Einfluß, so daß weiterhin der Vektor $(6,4)$ die einzige Pareto–optimale Allokation ist. Andererseits bewirkt die Produktivitätssteigerung jedoch, daß die Gesamttechnologie $Y_{A'} \cup Y_B$ nicht konvex ist. Sie weist zunehmende Skalenerträge auf. Dies hat zur Folge, daß es kein Gleichgewicht bei vollkommener Konkurrenz gibt. Damit kann auch die Pareto–optimale Allokation nicht als Gleichgewicht dargestellt werden.

d) Die Gesamttechnologie der Ökonomie mit zwei Unternehmen ist jetzt $Y + Y_C = (Y_A \cup Y_B) + Y_C$, da beide unabhängig voneinander produzieren können. Dies bedeutet, daß Outputs jedes Unternehmens als Inputs des jeweils anderen verwendet werden können und daß die Gesamtnettoproduktion die Summe der beiden Produktionspläne ist. Im vorliegenden Beispiel sind die Produktivitätsunterschiede der Verfahren A und C derart, daß es Produktionspläne in Y_A und Y_C gibt, die netto einen positiven Output beider Güter ermöglichen, ohne Ressourcen zu benötigen. Wählt man zum Beispiel $y_A = (4.5, -3) \in Y_A$ und $y_C = (-4, 4) \in Y_C$ so erhält man $y_A + y_C = (0.5, 1)$. Im Diagramm ist die Menge der erreichbaren Allokationen

$$X = (\{\omega\} + Y + Y_C) \cap \mathbf{R}_+^2$$

dargestellt, deren Transformationskurve jetzt die dick gezeichnete geknickte Linie AC ist. Die alte Kurve AB liegt teilweise links davon, und die Anfangsausstattung ω liegt im Inneren von X. Die Menge der ohne Ressourcen produzierten lieferbaren Güterbündel ist durch Schraffur gekennzeichnet.

Die Ausdehnung der Produktionsmöglichkeiten hat jedoch keinen Einfluß auf die Pareto–optimale Allokation und das Marktgleichgewicht. Wie in **a)** ist $(6,4)$ die einzige Pareto–optimale Allokation und das einzige Gleichgewicht. Jedoch sind die Preise dafür $1 \geq p_2/p_1 \geq 1/2$.

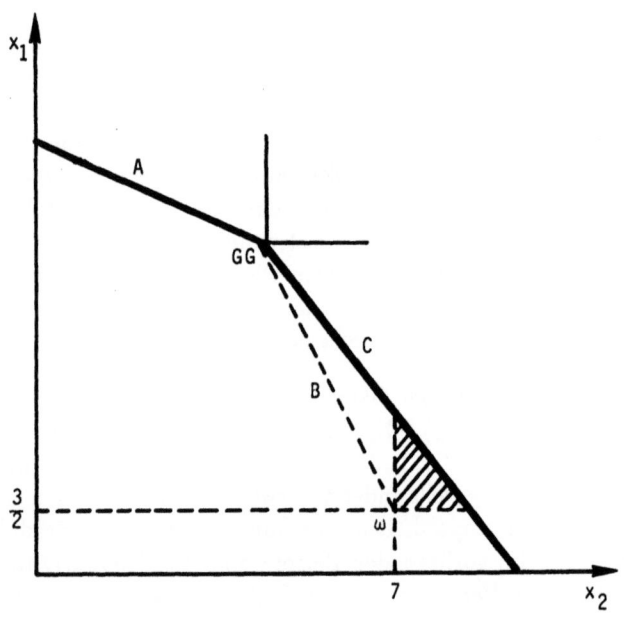

e) Der Unterschied zwischen den Verfahren B und B' besteht darin, daß in B' der Output Gut 1 keine obere Begrenzung mehr besitzt. Dadurch wird die Technologie A ineffizient, da die Produktivität des Gutes 2 in B' größer ist als in A, d.h. die Technologiemenge $Y_{B'}$ enthält Y_A als echte Teilmenge. Das Diagramm zeigt die beiden Mengen $Y_{B'}$ und Y_C. Daraus läßt sich leicht erkennen, daß es hier wie unter d) möglich ist, Produktionspläne für B' und C so zu kombinieren, daß ihre Summe streng positiv ist. Für $y_{B'} = (3, -2)$ und $y_C = (-5/2, 5/2)$ zum Beispiel ergibt sich $y_{B'} + y_C = (1/2, 1/2)$. In dem hier vorliegenden Fall läßt sich jedoch das viel stärkere Resultat zeigen, daß *jeder* streng positive Vektor des $\mathbf{R}^2$ ein möglicher aggregierter Produktionsplan ist. Dies bedeutet, daß

$$\mathbf{R}^2_{++} \subset Y_{B'} + Y_C.$$

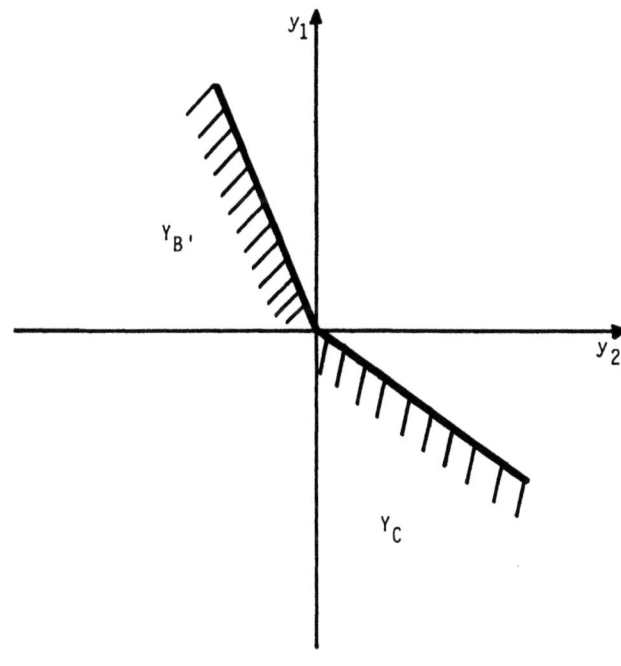

Damit ist aber die Menge der erreichbaren Allokationen der Ökonomie nach oben unbeschränkt, so daß weder Gleichgewichte noch Pareto–Optima existieren.

Aufgabe 5.4

Gleichgewichtsanalyse bei reinem Tausch

(Pareto–Optimalität, Gleichgewicht bei vollkommener Konkurrenz und beim Monopol)

Eine Tauschökonomie besteht aus zwei Haushalten $i = 1, 2$ mit den Nutzenfunktionen $u_i(x_{i1}, x_{i2}) = (x_{i1} + 1)x_{i2}$ und den Anfangsausstattungen $\omega_1 = (3, 3)$ und $\omega_2 = (0, 2)$.

a) Bestimmen Sie die Menge der Pareto–optimalen Allokationen, und fertigen Sie eine möglichst maßstabsgetreue Skizze an. Ermitteln Sie die Allokation und das Preisverhältnis im allgemeinen Gleichgewicht.

b) Der Haushalt 1 sei bereit, jede Transaktion vorzunehmen, die ihn nicht schlechter stellt als ohne Tausch. Welche Allokation wird Haushalt 2 unter dieser Bedingung vorschlagen?

c) Angenommen Haushalt 1 kann die Preise auf beiden Märkten diktieren, muß aber berücksichtigen, daß sich Haushalt 2 als Mengenanpasser verhält. Welche Preise wird Haushalt 1 nennen, und welche Transaktionen werden durchgeführt?

d) Führen Sie einen Vergleich der sich unter **a)**–**c)** ergebenden Allokationen in einem Diagramm durch.

Lösung:

a) Die Pareto–optimalen Allokationen erhält man als Lösung des Problems

$$\max u_1(x_{11}, x_{12})$$

unter den Nebenbedingungen

(i) $u_2(x_{21}, x_{22}) \geq \bar{u}$,
(ii) $\sum_{i=1}^{2} x_{ij} = \sum_{i=1}^{2} \omega_{ij}$, $\quad j = 1, 2$,
(iii) $x_{ij} \geq 0$, $\qquad i, j = 1, 2$,

für alternative Werte von $\bar{u}$ zwischen $\bar{u} = 0$ und $\bar{u} = u(3,5) = 20$. Da die Nutzenfunktion streng quasi–konkav und streng monoton steigend ist, folgt aus der notwendigen Bedingung für ein inneres Maximum

$$\frac{\frac{\partial u_1}{\partial x_{11}}}{\frac{\partial u_1}{\partial x_{12}}} = \frac{\frac{\partial u_2}{\partial x_{21}}}{\frac{\partial u_2}{\partial x_{22}}}$$

unter Beachtung der Erreichbarkeitsbedingung (iii)

$$x_{12} = x_{11} + 1.$$

Dies ergibt die Kontraktkurve $\mathcal{PO}$ in Koordinaten (x_{11}, x_{12})

$$\mathcal{PO} = \left\{ (x_{11}, x_{12}) \middle| \begin{array}{l} 4 \leq x_{12} \leq 5 \text{ falls } x_{11} = 4 \\ x_{12} = x_{11} + 1 \text{ falls } 0 < x_{11} < 4 \\ 0 \leq x_{12} \leq 1 \text{ falls } x_{12} = 0 \end{array} \right\}.$$

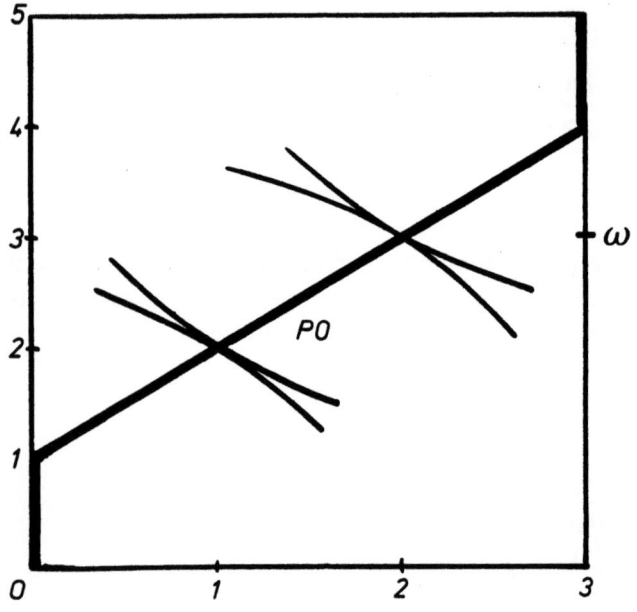

Die Nachfragefunktionen ergeben sich als Lösung der Aufgaben

$$\max u_i(x_{i1}, x_{i2})$$

unter den Nebenbedingungen

(i) $\quad p_1 x_{i1} + p_2 x_{i2} = p_1 \omega_{i1} + p_2 \omega_{i2}, \qquad i = 1, 2,$

(ii) $\quad x_{ij} \geq 0, \qquad\qquad\qquad\qquad\qquad j = 1, 2.$

Zunächst erhält man für den Expansionspfad:

$$\left\{ (x_{i1}, x_{i2}) \;\middle|\; \begin{array}{l} x_{i2} = \frac{p_1}{p_2}(x_{i1} + 1) \\ \frac{p_1}{p_2} \geq x_{i2} \geq 0, \quad x_{i1} \geq 0 \end{array} \right\}, \qquad i = 1, 2.$$

Einsetzen in die Budgetgleichung ergibt

$$x_{i1}(p_1,p_2,\omega_{i1},\omega_{i2}) = \frac{\omega_{i1}-1}{2} + \frac{p_2}{2p_1}\omega_{i2},$$

$$x_{i2}(p_1,p_2,\omega_{i1},\omega_{i2}) = \frac{p_1}{p_2}\frac{\omega_{i1}+1}{2} + \frac{\omega_{i2}}{2}, \qquad i=1,2.$$

Aufgrund des Gesetzes von Walras ist es hinreichend, für einen Markt das Gleichgewicht zu bestimmen. Für das Gleichgewichtspreisverhältnis $p^* = (p_2^*/p_1^*)$ muß so z. B. auf Markt 1 die Bedingung

$$x_{11}(p_1^*,p_2^*,\omega_{11},\omega_{12}) + x_{21}(p_1^*,p_2^*,\omega_{21},\omega_{22}) = \omega_{11} + \omega_{21}$$

und damit die Bestimmungsgleichung für p^*

$$\frac{1}{2}[\omega_{11} - 1 + p^*\omega_{12} + \omega_{21} - 1 + p^*\omega_{22}] = \omega_{11} + \omega_{21}$$

gelten. Dies ergibt $p^* = 1$ und die Gleichgewichtsallokation

$$x_1^* = \left(\frac{5}{2},\frac{7}{2}\right), \qquad x_2^* = \left(\frac{1}{2},\frac{3}{2}\right).$$

Alternativ zu diesem Verfahren kann die Gleichgewichtsallokation auch als Schnittpunkt der beiden Tauschkurven bestimmt werden. Aus der Budgetgleichung und den notwendigen Bedingungen ergeben sich die Bestimmungsgleichungen

$$\frac{x_{i2}}{x_{i1}+1}(x_{i1} - \omega_{i1}) + (x_{i2} - \omega_{i2}) = 0 \qquad i=1,2.$$

Das ergibt für Haushalt 1 die Tauschkurve

$$\mathcal{O}_1 = \left\{(x_{11},x_{12}) \,\Big|\, x_{12} = \frac{3}{2}\frac{x_{11}+1}{x_{11}-1}, x_{11} > 1\right\}$$

und für Haushalt 2

$$\mathcal{O}_2 = \left\{(x_{21},x_{22}) \,\Big|\, x_{22} = 2\frac{x_{21}+1}{2x_{21}+1}\right\}.$$

Um den Schnittpunkt zu bestimmen, ist es zweckmäßig, $\mathcal{O}_2$ in den Koordinaten von Haushalt 1 unter Berücksichtigung der Erreichbarkeitsbedingung zu schreiben, d. h.

$$\mathcal{O}_2' = \left\{ (x_{11}, x_{12}) \middle| x_{12} = \frac{27 - 8x_{11}}{7 - 2x_{11}}, \quad \frac{7}{2} > x_{11} \geq 0 \right\}.$$

Als Schnittpunkte von $\mathcal{O}_1$ und $\mathcal{O}_2'$ ergeben sich die Gleichgewichtsallokation x_1^* sowie die Anfangsausstattung ω_1.

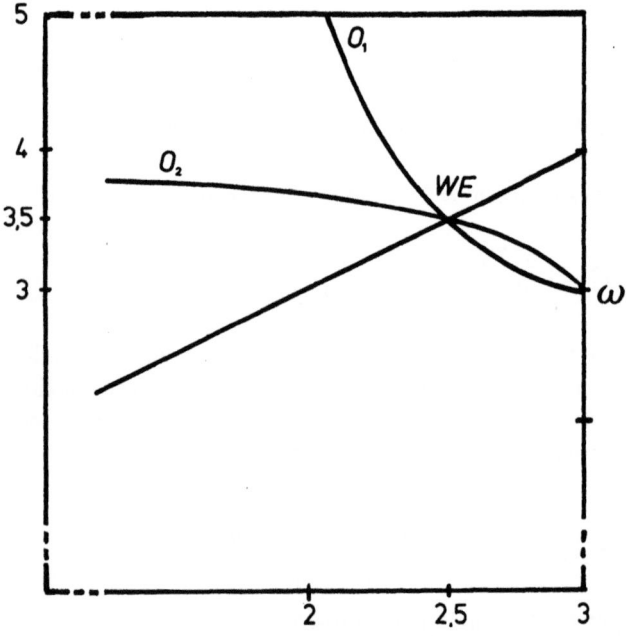

b) Haushalt 2 wird eine solche Allokation vorschlagen, die (i) Pareto-optimal ist und (ii) Haushalt 1 gerade das Nutzenniveau seiner Anfangsausstattung $u(\omega_1) = 12$ garantiert. Unter Beachtung der Erreichbarkeitsbedingung ergeben sich

$$x_{11} = 2\sqrt{3} - 1 \ , \qquad x_{12} = 2\sqrt{3},$$

$$x_{21} = 2(2 - \sqrt{3}) \ , \qquad x_{22} = 5 - 2\sqrt{3}.$$

c) Haushalt 1 befindet sich hier in einer Monopolsituation und er wird seinen Nutzen unter der Nebenbedingung maximieren, daß Haushalt 2 einen Punkt seiner Tauschkurve wählt, d. h.

$$\max(x_{11} + 1)x_{12}$$

unter den Nebenbedingungen

(i) $\quad x_{12} = \dfrac{27 - 8x_{11}}{7 - 2x_{11}}$

(ii) $\quad \dfrac{7}{2} > x_{11} \geq 0.$

Als Lösung erhält man

$$x_{11} = \frac{11}{4}, \quad x_{12} = \frac{10}{3} \quad \text{bzw.} \quad x_{21} = \frac{1}{4}, \quad x_{22} = \frac{5}{3}.$$

Durch Einsetzen in die Nachfragefunktion ergibt sich das Preisverhältnis, das Haushalt 1 bestimmt: $p_1/p_2 = 4/3$.

d) (a,b,c) bezeichnen die Allokationen, die sich aus den entsprechenden Teilaufgaben ergeben.

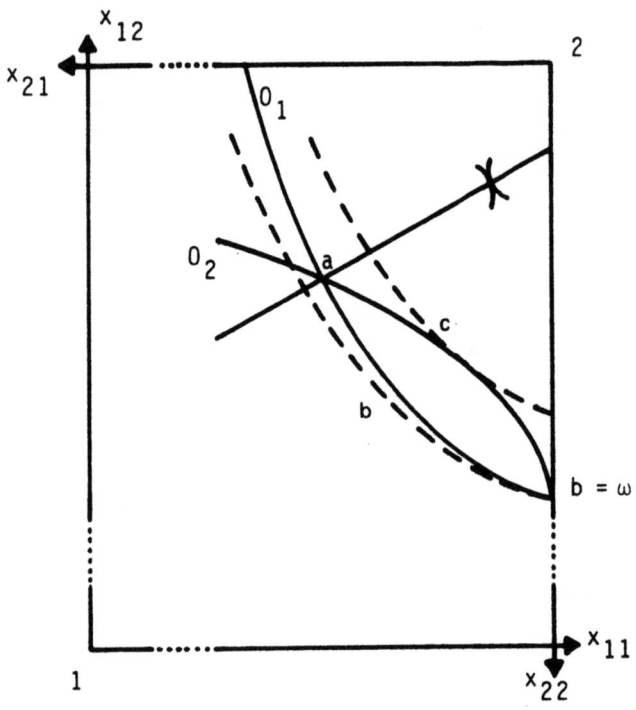

Aufgabe 5.5

Gleichgewichtsanalyse mit Produktion

(Arbeitsangebot, Pareto–Optimalität, Produktionsdezentralizierung, Reservationslohn)

Ein Landwirt lebt ausschließlich vom Konsum des Produktes c, das er mit eigener Arbeitskraft ℓ gemäß der Beziehung $c = \sqrt{\ell}$ herstellt. Da ihm maximal 24 Stunden pro Tag zur Verfügung stehen, bestimmt sich seine Freizeit gemäß $f = 24 - \ell$. Seine Präferenzen bezüglich Konsum und Freizeit können durch die Nutzenfunktion

$$u(c, f) = c \cdot f$$

beschrieben werden.

a) Bestimmen Sie die präferenzmaximierende Wahl des Landwirts zwischen landwirtschaftlicher Produktion und Freizeit.

b) Dem Landwirt wird von einem landwirtschaftlichen Großbetrieb eine Stelle zum Lohnsatz w angeboten. Wieviel Stunden täglich würde der Landwirt bei Annahme der Stelle in diesem Betrieb arbeiten wollen, wenn er unveränderte Präferenzen hätte und er das Produkt c zum Preis p auf dem Markt kaufen müßte?

c) Wie hoch müßte der Reallohn w/p mindestens sein, damit der Landwirt die Stelle annimmt, wenn man unterstellt, daß er die Anzahl seiner täglichen Arbeitsstunden selber bestimmen kann?

Lösung:

a) Der Landwirt hat folgendes Maximierungsproblem:

$$\max u(c, f)$$

unter den Nebenbedingungen

$$f = 24 - \ell,$$

$$c = F(\ell) = \ell^{\frac{1}{2}},$$

$$24 \geq \ell \geq 0.$$

Aus der notwendigen Bedingung

$$\frac{c}{f} = \frac{1}{2}\ell^{-\frac{1}{2}}$$

folgt durch Einsetzen in die Nebenbedingungen

$$f^* = 16, \qquad \ell^* = 8, \qquad c^* = 2\sqrt{2}.$$

b) Nun lautet die Aufgabe

$$\max u(c, f)$$

unter den Nebenbedingungen

$$c + Wf = 24W, \qquad W = \frac{w}{p}.$$

Die Lösungen sind

$$c(W) = 12W, \qquad f(W) = 12, \qquad \ell(W) = 12.$$

c) Die zu ermittelnde Reallohnhöhe stellt denjenigen Schwellenwert dar, ab dem es sich für den Landwirt lohnen würde, in dem Betrieb zu arbeiten anstatt sich selbst zu versorgen. Einen solchen kritischen Wert bezeichnet man häufig als Reservationslohn eines Haushalts, der den Wert einer autonomen Aktivität im Vergleich zur Partizipation an einer anderen Alternative darstellt. Der Reallohn W muß also mindestens so hoch sein, daß der Landwirt sich nicht schlechter stellt als durch Eigenproduktion. Für die indirekte Nutzenfunktion muß deshalb gelten

$$V(W) = 144W \geq 32\sqrt{2},$$

d. h.

$$W \geq \frac{2\sqrt{2}}{9}.$$

Aufgabe 5.6

Zentralplanung mit Produktion

(Voll– vs. Unterbeschäftigung, Mindestlohn, Kapitalstock)

Der Unternehmenssektor einer Ökonomie mit Zentralplanung produziert gemäß der Produktionsfunktion

$$Q = AL^{\frac{3}{4}} K^{\frac{1}{4}},$$

wobei Q den Output, L und K die Mengen der Einsatzfaktoren Arbeit und Kapital sowie A eine Konstante mit dem Wert $\bar{A} = 2$ bezeichnen. Es gelte Gewinnmaximierung. Die Planungsbehörde möchte die Beschäftigung durch eine entsprechende Lohnpolitik maximieren und hat hierfür zu berücksichtigen, daß ein Outputpreis in Höhe $p = 40$ herrscht und eine Mindestlohngarantie von $w = 20$ gegeben wurde.

a) Wie hoch ist die maximale Beschäftigung, wenn ein Kapitalstock $K = 10$ zur Verfügung steht, und wie hoch ist der von der Behörde zu setzende Lohnsatz?

b) Wieviel zusätzliche Beschäftigung könnte eine marginale Sachkapitalbestandserhöhung erbringen?

c) Zeigen Sie, daß bei einer Arbeitsangebotsfunktion

$$L^S\left(\frac{w}{p}\right) = 3600 \left(\frac{w}{p}\right)^2$$

nicht alle Arbeiter beschäftigt sind.

d) Wie groß müßte der Kapitalstock sein, damit Vollbeschäftigung erreicht wird?

Lösung:

a) Für die Lösung der Gewinnmaximierung lautet eine notwendige Bedingung

$$L^D = \left(\frac{3}{4}\bar{A}\frac{p}{w}\right)^4 K.$$

Wir maximieren die Arbeitsnachfrage des Unternehmenssektors für festes p und K unter der Bedingung $w \geq 20$. Da L^D eine in w streng monoton fallende Funktion ist, ist die Bedingung bindend, d.h. $w^* = 20$. Für $K = 10$, $p = 40$ ist die maximale Beschäftigung $L^D = 810$.

b) Der Beschäftigungseffekt durch Veränderung des Kapitalstocks für die Werte $p = 40$, $w = 20$, $\bar{A} = 2$ hat die Form:

$$\frac{\partial L}{\partial K} = \left(\frac{3}{4}\bar{A}\frac{p}{w}\right)^4 = 81.$$

c) Bei den Werten $p = 40$, $w = 20$ gilt die Arbeitsangebotsfunktion

$$L^S\left(\frac{w}{p}\right) = 900.$$

Für $K = 10$ ist die Arbeitsnachfrage

$$L^D\left(\frac{w}{p}, K\right) = 810.$$

d) Ein Vollbeschäftigung garantierender Kapitalstock $\bar{K}$ genügt der Gleichung

$$L^D\left(\frac{w}{p}, K\right) = L^S\left(\frac{w}{p}\right), \quad w = 20, \quad p = 40.$$

Daraus ergibt sich $\bar{K} = 100/9$.

Aufgabe 5.7

Gleichgewichtsanalyse mit Produktion und Staat

(Tariflohn, Unterbeschäftigung, Lohnsubvention, Staatsnachfrage)

Eine Volkswirtschaft bestehe aus 50 Haushalten, einem Unternehmen und einem öffentlichen Sektor, genannt Staat. Die Nutzenfunktionen aller Haushalte seien identisch und gegeben durch

$$u(x, \ell) = x(16 - \ell),$$

wobei x die Anzahl der Einheiten eines Konsumgutes und ℓ die Anzahl der Arbeitsstunden bezeichen. Das Unternehmen produziere das Konsumgut unter Einsatz von Arbeitskraft der Haushalte gemäß der Produktionsfunktion

$$Y(L) = 40L^{\frac{1}{2}}.$$

a) Bestimmen Sie in Abhängigkeit vom Reallohn W die nutzenmaximierenden bzw. gewinnmaximierenden Angebots– und Nachfragefunktionen auf den beiden Märkten.

b) Der tariflich zwischen der Gewerkschaft, den Haushalten und dem Unternehmen ausgehandelte Reallohnsatz betrage $\bar{W} = 5/4$. Bestimmen Sie das Beschäftigungsniveau in Stunden, wenn dieses gleich dem kleineren der Werte von aggregiertem Arbeitsangebot und Arbeitsnachfrage ist. Wie hoch ist die Arbeitslosenquote, wenn Sie davon ausgehen, daß jeder Haushalt entweder mit seinem vollen Arbeitsangebot oder gar nicht beschäftigt wird?

c) Zur Beseitigung der Unterbeschäftigung beschließe der Staat, dem Unternehmen eine Reallohnsubvention t pro Stunde eingesetzter Arbeitskraft zu gewähren. Bestimmen Sie die Höhe von t.

d) Der Staat stelle fest, daß bei Vollbeschäftigung das Unternehmen mehr produziert als die Haushalte nachfragen. Um die Vollbeschäftigung zu gewährleisten, kaufe der Staat den Güterangebotsüberschuß auf. Wieviel muß er kaufen?

Lösung:

Das Maximierungsproblem eines Haushalts lautet

$$\max u(x, \ell)$$

unter den Nebenbedingungen

$$px \leq w\ell,$$

$$x \geq 0, \quad 16 \geq \ell \geq 0.$$

Durch Einsetzen der notwendigen Bedingung

$$\frac{x}{16 - \ell} = \frac{w}{p}$$

in die Budgetgleichung erhalten wir

$$x(p, w) = 8\frac{w}{p},$$

$$\ell(p, w) = 8.$$

Die Gewinnmaximierung des Unternehmens führt zu dem Güterangebot bzw. der Arbeitsnachfrage

$$Y(p, w) = 800\frac{p}{w},$$

$$L^D(p,w) = \left(20\frac{p}{w}\right)^2.$$

a) Sei $W = w/p$, $L^S(W)$ das Gesamtarbeitsangebot und $X(W)$ die Gesamtgüternachfrage. Dann gilt für den Arbeitsmarkt

$$L^S(W) = 400,$$

$$L^D(W) = \left(\frac{20}{W}\right)^2$$

und für den Gütermarkt

$$X(W) = 400W,$$

$$Y(W) = \frac{800}{W}.$$

b) Sei $\bar{W} = 5/4$. Dann sind

$$L^S\left(\frac{5}{4}\right) = 400, \quad L^D\left(\frac{5}{4}\right) = 256.$$

Das Beschäftigungsniveau beträgt 256 Arbeitsstunden. Die Arbeitslosenquote beträgt 36%.

c) Eine Reallohnsubvention t, die beim Reallohn $\bar{W}$ Vollbeschäftigung sichert, muß der Gleichung genügen:

$$L^S\left(\frac{5}{4}\right) = 400 = \left(\frac{20}{\frac{5}{4}-t}\right)^2 = L^D(\bar{W}-t).$$

Daraus folgt $t = 1/4$.

d) Bei Vollbeschäftigung beträgt das Güterangebot

$$Y = 40\sqrt{400} = 800.$$

Die Güternachfrage ist bei dem Reallohn $\bar{W} = 5/4$

$$X\left(\frac{5}{4}\right) = 500.$$

Der Staat muß 300 Einheiten kaufen, um die Vollbeschäftigung zu gewährleisten.

Aufgabe 5.8

Gleichgewicht bei Tausch und bei Produktion

(Pareto–Optimalität, Edgeworth–Box, Kontraktkurve, Gleichgewicht bei vollkommener Konkurrenz, Produktionseigentum)

Die Nutzenfunktion zweier Haushalte $i = 1, 2$ in einer 2–Personen–2–Güter Ökonomie lauten $u_i(x_{i1}, x_{i2}) = \sqrt{x_{i1}} + \sqrt{x_{i2}}$. Ihre Anfangsausstattungen sind $\omega_1 = (9, 0)$, $\omega_2 = (0, 4)$.

a) Bestimmen Sie die Kontraktkurve.

b) Ermitteln Sie die Überschußnachfragefunktionen der beiden Haushalte. Normieren Sie das Preissystem, indem Sie $p_1 = 1$ festsetzen.

c) Geben Sie die Bedingungen des allgemeinen Gleichgewichts der reinen Tauschwirtschaft an, und ermitteln Sie die Gleichgewichtspreise der vorliegenden Ökonomie. Wie hängen diese vom Verhältnis der Gesamtgüterbestände ab?

d) Haushalt 1 kann einen Produktionsbetrieb errichten, in dem durch Einsatz von Gut 1 als Produktionsfaktor Gut 2 als Output gemäß der Produktionsfunktion $y_2 = 2\sqrt{y_1}$ erzeugt wird, und Gewinnmaximierung angestrebt wird. Geben Sie den analytischen Lösungsweg an, und stellen Sie die Situation in einer Planskizze dar. Untersuchen Sie insbesondere, ob zusätzliche Mengen von Gut 2 produziert werden und wie sich der Gleichgewichtspreis verändert.

e) Wie wirkt sich die Errichtung des Betriebes auf die Nutzenposition der beiden Haushalte aus? Welche Veränderungen in der Gleichgewichtssituation und der Nutzenposition würden sich ergeben, wenn Haushalt 2 Eigentümer des Betriebes wäre?

Lösung:

a) Die Kontraktkurve ist der geometrische Ort aller Pareto–optimalen Allokationen in der Edgeworth-Box-Darstellung. Für jede solche Allokation $[(x_{11}, x_{12}), (x_{21}, x_{22})]$ muß demnach Erreichbarkeit

(1) $\quad \begin{aligned} x_{11} + x_{21} &= \omega_{11} + \omega_{21} = 9 \\ x_{12} + x_{22} &= \omega_{12} + \omega_{22} = 4 \end{aligned}$

gelten, sowie die Gleichheit der Grenzraten der Substitution MRS_i der beiden Konsumenten, d.h.

(2) $\quad MRS_1 = \sqrt{\dfrac{x_{12}}{x_{11}}} = \sqrt{\dfrac{x_{22}}{x_{21}}} = MRS_2.$

Aus (1) und (2) folgt

$$\frac{x_{12}}{x_{11}} = \frac{x_{22}}{x_{21}} = \frac{4 - x_{12}}{9 - x_{11}} \qquad 0 \leq x_{11} < 9,$$

und nach Auflösung der linearen Beziehung

$$x_{12} = \frac{4}{9} x_{11} \qquad 0 \leq x_{11} \leq 9.$$

Dies bestätigt das allgemeine Resultat, daß bei identischen, homothetischen Präferenzen der Konsumenten das Kriterium der Pareto–Optimalität jedem Konsumenten alle Güter im gleichen Verhältnis zuweist.

b) Das Nutzenmaximierungsproblem für jeden Haushalt

$$\max \{ u_i(x_{i1}, x_{i2}) \mid p_1 x_{i1} + p_2 x_{i2} \leq p_1 \omega_{i1} + p_2 \omega_{i2} \}$$

ergibt als notwendige Bedingung

$$x_{i2} = \left(\frac{p_1}{p_2} \right)^2 x_{i1}, \qquad i = 1, 2,$$

und unter Berücksichtigung der Budgetbedingung die Nachfragefunktionen

$$x_{i1}(p_1, p_2, \omega_{i1}, \omega_{i2}) = \frac{p_2}{p_1(p_1 + p_2)} (p_1 \omega_{i1} + p_2 \omega_{i2}),$$

$$x_{i2}(p_1, p_2, \omega_{i1}, \omega_{i2}) = \frac{p_1}{p_2(p_1 + p_2)}(p_1\omega_{i1} + p_2\omega_{i2}).$$

Für $p_1 = 1$, $\omega_1 = (9,0)$ und $\omega_2 = (0,4)$ ergeben sich die Überschußnachfragefunktionen

$$\begin{aligned} z_{11}(p_2, \omega_1) &= x_{11} - \omega_{11} = -\frac{9}{1+p_2}, \\ z_{12}(p_2, \omega_1) &= x_{12} - \omega_{12} = \frac{9}{p_2(1+p_2)}, \\ z_{21}(p_2, \omega_2) &= x_{21} - \omega_{21} = \frac{4p_2^2}{1+p_2}, \\ z_{22}(p_2, \omega_1) &= x_{22} - \omega_{22} = -\frac{4p_2}{1+p_2}. \end{aligned}$$

c) $p^* = (1, p_2^*)$ ist ein Gleichgewichtspreissystem, wenn bei diesem Preissystem die Überschußnachfrage auf beiden Märkten Null ist, d.h.

$$z_{11} + z_{21} = 0 = z_{12} + z_{22}.$$

Aufgrund des Walras–Gesetzes ist es hinreichend, p_2^* so zu bestimmen, daß eine der Gleichungen Null ist. Für den allgemeinen Fall erhält man aus b)

$$\begin{aligned} z_{11} + z_{21} &= \frac{p_2(\omega_{11} + p_2\omega_{12})}{(1+p_2)} - \omega_{11} \frac{p_2(\omega_{21} + p_2\omega_{22})}{(1+p_2)} - \omega_{21} \\ &= \frac{p_2}{(1+p_2)}(\bar{\omega}_1 + p_2 \bar{\omega}_2) - \bar{\omega}_1. \end{aligned}$$

Dabei ist $\bar{\omega}_1 = \omega_{11} + \omega_{21}$ und $\bar{\omega}_2 = \omega_{12} + \omega_{22}$ jeweils die Gesamtausstattung von Gut 1 bzw. Gut 2. Folglich ist die Überschußnachfrage Null, wenn

$$\frac{p_2}{(1+p_2)}(\bar{\omega}_1 + p_2 \bar{\omega}_2) = \bar{\omega}_1,$$

was den Gleichgewichtspreis

$$p_2^* = \sqrt{\frac{\bar{\omega}_1}{\bar{\omega}_2}} = \frac{3}{2}$$

ergibt. Man erkennt, daß der Gleichgewichtspreis nur von der Gesamtausstattung abhängt und nicht von der Verteilung auf die beiden Konsumenten.

d) Mit Errichtung des Produktionsbetriebes entstehen gegebenenfalls Gewinneinkommen, die den Konsumenten zufließen. Unter **d)** ist es Konsument 1, unter **e)** ist es Konsument 2. Sei π der Gewinn und $0 \leq \alpha_i \leq 1$, $i = 1,2$, der Gewinnanteil von Konsument i. Dann ist seine Nachfrage

$$x_{i1} = \frac{p_2}{p_1(p_1 + p_2)} W_i,$$

$$x_{i2} = \frac{p_1}{p_2(p_1 + p_2)} W_i,$$

wobei $W_i = p_1 \omega_{i1} + p_2 \omega_{i2} + \alpha_i \pi$ das Gesamtvermögen darstellt. Das Optimierungsproblem des Produktionsbetriebes

$$\max_{y_1} \{p_2 \cdot 2\sqrt{y_1} - p_1 y_1\}$$

ergibt die Inputnachfragefunktion

$$y_1 = \left(\frac{p_2}{p_1}\right)^2,$$

die Angebotsfunktion

$$y_2 = 2\frac{p_2}{p_1}$$

und die Gewinnfunktion

$$\pi(p_1, p_2) = \frac{p_2^2}{p_1}.$$

Gleichgewicht bei vollkommener Konkurrenz herrscht, wenn (bei $p_1 = 1$) eine der folgenden Bedingungen gilt:

$$x_{11}(p_2, W_1) + x_{21}(p_2, W_2) = \bar{\omega}_1 - y_1,$$

$$x_{12}(p_2, W_1) + x_{22}(p_2, W_2) = \bar{\omega}_2 - y_2.$$

Unter Verwendung der allgemeinen Form aus c) ergibt die erste Gleichung

$$\frac{p_2}{(1+p_2)}(\bar{\omega}_1 + p_2\bar{\omega}_2 + \alpha_1\pi + \alpha_2\pi) = \bar{\omega}_1 - y_1$$

und, da $\alpha_1 + \alpha_2 = 1$,

$$\frac{p_2}{(1+p_2)}\left(\bar{\omega}_1 + p_2\bar{\omega}_2 + p_2^2\right) = \bar{\omega}_1 - y_1.$$

Daraus folgt als allgemeine Bedingung für den Gleichgewichtspreis $\bar{p}_2$

$$2\bar{p}_2^3 + \bar{p}_2^2(\bar{\omega}_2 + 1) = \bar{\omega}_1 - y_1.$$

Man erkennt daran, daß in diesem Fall aufgrund identischer homothetischer Präferenzen der Gleichgewichtspreis sowohl unabhängig von der Verteilung der Gewinne als auch der Verteilung der Güterausstattung ist. Im Vergleich zum Fall c) gilt $p_2^{*2}\bar{\omega}_2 = \bar{\omega}_1$. Damit erhält man aus

$$p_2^{*2}\bar{\omega}_2 = \bar{\omega}_1 = 2\bar{p}_2^3 + \bar{p}_2^2(\bar{\omega}_2 + 1)$$

als Abschätzung

$$\bar{\omega}_2(p_2^{*2} - \bar{p}_2^2) = 2\bar{p}_2^3 + \bar{p}_2^2 > 0$$

und somit $p_2 > \bar{p}_2$. Für die numerischen Werte $\bar{\omega}_1 = 9$, $\bar{\omega}_2 = 4$ folgt

$$2\bar{p}_2^3 + 5\bar{p}_2^2 = 9.$$

Da die linke Seite eine monoton steigende Funktion ist, folgt

$$1 < \bar{p}_2 < \frac{3}{2} = p_2^*.$$

Die Möglichkeit der Produktion bewirkt, daß zusätzliche Einheiten von Gut 2 produziert werden und der Gleichgewichtspreis p_2 sinkt. Die Abbildung stellt die drei Gleichgewichtssituationen **c**, **d** und **e** dar. Die Ausgangssituation wird durch die Edgeworth-Box $(0_1, 0_2)$ charakterisiert mit der Anfangsausstattung der Güter in A, der Gleichgewichtsallokation in **c** beim Güterpreisverhältnis p^*. $(0_1, \bar{0}_2)$ repräsentiert die Gesamtnettoproduktion beim Güterpreis $\bar{p}$ mit einem Gewinn, der in seiner Höhe in der Zeichnung der Länge der Strecke $0_2 C = AB$ entspricht.

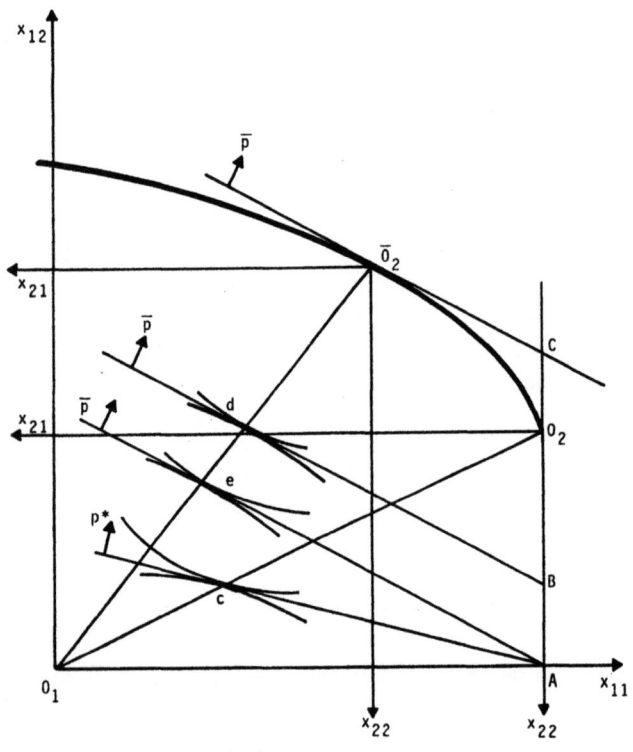

e) Die Veränderung der Nutzenposition von Konsument 1 läßt sich relativ einfach bestimmen. Die Preissenkung von p^* nach $\bar{p}$ bewirkt bei ihm keinen direkten negativen Vermögenseffekt, da er von Gut 2 nichts besitzt. Für sein Vermögen gilt deshalb

$W_1^c = W_1^e < W_1^d$. Aus den allgemeinen Eigenschaften der indirekten Nutzenfunktion folgt somit für Konsument 1

$$V_1(1, p_2^*, W_1^c) < V_1(1, \bar{p}_2, W_1^e), \quad \text{weil} \quad \bar{p}_2 < p_2^*,$$
$$< V_1(1, \bar{p}_2, W_1^d), \quad \text{weil} \quad W_1^d > W_1^e.$$

Die monotone Anordnung der Gleichgewichte (**d** besser **e** besser **c**) ist auch klar aus der Abbildung erkennbar.

Die Bestimmung der Nutzenveränderung von Konsument 2 verlangt eine genaue Analyse der indirekten Nutzenfunktion. Diese lautet

$$V_2(1, p_2, W_2) = \sqrt{(1 + p_2)\frac{W_2}{p_2}}.$$

Dabei steht W_2 für $W_2^c = p_2^*\omega_{22}$, $W_2^d = \bar{p}_2\omega_{22}$ oder $W_2^e = \bar{p}_2\omega_{22} + \bar{p}_2^2$. Ein Vergleich von **c**) nach **d**) zeigt, daß

$$V_2(1, p_2^*, W_2^c) = \sqrt{(1 + p_2^*)\omega_{22}} > \sqrt{(1 + \bar{p}_2)\omega_{22}} = V_2(1, \bar{p}_2, W_2^d).$$

Die Preissenkung von p_2^* nach $\bar{p}_2$ bewirkt allein einen negativen Vermögenseffekt, der nicht durch Substitution kompensiert werden kann. Für die speziellen numerischen Werte folgt jedoch, daß die Einkommensverbesserung in **e**) Konsument 2 gegenüber der Ausgangsposition **c**) besser stellt, denn

$$\begin{aligned}
V_2(1, \bar{p}_2, W_2^e) &= \sqrt{(1 + \bar{p}_2)(\omega_{22} + \bar{p}_2)}, \quad \text{weil} \quad \bar{p}_2 > 1 \\
&> \sqrt{(1+1)(4+1)} \\
&= \sqrt{\left(1 + \frac{3}{2}\right)4} \\
&= \sqrt{(1 + p_2^*)\omega_{22}} \\
&= V_2(1, p_2^*, W_2^c).
\end{aligned}$$

Aufgabe 5.9

Gleichgewichtsanalyse mit Außenhandel
(Terms of Trade, Rybczinsky–Theorem)

In einer Volkswirtschaft produzieren zwei Unternehmen mit folgenden Produktionsfunktionen

$$Q_1(K_1, L_1) = K_1^{\frac{1}{2}} L_1^{\frac{1}{2}},$$

$$Q_2(K_2, L_2) = K_2^{\frac{1}{4}} L_2^{\frac{3}{4}}.$$

Die beiden Unternehmen maximieren ihren Gewinn bei fest vorgegebenen Güter- und Faktorpreisen.

a) Zeigen Sie, daß

  (i) die sektorale Faktorintensität eine Funktion des Faktorpreisverhältnisses ist, und daß

  (ii) das Güterpreisverhältnis der Sektoren eine Funktion des Faktorpreisverhältnisses ist.

b) Angenommen, die terms of trade seien in dieser Volkswirtschaft durch den Weltmarkt fest vorgegeben, und die Faktorangebotsfunktionen seien preisunelastisch. Welche ökonomischen Anpassungen ergeben sich in diesem Land, wenn das Arbeitsangebot sich aufgrund von demographischen Veränderungen verringert und trotzdem Vollbeschäftigung erhalten bleiben soll? Beweisen Sie Ihre Aussage graphisch oder algebraisch.

Lösung:

Seien p_i, $i = 1, 2$, die Güterpreise, r der Kapitalpreis und w der Lohnsatz. Das Gesamtangebot an Kapital bzw. Arbeit sei K bzw. L, und es gelte $K_1 + K_2 = K$, $L_1 + L_2 = L$. Die Maximierung des Gewinns

$$\Pi_i = p_i Q_i(K_i, L_i) - rK_i - wL_i, \qquad i = 1, 2,$$

hat die notwendigen Bedingungen

$$\frac{\partial Q_i}{\partial K_i} = \frac{r}{p_i}, \qquad \frac{\partial Q_i}{\partial L_i} = \frac{w}{p_i}, \qquad i = 1, 2.$$

Daraus folgt

$$\frac{\frac{\partial Q_i}{\partial K_i}}{\frac{\partial Q_i}{\partial L_i}} = \frac{r}{w}.$$

a) (i) Damit ergibt sich für die Faktorintensitäten

$$\frac{K_1}{L_1} = \varphi_1(r,w) = \frac{w}{r}, \qquad \frac{K_2}{L_2} = \varphi_2(r,w) = \frac{1}{3}\frac{w}{r}.$$

(ii) Aus den notwendigen Bedingungen und **(i)** folgt

$$\frac{p_2}{p_1} = \frac{\frac{\partial Q_1}{\partial K_1}}{\frac{\partial Q_2}{\partial K_2}} = 2(\varphi_1)^{-\frac{1}{2}}(\varphi_2)^{\frac{3}{4}} = 2\left[3^{-3}\frac{w}{r}\right]^{\frac{1}{4}}.$$

b) Wir untersuchen die ökonomischen Veränderungen für den Fall eines reduzierten Gesamtarbeitsangebots $\bar{L}$. Dazu betrachten wir das Edgeworth–Box–Diagramm.

Beim Preisverhältnis p_2/p_1 und den Gesamtangeboten K und L ergibt sich der Gleichgewichtspunkt E. $\varphi_1 > \varphi_2$ besagt, daß bei der Produktion von Q_2 der Faktor L_2 intensiver eingesetzt wird. Eine Reduktion des Gesamtangebots an Arbeit auf das Niveau $\bar{L}$ verschiebt den Ursprung für Produzent 1 von 0_1 nach $\bar{0}_1$. Konstantes Güterpreisverhältnis impliziert konstantes Faktorpreisverhältnis und damit gleichbleibende Faktorintensitäten. Das bedeutet, daß $\bar{0}_1\bar{E}$ parallel zu 0_1E ist, wobei $\bar{E}$ der neue Gleichgewichtspunkt ist. 0_2E bleibt unverändert. Damit gilt für die Strecken $0_2E > 0_2\bar{E}$, sowie $\bar{0}_1\bar{E} > 0_1E$. Bei konstanten Güterpreisen und Abnahme des Faktors L nimmt die Menge von Q_2 ab, die von Q_1 nimmt zu. Diejenige Produktion, die den knapper werdenden Faktor relativ stärker verwendet (Gut 2 im hier vorliegenden Fall) geht somit zurück, die des anderen Gutes nimmt zu. Dies ist eine Form der Aussage des sogenannten Rybczinsky-Theorems.

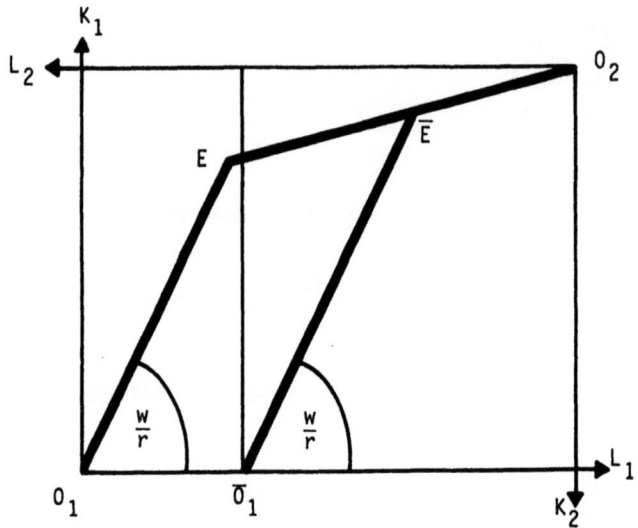

Aufgabe 5.10

Gleichgewicht mit Außenhandel

(Autarkie vs. Freihandel, Gains from Trade, Terms of Trade)

Das Land Autarkia kann bei gegebener Faktorausstattung $R > 0$ die Güter Bier (B) und Autos (A) gemäß der Transformationsfunktion

$$T(x_A, x_B, R) = R - x_A^2 - 2x_B^2 \geq 0$$

herstellen. Die Wohlfahrtsfunktion des Landes sei

$$U(c_A, c_B) = c_A c_B^2.$$

a) Bestimmen Sie den Pareto–optimalen Produktions– und Konsumplan sowie das zugehörige Preisverhältnis der Güter. Fertigen Sie eine möglichst maßstabsgetreue Zeichnung der optimalen Situation an.

b) Autarkia beschließt den Beitritt zu einer Wirtschaftsgemeinschaft. Dort herrschen die internationalen Preise $p_A = p_B = 1$. Die verkrustete Produktionsstruktur von Autarkia erlaubt zunächst keine Änderung des Produktionsplanes, doch führt die Teilnahme am internationalen Handel zu einer Wohlfahrtsverbesserung. Bestimmen Sie Produktions–, Konsum–, Export– und Importmengen sowie den Wohlfahrtsgewinn. Zeigen Sie graphisch die Veränderungen gegenüber der Situation a).

c) Der Bericht der Strukturkommission empfiehlt dem Land eine Anpassung der Produktion an die internationale Preisrelation. Bestimmen Sie Produktions–, Konsum–, Export– und Importmengen sowie den Wohlfahrtsgewinn. Zeigen Sie graphisch die Veränderung gegenüber Situation b).

Lösung:

a) Ein Produktions– und Konsumplan ist Pareto–optimal für das Land Autarkia, wenn er erreichbar und nutzenmaximal ist. In diesem Fall sind die produzierten Mengen gleich den konsumierten Mengen, d. h. $x_A = c_A$ und $x_B = c_B$. Dies ergibt als Optimierungsproblem

$$\max\left\{U(x_A, x_B) | R - x_A^2 - 2x_B^2 \geq 0\right\}.$$

Aus der zugehörigen Lagrangefunktion

$$\mathcal{L} = x_A x_B^2 + \lambda\left[R - x_A^2 - 2x_B^2\right]$$

erhält man die notwendigen Bedingungen

$$x_B^2 = 2\lambda x_A \quad \text{und} \quad 2x_A x_B = \lambda 4 x_B.$$

Elimination von λ ergibt

$$x_B^* = x_A^* = \sqrt{R/3} = c_A^* = c_B^*$$

und damit

$$U(c_A^*, c_B^*) = (R/3)^{\frac{3}{2}}.$$

Das zugehörige Marktpreisverhältnis p_A/p_B muß gleich der Grenzrate der Substitution und gleich der Grenzrate der Transformation sein.

$$MRT(x_A^*, x_B^*) = \frac{2x_A^*}{4x_B^*} = \frac{1}{2} = \frac{p_A}{p_B}.$$

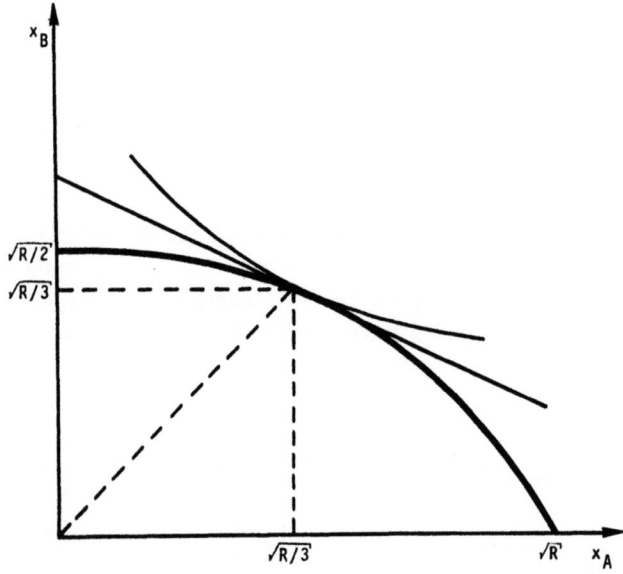

b) Durch den Beitritt zu der Wirtschaftsgemeinschaft erhält Autarkia zusätzliche Handelsmöglichkeiten, indem es zu den Preisen

$p_A = p_B = 1$ seine eigene Produktion (x_A^*, x_B^*) auf dem erweiterten Markt anbieten kann. Die Konsummöglichkeiten (c_A, c_B) sind damit durch die Budgetbeschränkung

$$p_A c_A + p_B c_B \leq p_A x_A^* + p_B x_B^*$$

gegeben. Ein optimales Konsumprogramm ist somit als Lösung des Problems

$$\max \{U(c_A, c_B) | c_A + c_B \leq x_A^* + x_B^*\}$$

gegeben. Aus der Lagrangefunktion

$$\mathcal{L} = c_A c_B^2 + \lambda [x_A^* + x_B^* - c_A - c_B]$$

ergeben sich die notwendigen Bedingungen

$$c_B^2 = \lambda \quad \text{und} \quad 2 c_A c_B = \lambda$$

und die Lösung der nachgefragten Mengen $c_A(1,1)$ und $c_B(1,1)$ bei den Preisen $p_A = p_B = 1$

$$c_A(1,1) = \frac{2}{3}\sqrt{\frac{R}{3}},$$

$$c_B(1,1) = \frac{4}{3}\sqrt{\frac{R}{3}}.$$

Somit werden Autos in Höhe von

$$c_A(1,1) - x_A^* = -\frac{1}{3}\sqrt{\frac{R}{3}} < 0$$

exportiert und Bier in Höhe von

$$c_B(1,1) - x_B^* = \frac{1}{3}\sqrt{\frac{R}{3}} > 0$$

importiert. Dabei ist der Handelsbilanzsaldo aufgrund der Budgetbeschränkung des Landes ausgeglichen. Der Wohlfahrtsgewinn ist die Differenz des indirekten Nutzens der Situationen **a)** und **b)**.

$$U\left(c_A(1,1), c_B(1,1)\right) - U\left(c_A^*, c_B^*\right) = \left(\frac{32-27}{27}\right)\left(\frac{R}{3}\right)^{\frac{3}{2}} > 0.$$

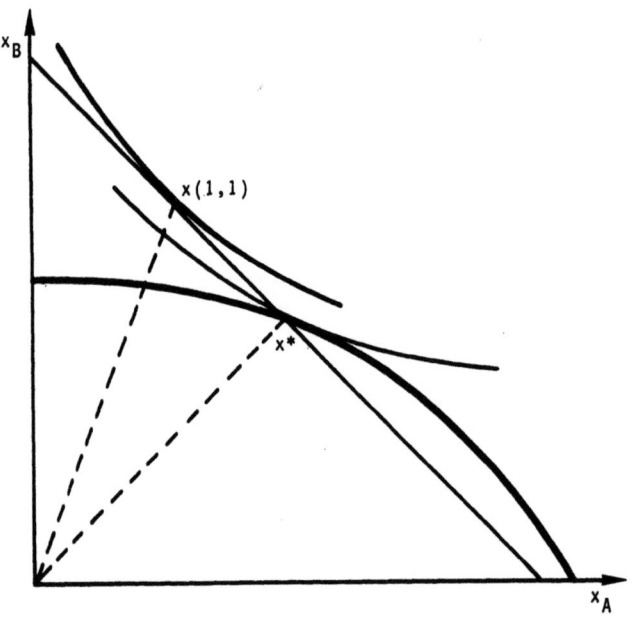

c) Durch Produktionsanpassung an das internationale Preissystem $p = (1,1)$ kann Autarkia in zweifacher Weise die Wohlfahrt steigern. Zunächst führt eine Produktionsanpassung durch Steigerung des Gewinns, der im Außenhandel erzielt wird, zu höherem Einkommen. Dies bewirkt danach durch Nutzenmaximierung eine Wohlfahrtserhöhung. Für das Gewinnmaximierungsproblem erhält man die Lagrangefunktion

$$\begin{aligned}\mathcal{L} &= p_A x_A + p_B x_B + \lambda \left[R - x_A^2 - 2x_B^2\right] \\ &= x_A + x_B + \lambda \left[R - x_A^2 - 2x_B^2\right].\end{aligned}$$

Daraus ergibt sich als optimale Produktionsentscheidung

$$\bar{x}_A = 2\sqrt{\frac{R}{6}} \quad \text{und} \quad \bar{x}_B = \sqrt{\frac{R}{6}}$$

und als Gesamteinkommen

$$\bar{x}_A + \bar{x}_B = 3\sqrt{\frac{R}{6}}.$$

Die nutzenmaximale Nachfrage ist dann die Lösung des Problems

$$\max\left\{U(c_A, c_B) | c_A + c_B \leq 3\sqrt{\frac{R}{6}}\right\},$$

die gegeben ist durch $\tilde{c}_A = \sqrt{R/6}$ und $\tilde{c}_B = 2\sqrt{R/6}$. Damit sind die Exporte des Landes an Autos

$$\tilde{c}_A - \bar{x}_A = -\sqrt{\frac{R}{6}}$$

und die Importe an Bier

$$\tilde{c}_B - \bar{x}_B = \sqrt{\frac{R}{6}}.$$

Als Wohlfahrtsgewinn erhält man

$$\begin{aligned}
&U(\tilde{c}_A, \tilde{c}_B) - U(c_A(1,1), c_B(1,1)) \\
&= \sqrt{\frac{R}{6} \cdot \frac{4R}{6}} - \frac{32}{27}\left(\frac{R}{3}\right)^{\frac{3}{2}} \\
&= \left(\frac{R}{3}\right)^{\frac{3}{2}}\left[\sqrt{2} - \frac{32}{27}\right] > 0.
\end{aligned}$$

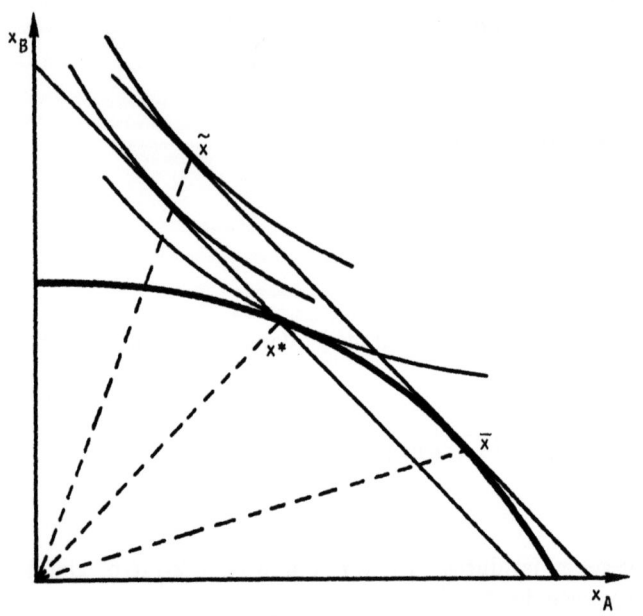

Kapitel 6

Wohlfahrtstheorie

Die Probleme des Marktversagens und damit der Nichterreichbarkeit Pareto–optimaler Allokationen durch ein Wettbewerbsgleichgewicht stehen im Vordergrund dieses Abschnitts. Analysiert werden verschiedene Arten von externen Effekten, Probleme der Umwelt und der Fall eines reinen öffentlichen Gutes. Hinzu kommen zwei Aufgaben aus dem Bereich der Kosten–Nutzen–Analyse, die die Bewertung eines öffentlichen Projektes bzw. die Besteuerung privaten Konsums behandeln.

Literaturhinweise

Atkinson, A.B. and **G.E. Stiglitz** (1980) Lectures on Public Economics, New York, Lecture 16.

Cornwall, R.R. (1984) Introduction to the Use of General Equilibrium Analysis, Amsterdam, Chapters 4, 6.

Henderson, F.M. and **R.E. Quandt** (1980)
Microeconomic Theory, A Mathematical Approach, New York, Chapter 7.

Sohmen, E. (1976) Allokationstheorie und Wirtschaftspolitik, Tübingen.

Varian, H.R. (1984) Microeconomic Analysis, second edition, New York, Chapter 6.

Aufgabe 6.1

Gleichgewichtsanalyse mit einseitigem negativen externen Effekt

(Gesamtwirtschaftliche vs. individuelle Grenzerträge, Effizienz)

Ein Unternehmen produziert unter Einsatz von Arbeit Waschmittel W und leitet seine anfallenden Abfälle in den nahegelegenen Fluß. Zwischen der Menge der Abfälle A und dem Fischbestand B besteht eine reziproke Beziehung. Dies beeinflußt eine flußabwärts gelegene Fischerei, deren Fangergebnis F vom Fischbestand B sowie vom Arbeitseinsatz L abhängt.

a) Für gegebene Preise p_W, p_F und gegebene Faktorausstattung $\bar{L}$ soll der gesamte Marktwert der produzierten Waschmittelmengen und gefangenen Fische maximiert werden. Formulieren Sie ein Modell.

b) Vergleichen Sie das Verhältnis der gesamtwirtschaftlichen Grenzerträge mit dem Verhältnis der individuellen Grenzerträge des Faktors Arbeit zwischen beiden Produktionsstätten.

c) Wird an einer effizienten Stelle der Gesamttechnologie produziert, wenn der Waschmittelhersteller und die Fischerei bei gegebenen Preisen unabhängig voneinander ihren Gewinn maximieren?

Lösung:

a) Die Produktionsfunktionen für die Waschmittelherstellung und den Fischfang seien gegeben durch

$$W = f_W(L_W) \quad \text{mit} \quad f'_W > 0,$$
$$F = f_F(L_F, B) \quad \text{mit} \quad f'_{F_L} > 0, \quad f'_{F_B} > 0.$$

Der Fischbestand ist eine fallende Funktion der Abfälle:

$$B = h(A) \quad \text{mit} \quad h' < 0.$$

Die Abfälle fallen proportional zu dem Produktionsniveau der Waschmittel an,

$$A = g(W) \quad \text{mit} \quad g' > 0.$$

Für die Maximierung des Marktwertes ergibt sich folgendes Optimierungsproblem:

$$\max_{L_W, L_F} \{p_F F + p_W W\}$$

unter den Nebenbedingungen

$$W = f_W(L_W),$$

$$F = f_F(L_F, B),$$

$$B = h(A),$$

$$A = g(W),$$

$$\bar{L} \geq L_W + L_F.$$

Als notwendige Bedingung für eine Lösung im Innern erhält man

$$\frac{p_F}{p_W} = \frac{\dfrac{\partial f_W}{\partial L_W}}{\dfrac{\partial f_F}{\partial L_F} - \dfrac{\partial f_F}{\partial B} \cdot h' \cdot g' \cdot \dfrac{\partial f_W}{\partial L_W}}$$

Dabei gibt der Ausdruck auf der rechten Seite der Gleichung die gesamtwirtschaftliche Grenzrate der Transformation an. Man erkennt, daß diese kleiner ist als das Verhältnis der beiden partiellen Grenzprodukte der Arbeit ohne Berücksichtigung des externen Effektes.

b) Während der Fischfang keine externen Effekte auf die Waschmittelproduktion ausübt, wird er selbst von dieser über die anfallenden Abfälle und die daraus resultierende Veränderung des Fischbestandes beeinflußt. Das Verhältnis der gesamtwirtschaftlichen Grenzerträge ist deshalb

$$\text{(i)} \quad \frac{\frac{\partial f_W}{\partial L_W}(L_W)\left[p_w + p_F \frac{\partial f_F}{\partial B}(L_F, B) h'(A) \cdot g'(W)\right]}{p_F \frac{\partial f_F}{\partial L_F}(L_F, B)}.$$

Wird dagegen nur der Grenzertrag des Faktors Arbeit im jeweiligen Sektor berücksichtigt, so ergibt sich für das Verhältnis der individuellen Grenzerträge

$$\text{(ii)} \quad \frac{p_w \frac{\partial f_W(L_W)}{\partial L_W}}{p_F \frac{\partial f_F(L_F)}{\partial L_F}}.$$

Analog zu **a)** sieht man auch hier, daß über den externen Effekt eine Verringerung des Grenzertrags der Arbeit entsteht.

c) Jedes Unternehmen wird aus einem einzelwirtschaftlichen Gesichtspunkt effizient produzieren, wenn es den Arbeitseinsatz so wählt, daß sein Gewinn maximiert wird. Dies ist gesamtwirtschaftlich ebenfalls effizient, d. h. der bei individueller Gewinnmaximierung entstehende gesamtwirtschaftliche Produktionsplan liegt auf der Transformationskurve. Da dabei der externe Effekt jedoch keine Berücksichtigung findet, ist das Preisverhältnis höher als die gesamtwirtschaftliche Grenzrate der Transformation. Gemessen daran wird das Grenzprodukt der Arbeit in der Waschmittelproduktion durch den Reallohn zu hoch bewertet, d. h. der Arbeitseinsatz in dem Waschmittelunternehmen ist zu hoch im Verhältnis zum Arbeitseinsatz in der Fischerei.

Aufgabe 6.2

Gleichgewichtsanalyse mit gegenseitigem negativen externen Effekt

(Nash–Gleichgewicht, gemeinsame Gewinnmaximierung)

Zwei Produzenten produzieren je ein Gut, zu dessen Produktion beide neben anderen Inputfaktoren das Wasser eines angrenzenden Sees als Kühlwasser benutzen, um es danach wieder in den See zu leiten. Jede erhöhte Produktion führt zu einer Erhöhung der Temperatur des Seewassers.

a) Wählen Sie ein Modell, das den ökonomischen Sachverhalt in adäquater Weise beschreibt. Welche Form weist die Kostenfunktion eines jeden Produzenten auf, wenn er die Aktivität des anderen in korrekter Weise berücksichtigt?

b) Beschreiben Sie graphisch oder analytisch einen Gleichgewichtszustand, bei dem beide ihren Gewinn maximieren, aber keinen Einfluß auf die Entscheidung des anderen Produzenten haben.

c) Analysieren und begründen Sie, warum bei gemeinsamer Gewinnmaximierung beide einen höheren Gewinn erzielen können.

Lösung

a) Die Produktionsfunktionen für die Güter x_i, $i = 1, 2$, seien gegeben durch

$$x_i = f_i(t, z_i),$$

wobei t die Temperatur des Kühlwassers und z_i andere Inputs in der Produktion sind.

Die Temperatur des Kühlwassers ist eine Funktion der aggregierten Produktion

$$t = h(x_1, x_2).$$

Die Funktionen f_i seien konkav, h sei konvex, und sie besitzen die folgenden Eigenschaften:

$$\frac{\partial f_i}{\partial t} < 0, \qquad \frac{\partial f_i}{\partial z_i} > 0, \qquad \frac{\partial h}{\partial x_i} > 0, \qquad i = 1, 2.$$

Die Kostenfunktionen der beiden Produzenten lauten damit

$$C_i(x_i, x_j) = \min \{q_i z_i \,|\, f_i(h(x_i, x_j), z_i) \geq x_i\}, \quad i, j = 1, 2; \ i \neq j,$$

wobei q_i ($i = 1, 2$) die Inputpreise sind. Es läßt sich zeigen, daß C_i monoton steigend in (x_i, x_j) und konvex in x_i ist.

b) Jeder Produzent maximiert seinen Gewinn unter Berücksichtigung des Outputniveaus des anderen Produzenten.

$$\pi_i(x_i, x_j) = p_i x_i - C_i(x_i, x_j) \quad \text{für} \quad i, j = 1, 2,$$

wobei p_i ($i = 1, 2$) der Marktpreis des Gutes i ist. Als notwendige Bedingungen für ein Gewinnmaximum jedes Produzenten erhält man

(i) $\quad \dfrac{\partial \pi_i(x_i, x_j)}{\partial x_i} = p_i - \dfrac{\partial C_i(q, x_i^*, x_j)}{\partial x_i} = 0, \qquad i = 1, 2.$

Die Angebotsmenge jedes Produzenten kann damit in der Form

$$x_1^* = R_1(x_2, p_1), \qquad x_2^* = R_2(x_1, p_2)$$

geschrieben werden. Ein Nash–Gleichgewicht liegt vor, wenn beide Produzenten ihren Output so wählen, daß

$$\tilde{x}_1 = R_1(\tilde{x}_2, p_1), \qquad \tilde{x}_2 = R_2(\tilde{x}_1, p_2)$$

ist (siehe dazu die Grafik).

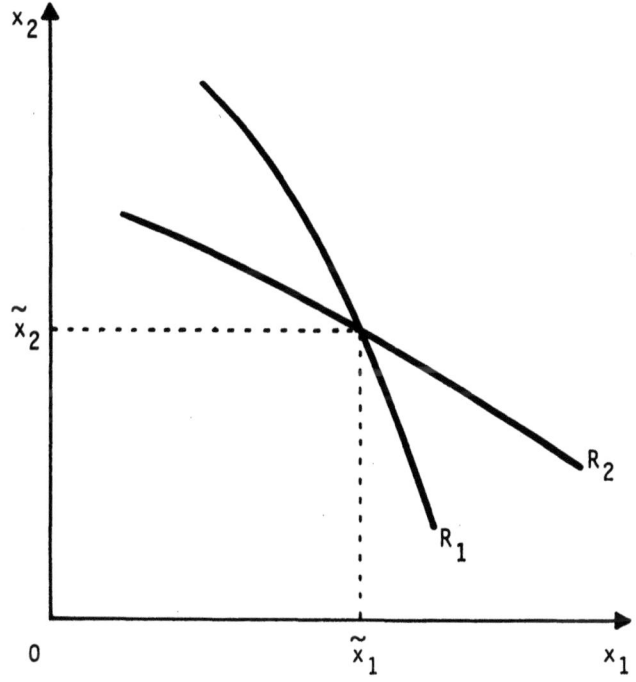

c) Bei gemeinsamer Gewinnmaximierung lautet das Problem

$$\max_{x_1,x_2}\{\Pi_1(x_1,x_2)+\Pi_2(x_1,x_2)\}.$$

Die notwendigen Bedingungen für ein Maximum sind

(ii) $\quad p_i - \dfrac{\partial C_i(\bar{x}_i,\bar{x}_j)}{\partial x_i} - \dfrac{\partial C_j(\bar{x}_i,\bar{x}_j)}{\partial x_i} = 0, \qquad i,j = 1,2.$

Vergleicht man Bedingung (ii) mit (i) so sieht man, daß

(iii) $\quad p_i - \dfrac{\partial C_i(\bar{x}_i,\bar{x}_j)}{\partial x_i} = \dfrac{\partial C_j(\bar{x}_i,\bar{x}_j)}{\partial x_i} > 0 \qquad \text{für} \quad i,j = 1,2.$

Daraus folgt, daß

$$\bar{x}_i < \tilde{x}_i \quad \text{für} \quad i = 1, 2.$$

Somit ist $\tilde{x}_i$ nicht optimal. Wenn die externen Effekte, die durch die Nutzung des Seewassers bei dem einen Produzenten die Produktivität des anderen Produzenten beeinflussen, gemeinsam berücksichtigt werden, kann ein höherer Gewinn erzielt werden.

Aufgabe 6.3

Gleichgewichtsanalyse bei gemeinsamem negativen externen Effekt

(Gleichgewicht bei vollkommener Konkurrenz, gemeinsame Gewinnmaximierung, Besteuerung)

Die Bevölkerung an einem See lebt vom Fischfang, den ihre n gleichartigen Fischerboote erzielen. Das Fangergebnis eines jeden Bootes hängt von der eingesetzten Arbeitszeit und der im See vorhandenen Fischdichte ab. Die Fischdichte jedoch ist eine fallende Funktion der insgesamt gefangenen Fischmenge.

a) Vergleichen Sie die folgenden Fälle:

(i) Jeder Fischer maximiert seinen Gewinn bei fest vorgegebenem Lohnsatz und Fischpreis unter der Annahme einer konstanten Fischdichte.

(ii) Alle Fischer zusammen maximieren ihren gemeinsamen Gewinn bei den selben Preisen wie unter (i) und unter Berücksichtigung der Rückwirkungen ihrer Handlungen auf die Fischdichte. Zeigen Sie, daß die Grenzproduktivität der Arbeit im Fall (ii) größer sein muß als im Fall (i).

b) Welche Konsequenzen haben die unterschiedlichen Verhaltensannahmen in den Fällen (i) und (ii) für die gesamtwirtschaftliche Arbeitsallokation? Welche wirtschaftspolitische Maßnahme könnte dazu führen, daß bei gleichem Fisch- und Arbeitspreis die Grenzproduktivität der Arbeit in beiden Fällen gleich wäre?

Lösung

Sei F_i das Fangergebnis von Boot i ($i = 1,\ldots,n$), A_i die eingesetzte Arbeitszeit auf Boot i und D die Fischdichte, dann lauten die Produktionsfunktionen

$$F_i = f(A_i, D) \quad \text{für} \quad i = 1,\ldots,n$$

mit $\quad \frac{\partial f}{\partial A_i} > 0, \quad \frac{\partial f}{\partial D} > 0.$

Die Fischdichte ist eine Funktion der insgesamt gefangenen Fischmenge

$$D = d\left(\sum_{i=1}^{n} F_i\right) \quad \text{mit} \quad \frac{\partial d}{\partial F} < 0$$

a) (i) Für alle $i = 1,\ldots,n$ gilt das Maximierungsproblem

$$\max_{A_i} \quad pF_i - wA_i,$$

wobei p der Fischpreis und w der Lohnsatz ist. Für ein Gewinnmaximum muß gelten

(1) $\quad w = p \dfrac{\partial f(A_i^*, D)}{\partial A_i}.$

(ii) Bei gemeinsamer Maximierung lautet das Problem

$$\max_{A_1,\ldots,A_n} p\sum_{i=1}^{n} f\left[A_i, d\left(\sum_{i=1}^{n} F_i\right)\right] - w\sum_{i=1}^{n} A_i.$$

Da alle Boote identisch sind, kann das Maximierungsproblem vereinfacht werden:

$$\max_{A} \quad npf\left[A, d(nF)\right] - wnA.$$

Im Gewinnmaximum muß dann gelten:

(2) $\quad w = p \dfrac{\partial f\left[A^*, d(nF^*)\right]}{\partial A_i} \left[1 + \dfrac{\partial f\left[A^*, d(nF^*)\right]}{\partial D} \dfrac{\partial d(nF^*)}{\partial F}\right].$

Da in Bedingung (2) der letzte Summand in der Klammer negativ ist, muß die Grenzproduktivität in (2) größer sein als in (1).

b) Der Arbeitseinsatz im Fall (i) ist größer als die gesamtwirtschaftlich optimale Arbeitsallokation. Um in beiden Fällen gleiche Grenzproduktivität der Arbeit zu erreichen, kann eine Steuer t auf gefangenen Fisch in Höhe $t = \alpha p$ erhoben werden. Das individuelle Maximierungsproblem lautet dann

$$\max_{A_i} \quad pf(A_i, D) - wA_i - \alpha pf(A_i, D), \quad i = 1, \ldots, n.$$

Aus den notwendigen Bedingungen erhält man

(3) $\quad w = p \, \dfrac{\partial f(A^*, D)}{\partial A_i} \, (1 - \alpha).$

Bedingung (3) ist dann gleich Bedingung (2), wenn der Steuersatz α so angesetzt wird, daß gilt

$$\alpha = - \, \frac{\partial f[A^*, d(nF^*)]}{\partial D} \, \frac{\partial d(nF^*)}{\partial F} \, .$$

Aufgabe 6.4

Gleichgewichtsanalyse bei Umweltschäden

(Wohlfahrtsmaximierung, Emissionsstandard, Umweltabgabe)

Ein Unternehmen produziere ein Konsumgut C mit zwei Inputs. Der eine Input X sei Arbeit, der andere Input U sei die Fähigkeit der Umwelt, Abfallstoffe zu absorbieren. Das Unternehmen verfüge über zwei Produktionstechnologien

(T1) $\quad \dfrac{1}{2}U(U - 8) - X + C \leq 0,$

(T2) $\quad 3U(U - 10) - 6X + 7C \leq 0.$

Die Gesellschaft habe die Wohlfahrtsfunktion

$$W(U, X) = \frac{7}{7U + 2X}$$

und habe sich entschlossen, 12 Einheiten des Konsumgutes zu produzieren.

a) Bestimmen Sie die wohlfahrtsmaximierenden Inputmengen. Welche Technologie wird gewählt?

b) Das kostenminimierende Unternehmen kann die Umwelt kostenlos nutzen. Welche Inputkombination und welche Technologie wird es bei einem Preis p für den Input X wählen?

c) Um auftretende Umweltschäden zu verringern, schreibt die Regierung vor, die umweltfreundliche Technologie (**T1**) einzusetzen. Welche Allokation wird sich ergeben?

d) Um eine weitere Reduzierung der Umweltverschmutzung zu erreichen, wird ein Emissionsstandard von $\tilde{U} = 3/2$ als Obergrenze festgesetzt. Wie wird die Entscheidung des Unternehmens sein?

e) Von Sachverständigen wird der Regierung vorgeschlagen, eine Abgabenregelung einzuführen. Bei einem Preis von $p_x = 2$ für X soll die Regierung eine Abgabe g für eine Einheit Umweltverschmutzung U erheben. Wie hoch sollte g sein? Wie wird die Entscheidung des Unternehmens bezüglich Inputmengen und Technologie sein? Ist durch eine Abgabenregelung ein Wohlfahrsmaximum erreichbar? Welche Informationen benötigt die Regierung zur Bestimmung der Abgabenhöhe?

Lösung

a) Das Optimierungsproblem für die Produktionstechnologien (**T1**) bzw. (**T2**) ist

$$\max_{U,X} \; W(U,X)$$

unter den Nebenbedingungen

$$\frac{1}{2}U(U-8) - X + C \leq 0 \quad \text{bzw.}$$

$$3U(U-10) - 6X + 7C \leq 0.$$

Als optimale Inputmengen erhält man aus den notwendigen Bedingungen für (**T1**)

$$U_1^* = \frac{1}{2}, \quad X_1^* = \frac{81}{8}$$

und für (**T2**)

$$U_2^* = \frac{3}{2}, \quad X_2^* = \frac{61}{8}.$$

Der gesamtwirtschaftliche Nutzen beträgt bei (**T1**) $W_1^* = 56/190$ und bei (**T2**) $W_2^* = 56/206$. Damit ist (**T1**) die gesamtwirtschaftlich optimale Technologie.

b) Das Unternehmen wird den kostenlosen Input U einsetzen bis sein Grenzprodukt 0 ist und dann die Technologie wählen, bei der die 12 Einheiten mit der geringsten Inputmenge X produziert werden können. Also gilt für (**T1**)

$$\bar{U}_1 - 4 = 0, \quad \text{d.h.} \quad \bar{U}_1 = 4,$$

und durch Einsetzen in die Produktionsfunktion erhält man

$$\frac{1}{2}\bar{U}_1(\bar{U}_1 - 8) - X_1 + 12 = 0 \quad \text{mit} \quad \bar{X}_1 = 4.$$

Für (**T2**) gilt entsprechend

$$\bar{U}_2 = 5 \quad \text{und} \quad \bar{X}_2 = \frac{3}{2}.$$

Damit ist (**T2**) kostengünstiger.

c) Analog zu b) wird das Unternehmen die minimale Inputmenge X wählen, da der Input U kostenlos ist. Damit erhält man

$$\bar{U}_1 = 4, \quad \bar{X}_1 = 4, \quad \bar{W}_1 = \frac{7}{36}.$$

d) Wieder wird das Unternehmen die Technologie mit minimalem X bei vorgegebenem $\tilde{U} = 3/2$ wählen, d.h. es wird mit (**T1**) produzieren, da

$$\tilde{X}_1 = \frac{57}{8} \quad \text{und} \quad \tilde{X}_2 = \frac{61}{8}.$$

e) Im Wohlfahrtsmaximum muß das Verhältnis der Grenznutzen gleich dem Inputpreisverhältnis sein.

$$\frac{\frac{\partial W}{\partial U}}{\frac{\partial W}{\partial X}} = \frac{7}{2} = \frac{p_U}{p_X}.$$

Folglich muß die Abgabe so angesetzt werden, daß sie gerade dem Preis der Umwelt im Wohlfahrtsmaximum entspricht, d. h. $g = 7$. Ohne Kenntnis einer gesamtwirtschaftlichen Wohlfahrtsfunktion kann die optimale Abgabenhöhe nicht berechnet werden.

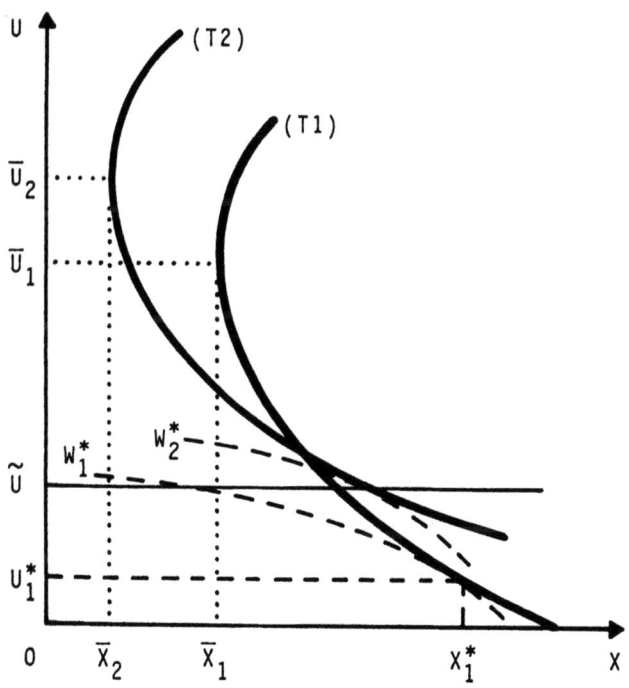

Aufgabe 6.5

Gleichgewichtsanalyse bei Umweltschäden

(Gewinnmaximierung, Entsorgungskosten, Emissionssteuer)

Gegeben sei ein gewinnmaximierendes Unternehmen, das bei der Produktion eines Gutes mit $x \geq 0$ einen gasförmigen Schadstoff $S(x) \geq 0$ an die Umwelt abgibt. Dabei ist die Funktion S konvex, und es gilt $S(0) = 0$ und $S' > 0$ für alle $x \geq 0$. Die Kosten der Produktion sind durch die Funktion $C(x) = cx^2$, $c > 0$, gegeben, und das Unternehmen erzielt beim Verkauf des Gutes einen Preis $p > 0$. Gleichzeitig verfügt das Unternehmen über eine Technologie, um die von ihm erzeugten Schadstoffe zu entsorgen. Dabei fallen in Abhängigkeit von der Menge S_E an entsorgten Schadstoffen, $S(x) \geq S_E \geq 0$, Kosten in Höhe von $K(S_E) = sS_E^2$, $s > 0$, an.

a) Allgemein wird behauptet, daß die Einführung einer Emissionssteuer zu einer Produktionseinschränkung und damit zu einer Reduktion der Schadstoffproduktion, aber auch zum Einsatz einer vorhandenen Entsorgungstechnologie führt. Überprüfen Sie diese Behauptung für den Fall, daß eine Steuer $t > 0$ pro Einheit nichtentsorgter Schadstoffe von dem Unternehmen zu zahlen ist.

b) Wie hoch ist für beliebigen Steuersatz t die maximal entsorgte Menge an Schadstoffen $\bar{S}_E$?

c) Bestimmen Sie den Verlauf der Funktion der produzierten Menge x und der entsorgten Menge Schadstoffe S_E in Abhängigkeit vom Steuersatz t. Überprüfen Sie, ob es einen Steuersatz t gibt, bei dem das Unternehmen 100%ig entsorgt, und stellen Sie den Zusammenhang der Resultate in einem Diagramm dar.

Lösung

a) Das Entscheidungsproblem des Unternehmens lautet:

$$\max_{x, S_E} \quad px - cx^2 - sS_E^2 - t\left(S(x) - S_E\right)$$

mit den Nebenbedingungen $x \geq 0$, $S_E \geq 0$ und $S(x) - S_E \geq 0$.

Dies ergibt die Lagrangefunktion

$$\mathcal{L} = px - cx^2 - tS(x) + tS_E - sS_E^2 + \alpha S_E + \beta x + \lambda(S(x) - S_E).$$

An der Zielfunktion erkennt man, daß für einen Steuersatz $t = 0$ nicht entsorgt wird, d. h. $S_E = 0$ gewählt wird. Andernfalls würden zusätzliche Kosten entstehen, die vermeidbar sind. Der optimale Produktionsplan ist damit durch die Bedingung Preis gleich Grenzkosten der Produktion gegeben, die zu einer Gesamtproduktion $x = p/2c$ und einer Umweltbelastung in Gesamthöhe von $S(p/2c) > 0$ führt.

Als notwendige Bedingung für ein Maximum erhält man aus der Lagrangefunktion

(i) $\quad p - 2cx - tS'(x) + \beta + \lambda S'(x) = 0,$

(ii) $\quad t - 2sS_E + \alpha - \lambda = 0,$

(iii) $\quad \alpha S_E = 0, \quad \beta x = 0, \quad \lambda(S(x) - S_E) = 0,$

(iv) $\quad \alpha \geq 0, \quad \beta \geq 0, \quad \lambda \geq 0.$

Angenommen die optimale Lösung sei $x = S_E = 0$. Dann folgt aus (i) und (ii)

$$p + \beta = S'(0)(t - \lambda) = S'(0)(-\alpha) \leq 0,$$

was im Widerspruch zu $p > 0$ und $\beta \geq 0$ steht. Somit muß $x > 0$ sein.

Angenommen es gelte $x > 0$ und $S_E = 0$. Dann folgt $\beta = 0$, sowie $\lambda = 0$ aufgrund von $\lambda(S(x) - 0) = 0$. (ii) ergibt dann $t = -\alpha \leq 0$, was erneut ein Widerspruch ist. Damit ergibt sich als optimale Lösung $x(t) > 0$ und $S_E(t) > 0$ für $t > 0$. Dies bestätigt die zweite Behauptung, daß nach Einführung der Steuer zumindest ein Teil der Schadstoffe entsorgt wird.

Zur Untersuchung der Wirkung der Steuer t auf die Ausbringungsmenge x und damit auf den Schadstoffausstoß $S(x)$ betrachte man zunächst die Funktion $S_u(t) = S(x(t)) - S_E(t)$, die die Menge an nichtentsorgten Schadstoffen bestimmt. Vor Einführung der Steuer ($t = 0$) ist $S_u(0) = S(p/2c) - 0 \geq 0$. Da die Lösungen $x(t)$ und $S_E(t)$ stetige Funktionen von t sind, ist auch $S_u(t) > 0$ für kleine Werte von t stetig. Dann folgt aber aus (iii), daß $\lambda(t) = 0$ ist für kleine Werte von t. Damit ergibt (i) die Bestimmungsgleichung für $x(t)$ implizit durch

(v) $\quad p - 2cx - tS'(x) = 0$

und (ii) die Lösung für die entsorgte Menge

(vi) $\quad S_E(t) = \dfrac{t}{2s}.$

Aus (v) erhält man

$$\frac{d}{dt}x(t) = \frac{S'(x)}{-2c - tS''(x)},$$

so daß $dx(0)/dt < 0$. Daraus folgt die erste Behauptung, daß die Einführung der Steuer zu geringerem Output und geringerer Schadstoffproduktion führt.

b) Die Bedingung (ii) lautet für $S_E > 0$

$$t - \lambda = 2sS_E.$$

Da $\lambda \geq 0$ gilt, muß stets $t \geq 2sS_E$ gelten. Das Unternehmen wird also höchstens so viel entsorgen, bis die Grenzkosten der Entsorgung gleich dem Steuersatz t sind bzw. solange $t/2s \geq S_E$ ist.

c)

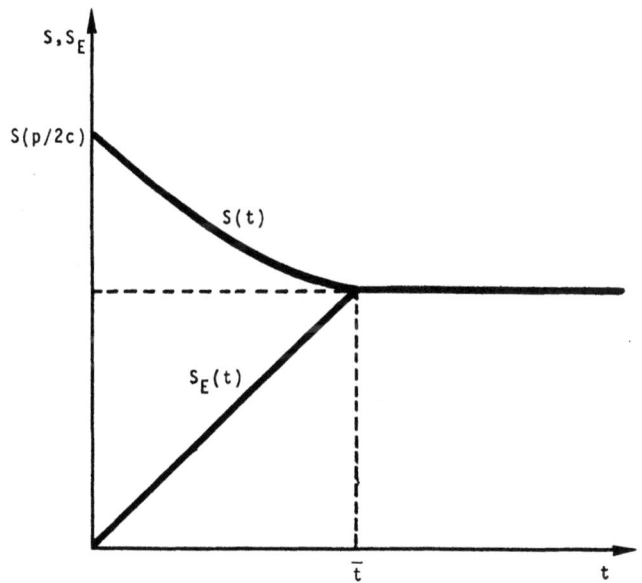

Aus den Gleichungen (v) und (vi) folgt, daß die Funktion $S_U(t)$ streng monoton fallend ist, solange $\lambda(t) = 0$ ist. Andererseits kann (vi) nicht für alle $t > 0$ gelten, da sonst $S_U(t) < 0$ würde für große t. Somit existiert ein Steuersatz $\bar{t} > 0$, bei dem $S_U(\bar{t}) = 0$ ist, d. h. $S(x(\bar{t})) = S_E(\bar{t})$. Dann ergeben jedoch die Gleichungen (i) und (ii) nach Elimination von λ

$$p - 2cx - tS'(x) + tS'(x) - 2sS_E S'(x)$$
$$= p - 2xc - 2sS_E S'(x) = 0.$$

Dies bedeutet aber, daß für $t \geq \bar{t}$ die Outputmenge konstant bleibt und damit auch $S_E(t) = S(x(t))$ gilt. Daraus folgt, daß die entsorgte Menge $S_E(t)$ solange mit t ansteigt, bis die Grenzkosten der Entsorgung gleich dem Steuersatz $\bar{t}$ sind. Eine weitere Erhöhung des Steuersatzes t über $\bar{t}$ hinaus hat jedoch keinen Einfluß auf die Outputmenge und auf die Entsorgung, da eine "Belohnung" für Überentsorgung nicht möglich ist.

Aufgabe 6.6

Allgemeines Gleichgewicht mit einseitigem negativen externen Effekt

(Gleichgewicht bei vollkommener Konkurrenz, Transformationsfunktion, Pareto–Optimalität, Besteuerung)

Die Firma Chemie–Color AG produziert Farben und gibt die bei der Produktion anfallenden Schadstoffe über einen Schornstein an die Umgebung ab. Sie gehen auf den nahe gelegenen Weinbergen einer Winzergenossenschaft nieder und beeinträchtigen deren Ertrag. Gehen Sie von folgenden Produktionsfunktionen aus:

Farbenproduktion: $\quad x = f(\ell_x) = \alpha \ell_x, \qquad \alpha > 0$

Weinproduktion: $\quad y = g(\ell_y, x) = \dfrac{\ell_y}{1+x},$

wobei x die produzierte Farbenmenge, y die produzierte Weinmenge, ℓ_x die in der Farbenproduktion und ℓ_y die im Weinanbau eingesetzten Arbeitsmengen bezeichne.

Ein repräsentativer Haushalt bietet die für die Produktion insgesamt verfügbare Arbeit $L > 0$ zu jedem Lohnsatz $w > 0$ unelastisch an. Seine Nutzenfunktion ist

$$u(x, y) = xy.$$

Betrachten Sie die hier beschriebene Welt als eine geschlossene Volkswirtschaft mit drei eigenständigen Wirtschaftssubjekten.

a) Die beiden Unternehmen verhalten sich gewinn–, der Haushalt nutzenmaximierend. Bestimmen Sie die Allokation im Konkurrenzgleichgewicht sowie – bei auf 1 normiertem Lohnsatz w – die zugehörigen Preise p für Farben und q für Wein. Hinweis: Aufgrund konstanter Skalenerträge erwirtschaften die Unternehmen im Gleichgewicht einen Gewinn von Null. Der Haushalt bezieht daher nur Lohneinkommen.

b) Beschreiben Sie die Menge der erreichbaren Allokationen, indem Sie die Transformationsfunktion der Volkswirtschaft ermitteln und in einem (x, y)-Diagramm graphisch darstellen.

c) Geben Sie die Pareto–optimale Allokation an.

d) Zeigen Sie, daß im Pareto–Optimum weniger Farbe hergestellt und ein höherer Nutzen erreicht wird als in der Marktlösung. Beschränken Sie sich für den Nutzenvergleich auf die Fälle

  d1) $\alpha = 2, \quad L = 4,$

  d2) $\alpha = 1, \quad L = 8.$

e) Schlagen Sie Art und Umfang einer steuerlichen Maßnahme vor, die geeignet ist, die Pareto–optimale Allokation als ein Marktgleichgewicht zu erzeugen.

Lösung

a) Bei dem Gesamteinkommen des Haushalts von wL und den Marktpreisen p für Farben und q für Wein lauten die Nachfragefunktionen für Farben x^n und für Wein y^n

$$x^n(p, q, wL) = \frac{wL}{2p},$$

$$y^n(p, q, wL) = \frac{wL}{2q}.$$

Die Technologie des Chemieunternehmens ist linear, so daß konstante Grenz- und Durchschnittskosten in Höhe von w/α vorliegen. Damit ist das Angebot x^a bestimmt durch

$$x^a(p, w) = \begin{cases} 0 & p < \frac{w}{\alpha} \\ \in [0, \infty) & p = \frac{w}{\alpha} \\ \infty & p > \frac{w}{\alpha} \end{cases}$$

und die Arbeitsnachfrage durch $\ell^x = \frac{1}{\alpha}x^a(p,w)$.

Die Technologie der Winzergenossenschaft ist ebenfalls linear für feste Farbenproduktion x. Dies liefert das Angebotsverhalten

$$y^a(p,w,x) = \begin{cases} 0 & q < w(1+x) \\ \in [0,\infty) & q = w(1+x) \\ \infty & q > x(1+x) \end{cases}$$

und $\ell_y = (1+x)y^a(p,w,x)$.

Für $w = 1$ ist $(\bar{p}, \bar{q})$ ein Gleichgewichtspreissystem, wenn

(1) $\quad x^n(\bar{p},\bar{q},L) = x^a(\bar{p},\bar{q}) = \bar{x}$,

(2) $\quad y^n(\bar{p},\bar{q},L) = y^a(\bar{p},\bar{q},\bar{x}) = \bar{y}$,

(3) $\quad \bar{\ell}_x + \bar{\ell}_y = L$.

Aufgrund der Linearität der beiden Technologien muß in jedem Gleichgewicht, in dem $\bar{x}$ und $\bar{y}$ von Null verschieden sind, gelten

$$\bar{p} = \frac{1}{\alpha}, \qquad \bar{q} = (1+\bar{x}).$$

Aus (1) folgt damit

$$\frac{L}{2p} = \frac{\alpha L}{2} = \alpha \ell_x$$

und damit $\bar{\ell}_x = L/2$ sowie $\bar{x} = \alpha L/2$. Damit ist $\bar{\ell}_y = L/2$ und (2) ergibt

$$\frac{L}{2q} = \frac{L}{2(1+\bar{x})} = \frac{L}{2+\alpha L} = \bar{y}$$

und $\bar{q} = \frac{1}{2}(2+\alpha L)$.

b) Die Menge der erreichbaren Allokationen der Ökonomie ist gegeben durch

$$\left\{(x,y,\ell_x,\ell_y) \in \mathbf{R}_+^4 \mid x \leq \alpha\ell_x, \quad y \leq \frac{\ell_y}{1+x}, \quad \ell_x + \ell_y \leq L\right\}$$

und die Transformationskurve durch die drei Gleichungen

(1) $\quad x = \alpha\ell_x,$

(2) $\quad y = \dfrac{\ell_y}{1+x},$

(3) $\quad \ell_x + \ell_y = L.$

Für diese kann hier direkt die analytische Lösung $y = F(x)$ ermittelt werden:

$$y = \frac{\ell_y}{1+x} = \frac{L-\ell_x}{1+x} = \frac{L - \frac{x}{\alpha}}{1+x} = \frac{\alpha L - x}{\alpha(1+x)}$$

für $0 \leq x \leq \alpha L$.

Als Eigenschaften von F erhält man

$$F(0) = L, \quad F(\alpha L) = 0,$$

$$F'(x) = -\frac{1 + \alpha L}{\alpha(1+x)^2} < 0,$$

$$F''(x) = \frac{2(1+\alpha L)}{\alpha(1+x)^3} > 0.$$

Damit ist gezeigt, daß die Transformationsfunktion konvex ist, was auf die negative Externalität zurückzuführen ist (siehe Abbildung).

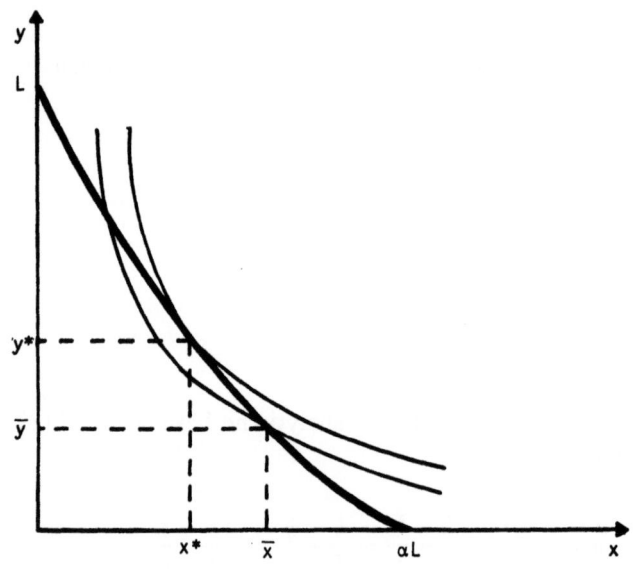

c) Als notwendige Bedingung für eine innere Pareto–optimale Allokation muß gelten

$$MRS = \frac{\frac{\partial u}{\partial x}}{\frac{\partial u}{\partial y}} = MRT = -F'.$$

Dies ergibt

$$(1) \qquad \frac{y}{x} = \frac{1+\alpha L}{\alpha(1+x)^2}.$$

Zusammen mit der Bedingung, daß (y, x) auf der Transformationsfunktion liegen muß,

(2) $$y = \frac{\alpha L - x}{\alpha(1 + x)},$$

erhält man

$$\alpha L - x = \frac{(1 + \alpha L)x}{1 + x}$$

bzw. $x^2 + 2x - \alpha L = 0$, so daß $x^* = \sqrt{1 + \alpha L} - 1$. Daraus folgt $y^* = \frac{1}{\alpha}(\sqrt{1 + \alpha L} - 1)$. Die Pareto–optimale Allokation (x^*, y^*) ist ebenso wie die Marktlösung $(\bar{x}, \bar{y})$ in der Abbildung eingetragen.

d) Zunächst ist zu zeigen, daß die Outputmenge des Unternehmens, das den negativen externen Effekt aufweist, im Marktgleichgewicht größer ist als im Pareto–Optimum. Es gilt

$$\bar{x} = \frac{\alpha L}{2} = \frac{1}{2}\alpha L + 1 - 1 > \sqrt{1 + \alpha L} - 1 = x^*.$$

Im Pareto–Optimum gilt

$$U(x^*, y^*) = \frac{1}{\alpha}(\sqrt{1 + \alpha L} - 1)^2 = \frac{1}{\alpha}\left[2 + \alpha L - 2\sqrt{1 + \alpha L}\right].$$

Da die Funktion $2\sqrt{1 + x}$ streng konkav ist, gilt für beliebige x und x_0, $x \neq x_0$

$$2\sqrt{1 + x} < 2\sqrt{1 + x_0} + (x - x_0)(\sqrt{1 + x_0})^{-1}.$$

Für $x = \alpha L$ und $x_0 = \alpha L + \alpha^2 L^2/4$ erhält man als allgemeine Abschätzungen

$$\begin{aligned}
U(x^*, y^*) &> \frac{1}{\alpha}\left[2 + \alpha L - 2\sqrt{1 + \alpha L + \frac{\alpha^2 L^2}{4}}\right.\\
&\qquad\left. + \left(\frac{\alpha^2 L^2}{4}\right)\left(\sqrt{1 + \alpha L + \frac{\alpha^2 L^2}{4}}\right)^{-1}\right]\\
&= \frac{1}{\alpha}\frac{\alpha^2 L^2}{4}\frac{1}{1 + \alpha L/2}\\
&= \frac{\alpha L^2}{2(2 + \alpha L)}\\
&= U(\bar{x}, \bar{y}).
\end{aligned}$$

Somit gilt $U(x^*, y^*) > U(\bar{x}, \bar{y})$ für beliebige positive (α, L), insbesondere also für die speziell angegebenen Werte.

e) Als mögliche steuerliche Maßnahmen kommen solche in Betracht, die die Nachfrage nach Farben verringern und gleichzeitig die individuelle Grenzrate der Substitution im Konsum zwischen Farbe und Wein gleich der gesellschaftlichen Grenzrate der Transformation werden läßt. Eine Möglichkeit ist hier eine Mengensteuer auf den Farbenkonsum, so daß

$$x^n(p(1+\tau), q, L) = \frac{L}{2(1+\tau)p} = x^*.$$

Für festen Lohnsatz $w = 1$ muß im Gleichgewicht erneut $\bar{p} = 1/\alpha$ gelten, so daß die obige Bedingung als Höhe des optimalen Steuersatzes τ^*

$$\tau^* = \frac{\alpha L}{2(\sqrt{1+\alpha L} - 1)}$$

ergibt. Für die numerischen Werte von (α, L) in **d)** ergeben sich so zum Beispiel $\tau^* = 1$. Es ist also eine Verdoppelung des Preises erforderlich um die Pareto-optimale Allokation als Gleichgewicht zu erzeugen.

Aufgabe 6.7

Allgemeines Gleichgewicht mit reinem öffentlichen Gut

(Pareto-Optimalität, Lindahl-Gleichgewicht)

In einer Volkswirtschaft werde ein reines öffentliches Gut y mit Hilfe von Arbeitsleistungen ℓ_1 und ℓ_2 zweier Konsumenten produziert. Die Produktionsfunktion laute

$$y = f(z) = az, \qquad a > 0,$$

wobei

$$z = \ell_1 + \ell_2.$$

Die Nutzenfunktion der beiden Konsumenten seien

$$u_1(\ell_1, y) = (T - \ell_1)y,$$

$$u_2(\ell_2, y) = (T - \ell_2)y^2,$$

wobei T die maximal verfügbare Arbeitszeit eines Konsumenten ist.

a) Bestimmen Sie die Menge der Pareto–optimalen Allokationen. Welche Menge des öffentlichen Gutes ergibt sich, wenn beide Konsumenten die gleiche Arbeitsleistung erbringen, und welche Nutzenniveaus erreichen die Konsumenten dabei? Bestimmen Sie das maximale Beschäftigungsniveau und die Aufteilung der Beschäftigung bei Pareto–Optimalität.

b) Es sei $w = 1$ der Lohnsatz, den der gewinnmaximierende Produzent des öffentlichen Gutes für den Faktor Arbeit zahlt. Bestimmen Sie Preise und Allokation im Lindahl–Gleichgewicht. Überprüfen Sie, daß im Lindahl–Gleichgewicht derjenige Konsument einen höheren Preis für das öffentliche Gut bezahlt, der den höheren Grenznutzen hat. Zeigen Sie, daß das Lindahl–Gleichgewicht Pareto–optimal ist.

c) Welche Änderungen ergeben sich unter a) und b), falls die Nutzenfunktionen der beiden Konsumenten gleich der des zweiten sind?

Lösung

a) Das Maximierungsproblem für den Konsumenten 1 lautet

$$\max_{\ell_1, \ell_2, y} \ (T - \ell_1)y$$

unter den Nebenbedingungen

$$y = a(\ell_1 + \ell_2) \quad \text{und}$$

$$\bar{u} = (T - \ell_2)y^2.$$

Als Lagrangefunktion erhält man

$$\mathcal{L} = (T - \ell_1)y + \lambda\left[a(\ell_1 + \ell_2) - y\right] + \gamma\left[(T - \ell_2)y^2 - \bar{u}_2\right].$$

Die notwendigen Bedingungen für ein Pareto–Optimum lauten dann

$$\frac{\partial \mathcal{L}}{\partial \ell_1} = -y^* + \lambda^* a = 0,$$

$$\frac{\partial \mathcal{L}}{\partial \ell_2} = \lambda^* a - \gamma^* y^{*2} = 0,$$

$$\frac{\partial \mathcal{L}}{\partial y} = (T - \ell_1^*) - \lambda^* + \gamma^* 2(T - \ell_2^*)y^* = 0.$$

Nach Eliminierung der Lagrangevariablen erhält man als Menge der Pareto–optimalen Allokationen

$$\left\{(y, \ell_1, \ell_2) \in \mathbf{R}_+^3 \mid y = a(\ell_1 + \ell_2), \quad 2\ell_1 + 3\ell_2 = 3T\right\}.$$

Falls beide Konsumenten die gleiche Arbeitsleistung erbringen, ergeben sich die Allokation

$$\ell_1^* = \ell_2^* = \frac{3}{5}T, \qquad y^* = \frac{6}{5}aT$$

und die Nutzenniveaus

$$u_1^* = \frac{12}{25}aT^2, \qquad u_2^* = \frac{72}{125}a^2T^3.$$

Das maximale Beschäftigungsniveau wird mit $4/3T$ für $\ell_1 = T$, $\ell_2 = T/3$ erreicht (siehe Diagramm).

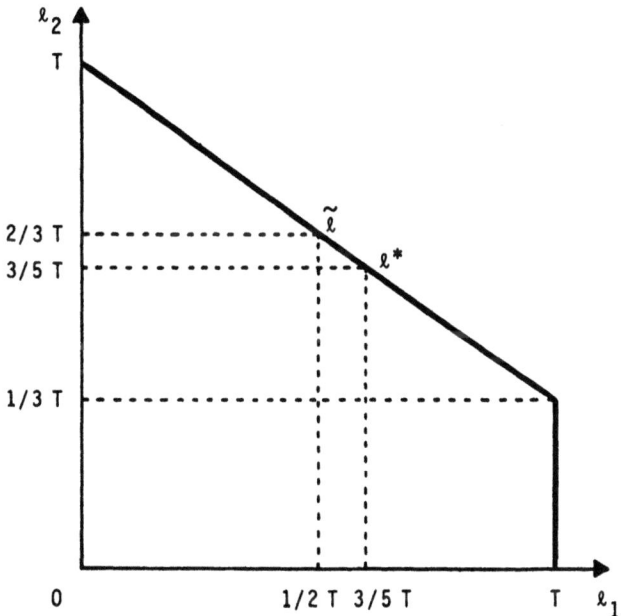

b) Im Lindahl-Gleichgewicht zahlt jeder Konsument einen individuellen Preis $p_i, i = 1, 2$, für das öffentliche Gut. Nach Einsetzen der Budgetbedingung erhält man

$$u_1(\ell_1) = (T - \ell_1)\frac{w}{p_1}\ell_1 \quad \text{und}$$

$$u_2(\ell_2) = (T - \ell_2)\left(\frac{w}{p_2}\ell_2\right)^2.$$

Aus den Bedingungen erster Ordnung erhält man direkt die Arbeitsangebotsfunktion der Konsumenten im Lindahl-Gleichgewicht

$$\tilde{\ell}_1 = \frac{1}{2T}, \quad \tilde{\ell}_2 = \frac{2}{3}T.$$

Das Niveau des öffentlichen Gutes ist dann $\tilde{y} = 7/6aT$. Der Preis des öffentlichen Gutes bei Gewinnmaximierung ist

$$p = \frac{w}{\frac{\partial f}{\partial z}} = \frac{1}{a}.$$

Für jeden Konsumenten muß die Grenzrate der Substitution gleich dem individuellen Preisverhältnis sein. Schließlich muß bei öffentlichen Gütern die Summe der Grenzraten der Substitution gerade gleich dem Kehrwert des Grenzproduktes der Arbeit bei der Produktion von y sein.

$$\frac{\frac{\partial u_1}{\partial y}}{\frac{\partial u_1}{\partial \ell_1}} + \frac{\frac{\partial u_2}{\partial y}}{\frac{\partial u_2}{\partial \ell_2}} = p,$$

$$\frac{T - \tilde{\ell}_1}{\tilde{y}} + \frac{2(T - \tilde{\ell}_2)\tilde{y}}{\tilde{y}^2} = p.$$

Nach Einsetzen von $\tilde{y}$ und $\tilde{\ell}_1$ bzw. $\tilde{\ell}_2$ ergeben sich die Preise

$$\tilde{p}_1 = \frac{3}{7}\frac{1}{a}, \quad \tilde{p}_2 = \frac{4}{7}\frac{1}{a}.$$

Der Grenznutzen von Konsument 2 ist größer als der von Konsument 1 und $p_2 > p_1$. Die Pareto–Optimalität des Lindahl-Gleichgewichts erhält man aus **(i)**,

$$T = \frac{2}{3}\tilde{\ell}_1 + \tilde{\ell}_2 = \frac{2}{3}\frac{1}{2}T + \frac{2}{3}T = T.$$

c) Für **a)** erhält man analog

$$T = \frac{3}{4}(\ell_1 + \ell_2).$$

Das maximale Beschäftigungsniveau ist $4/3T$ (siehe Grafik).

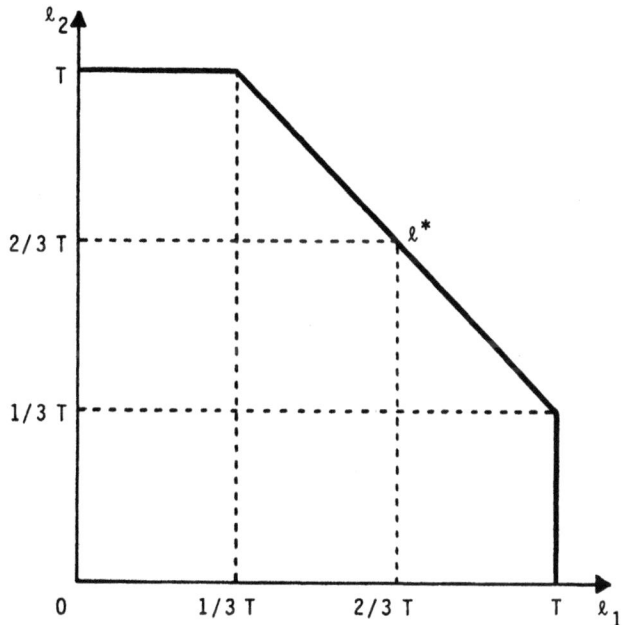

Die Nutzenniveaus sind

$$u_1^* = u_2^* = \frac{16}{27}aT^3.$$

Da die Konsumenten identisch sind, gilt in **b)**, daß die Allokation symmetrisch ist. Also ist

$$\tilde{\ell}_1 = \tilde{\ell}_2 = \ell^*,$$

$$\tilde{y} = \frac{4}{3}aT \quad \text{und}$$

$$\tilde{p}_1 = \tilde{p}_2 = \frac{p}{2} = \frac{1}{2a}.$$

Aufgabe 6.8

Allgemeines Gleichgewicht mit reinem öffentlichem Gut

(Private vs. staatliche Bereitstellung, Cournot–Nash–Gleichgewicht, Pareto–Optimalität)

Die beiden einzigen Anwohner eines Waldweges erhalten von der Gemeinde, zu deren Gemarkung ihre Häuser gehören, die Auflage, für eine Beleuchtung des Waldweges zu sorgen. Mit gleichem Schreiben teilt sie mit, daß Kauf und Aufstellen einer Laterne p Geldeinheiten kostet. Die Präferenzen der beiden Anwohner $i = 1, 2$, über die eigene Geldhaltung m_i und die Anzahl der insgesamt aufgestellten Laternen x sind dargestellt durch die Nutzenfunktionen

$$u_1(m_1, x) = m_1 x \qquad \text{für Anwohner 1,}$$

$$u_2(m_2, x) = m_2^2 x \qquad \text{für Anwohner 2.}$$

Jedem Anwohner stehen y_i Geldeinheiten zur Verfügung. Es gilt $y_1 \leq y_2 \leq 3y_1$. Zur Illustration kann z.B. $y_1 = 4$, $y_2 = 6$ gewählt werden.

- **a)** Nach Erhalt der Schreiben der Gemeindeverwaltung überlegt sich jeder der beiden Anwohner, wieviele Laternen $x_i \geq 0$ er aufstellen würde, wenn der andere $x_j \geq 0$ Laternen errichtet. Hierbei erlauben sie sich, auch in Bruchteilen von Laternen zu denken. Bestimmen Sie die Reaktionsfunktionen $r_i(x_j)$, $i, j = 1, 2$, $i \neq j$, der beiden Anwohner, die auf diesen Verhaltensannahmen beruhen.

- **b)** Bestimmen und charakterisieren Sie die Art des Gleichgewichts zu der die in **a)** angegebene Struktur (Verhalten sowie individueller Laternenkauf) führt.

- **c)** Begründen Sie, inwiefern das betrachtete Modell ein geschlossenes System darstellt, und zeigen Sie, daß die in **b)** ermittelte Allokation nicht Pareto–optimal sein kann.

d) Nehmen Sie an, die Gemeindeverwaltung bestimme die Anzahl der zu errichtenden Laternen und sie kenne Präferenzen und Einkommen der beiden Anwohner. Wieviele Laternen würde sie errichten lassen, und wie würde sie die dabei entstehenden Kosten auf die beiden Anwohner verteilen, falls sie eine Pareto-optimale Allokation anstrebte?

Lösung

a) Da für jeden Konsumenten die gesamte Anzahl an aufgestellten Laternen in seine Nutzenfunktion eingeht, bewirkt der individuelle Kauf eines jeden einen positiven externen Effekt auf den Nutzen des anderen. Dies ergibt bei dem beschriebenen dezentralen Verhalten für jeden Konsumenten als Entscheidungsproblem

$$\max_{x_i} \{u_i(m_i, x_i + x_j) \mid px_i + m_i \leq y_i,\ x_i \geq 0\}.$$

Für $i = 1$ erhält man als notwendige Bedingung falls $x_1 > 0$

$$\frac{x_1 + x_2}{m_1} = \frac{1}{p},$$

die die Reaktionsfunktion

$$x_1 = r_1(x_2) = \frac{1}{2}\left(\frac{y_1}{p} - x_2\right)$$

ergibt. Analog erhält man für $i = 2$

$$\frac{2(x_1 + x_2)}{m_2} = \frac{1}{p}$$

und die Reaktionsfunktion

$$x_2 = r_2(x_1) = \frac{1}{3}\left(\frac{y_2}{p} - 2x_1\right).$$

b) Das resultierende Gleichgewicht ist vom Typ Cournot–Nash, d.h. keiner der beiden Konsumenten hat ein Interesse, die Anzahl seiner gekauften Laternen bei gegebener Anzahl des anderen zu verändern. $(\bar{x}_1, \bar{x}_2)$ ist somit Gleichgewicht, falls

$$\bar{x}_1 = r_1(\bar{x}_2) \quad \text{und} \quad \bar{x}_2 = r_2(\bar{x}_1).$$

Aus **a)** erhält man dafür als Lösung

$$\bar{x}_1 = \frac{1}{4p}(3y_1 - y_2),$$

$$\bar{x}_2 = \frac{1}{2p}(y_2 - y_1),$$

die für $y_1 < y_2 < 3y_1$ positiv ist. Daraus folgt als Gesamtanzahl an Laternen

$$\bar{x} = \bar{x}_1 + \bar{x}_2 = \frac{1}{4p}(y_1 + y_2)$$

sowie für die individuelle Kassenhaltung

$$\bar{m}_1 = \frac{1}{4}(y_1 + y_2), \qquad \bar{m}_2 = \frac{1}{2}(y_1 + y_2).$$

Die Abbildung, aus der die formale Analogie zum Mengenduopol von Cournot erkennbar ist, zeigt die beiden Reaktionsfunktionen und das Gleichgewicht $(\bar{x}_1, \bar{x}_2)$. Zu diesem sind die zugehörigen Indifferenzkurven eingezeichnet.

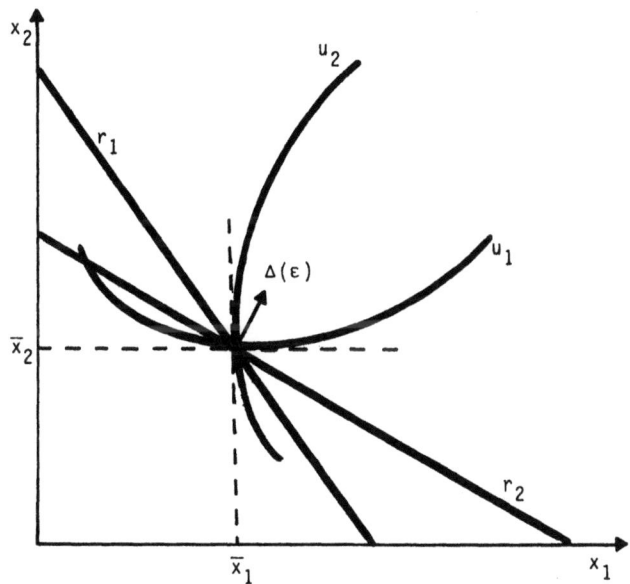

c) Das System kann als eine Ökonomie mit den zwei Gütern Geld und Laternen aufgefaßt werden. Dabei ist Geld die einzige Ressource, selbst konsumierbar und gleichzeitig Input zur Transformation in Laternen mit der festen Produktivität $1/p$. Dies liefert eine Transformationsbeziehung $T(x, m) = y - px - m \geq 0$. Die individuellen Nachfragefunktionen bei gegebener Budgetbeschränkung und Markträumung bei Nullgewinn der Laternenproduktion bewirken, daß das System einen geschlossenen Kreislauf darstellt.

Die Intuition, daß das strategische Verhalten der beiden Konsumenten zu einer zu geringen Gesamtzahl Laternen führt, wird durch die Abbildung bereits gestützt. Man weiß, daß jede marginale Substitution von Geld durch Laternen im Nash–Gleichgewicht einen positiven externen Effekt auf den anderen Konsumenten bewirkt. Eine Möglichkeit, eine Pareto–Verbesserung herbeizuführen, ist somit gegeben durch eine simultane (marginale) Erhöhung der Laternenkäufe durch jeden Konsumenten. Sei $\epsilon > 0$, und man betrachte eine Erhöhung von $\bar{x}_1$ um $\epsilon/4p$ und von $\bar{x}_2$ um $\epsilon/2p$. Sie ist in der Abbildung durch den Vektor $\Delta(\epsilon)$ dargestellt. Dies ergibt als neue individuelle Situation

$$(x_1, m_1) = (\bar{x}_1 + \frac{\epsilon}{4p},\ \bar{m}_1 - \frac{\epsilon}{4}),$$

$$(x_2, m_2) = (\bar{x}_2 + \frac{\epsilon}{2p},\ \bar{m}_2 - \frac{\epsilon}{2})\quad \text{und}$$

$$x_1 + x_2 = \bar{x}_1 + \bar{x}_2 + \frac{3\epsilon}{4p}$$

und damit als Nutzenfunktion in Abhängingkeit von ϵ für die beiden Konsumenten

$$V_1(\epsilon) = (\bar{m}_1 - \frac{\epsilon}{4}) \cdot (\bar{x} + \frac{3\epsilon}{4p}),$$

$$V_2(\epsilon) = (\bar{m}_2 - \frac{\epsilon}{2})^2 \cdot (\bar{x} + \frac{3\epsilon}{4p}).$$

Daraus erhält man als Ableitung bezüglich ϵ

$$V_1'(\epsilon) = -\frac{1}{4}(\bar{x} + \frac{3\epsilon}{4p}) + \frac{3}{4p}(\bar{m}_1 - \frac{\epsilon}{4})$$

und für $\epsilon = 0$

$$\begin{aligned} V_1'(0) &= -\frac{1}{4}\bar{x} + \frac{3}{4p}\bar{m}_1 \\ &= \frac{1}{4}\left[-\frac{1}{4p}(y_1 + y_2) + \frac{3}{4p}(y_1 + y_2)\right] \\ &= \frac{1}{8p}(y_1 + y_2) > 0 \end{aligned}$$

bzw.

$$V_2'(\epsilon) = -(\bar{m}_2 - \frac{\epsilon}{2})(\bar{x} + \frac{3\epsilon}{4p}) + \frac{3}{4p}(\bar{m}_2 - \frac{\epsilon}{2})^2$$

und für $\epsilon = 0$

$$\begin{aligned} V_2'(0) &= -\bar{m}_2 x + \frac{3}{4p}\bar{m}_2^2 \\ &= \bar{m}_2\left[-\frac{1}{4p}(y_1 + y_2) + \frac{3}{4p}\cdot\frac{1}{2}(y_1 + y_2)\right] \\ &= \frac{1}{16}(y_1 + y_2)^2 > 0. \end{aligned}$$

Damit ist gezeigt, daß eine kleine simultane Ausdehnung der individuellen Laternennachfrage zu einer Pareto–Verbesserung führt.

d) Die Entscheidung der Gemeinde, selbst die Anzahl der Laternen zu bestimmen, macht die dezentralen Kaufentscheidungen der vorangegangenen Fälle a)–c) unmöglich. Damit entsteht für die Gemeinde das Problem, die Lsung einer Allokation und ihrer Finanzierung fr ein öffentliches Gutes zu finden. Als notwendige Bedingung für eine Pareto-optimale Allokation muß daher

$$\frac{\frac{\partial u_1}{\partial x}}{\frac{\partial u_1}{\partial m_1}} + \frac{\frac{\partial u_2}{\partial x}}{\frac{\partial u_2}{\partial m_2}} = \frac{\frac{\partial T}{\partial x}}{\frac{\partial T}{\partial m}}$$

gelten. Für die speziellen Funktionen gilt

(1) $\quad \dfrac{m_1}{x} + \dfrac{m_2}{2x} = p$

mit der zusätzlichen Erreichbarkeitsbedingung

(2) $\quad m_1 + m_2 + px = y_1 + y_2.$

Die Bedingungen (1) und (2) definieren die Menge der Paretooptimalen Alokationen (m_1, m_2, x). Für die Finanzierung wird die Gemeinde den beiden Konsumenten die Preise p_1 bzw. p_2

abverlangen, so daß $p_1 + p_2 = p$ und $MRS_i = p_i$ gelten. Daraus folgen

$$\frac{m_1}{x} = p_1 \quad \text{und} \quad \frac{m_2}{2x} = p_2.$$

Unter Verwendung der individuellen Budgetbedingung ergibt sich für die Pareto–optimale Allokation (m_1^*, m_2^*, x^*)

$$m_1^* = \frac{1}{2}y_1, \quad m_2^* = \frac{2}{3}y_2, \quad x^* = \frac{3y_1 + 2y_2}{6p}$$

und damit

$$p_1^* = \frac{3py_1}{3y_1 + 2y_2}; \quad p_2^* = \frac{2py_2}{3y_1 + 2y_2}.$$

Die Preise (p_1^*, p_2^*) sind die sogenannten Lindahl–Preise, die der wahren marginalen Zahlungsbereitschaft der beiden Konsumenten entsprechen. Die Allokation (m_1^*, m_2^*, x^*) stellt somit ein Lindahl–Gleichgewicht dar.

Aufgabe 6.9

Kosten–Nutzen–Analyse eines öffentlichen Projektes

(Indirekte Nutzenfunktion, Roy's Identität, Wohlfahrtsmessung)

Der Gemeinderat einer Ortschaft erwägt den Bau einer neuen Hauptstraße. Die Kosten p pro Fahrt hängen ab von der Ausbaustufe f (gemessen in Baukosten) und vom Verkehrsvolumen x gemäß

$$p = \frac{x}{f}.$$

Jeder der $n = 100$ Einwohner besitzt das gleiche Einkommen $M = 1$ und die gleiche indirekte Nutzenfunktion

$$v(p, M) = \frac{25}{\sqrt{8}} \frac{M^2}{p}.$$

a) Bestimmen Sie das Verkehrsaufkommen x in Abhängigkeit von M und p. Ermitteln Sie die Höhe der Kosten pro Fahrt im Gleichgewicht bei parametrisch gegebener Ausbaustufe f.

b) Dem Gemeinderat liegen zwei Anträge vor, die sich auf unterschiedlich hohe Ausbaustufen beziehen. Während sich der Bürgermeister für $f_1 = 1$ stark macht, propagiert die Oppositionsfraktion die Ausbaustufe $f_2 = 80$, bei der kreuzungsfrei und sechsspurig die Ortschaft durchquert werden kann. Die Opposition begründet ihren Vorschlag unter Verwendung des Konzeptes der Konsumentenrente damit, daß der Zuwachs des Allgemeinnutzens bei $f_2 = 80$ gegenüber $f_1 = 1$ die zusätzlichen Kosten $f_2 - f_1$ übersteigt. Überprüfen Sie diese Argumentation.

c) Der Bürgermeister hält dem entgegen, daß der Bau der Straße von den Bewohnern finanziert werden muß, was für jeden Einwohner eine Einkommensverringerung f_i/n ($i = 1, 2$ je nach Ausbaustufe) bedeutet. Unter der Verwendung der indirekten Nutzenfunktionen versucht der Bürgermeister den Gemeinderat davon zu überzeugen, daß f_1 gegenüber f_2 vorzuziehen ist. Würden Sie dem Bürgermeister zustimmen?

Lösung

a) Das Verkehrsvolumen ergibt sich aus der Summe der Nachfrage der Einwohner. Aus der indirekten Nutzenfunktion kann mit Roy's Identität direkt die Nachfrage $x_i(p, M)$ bestimmt werden.

$$x_i(p, M) = -\frac{\frac{\partial v(p, M)}{\partial p}}{\frac{\partial v(p, M)}{\partial M}}$$

$$= -\frac{\frac{25M^2}{\sqrt{8}p^2}}{\frac{50M}{\sqrt{8}p}} = \frac{1}{2}\frac{M}{p}.$$

Das gesamte Verkehrsvolumen $x(p, M)$ ist dann

$$x(p, M) = nx_i(p, M) = 50\frac{M}{p}.$$

Die Kosten pro Fahrt sind gegeben durch

$$p = \frac{x(p,M)}{f} = \frac{50M}{pf},$$

$$p = \sqrt{\frac{50}{f}}.$$

b) Die zusätzlichen Kosten des Ausbaus auf $f_2 = 80$ sind $\Delta f = f_2 - f_1 = 79$. Der Zuwachs an Konsumentenrente bei einer Erweiterung des Projekts von $f_1 = 1$ auf $f_2 = 80$ ist gegeben durch

$$Z = \int_{p(f_2)}^{p(f_1)} x(p,M)\,dp.$$

Die Argumentation der Opposition ist richtig, wenn $Z \geq \Delta f$ ist.

$$\begin{aligned} Z &= \int_{p(f_2)}^{p(f_1)} \frac{50}{p}\,dp \\ &= \ln p \,\Big|_{p(f_2)}^{p(f_1)} \\ &= 50 \ln \frac{p_1}{p_2}. \end{aligned}$$

Aus **a)** folgt

$$Z = 50 \ln \sqrt{\frac{f_2}{f_1}} = 25 \ln 80 \approx 25 \cdot 4{,}4 = 110.$$

Folglich ist $Z > \Delta f$.

c) Die indirekte Nutzenfunktion $v(p,M)$ kann als Funktion von (f,n,M) folgendermaßen geschrieben werden

$$v(f,n,M) = v\left(\frac{n(M - f/n)}{2f}, M - f/n\right).$$

Für $M = 1$ und $n = 100$ erhält man

$$v(f) = v\left(\frac{100-f}{2f}, 1 - \frac{f}{100}\right) = \frac{25}{\sqrt{8}} \frac{\left(1 - \frac{f}{100}\right)^2}{\sqrt{\frac{100-f}{2f}}}$$

$$= 25(2f)^{1/2}\left[8(100-f)\right]^{-1/2}\left(1 - \frac{f}{100}\right)^2.$$

Der indirekte Nutzen der zwei Ausbaustufen läßt sich dann berechnen als

$$v(f_2) = v(80) = 25(160)^{1/2}(160)^{-1/2}(1-0,8)^2 = 1$$
$$v(f_1) = v(1) = 25\left(\frac{2}{8 \cdot 79}\right)^{1/2}\left(1 - \frac{1}{100}\right)^2,$$
$$= 25 \cdot 0,9801 \cdot \left(\frac{1}{316}\right)^{1/2} \approx \frac{24,5}{17,8}.$$

Also ist $v(f_1) > v(f_2)$.

Aufgabe 6.10

Besteuerung und Kompensation

(Wohlfahrtsmessung, indirekte Steuer, Einkommenskompensation)

Die Präferenzen eines Haushalts seien durch die Nutzenfunktion

$$u(x_1, x_2) = x_1 \cdot x_2 \quad \text{für} \quad x_1, x_2 \geq 0$$

dargestellt. Er beziehe ein exogenes Einkommen $y \geq 0$.

a) Bestimmen Sie die Marshallschen und die Hicks'schen Nachfragefunktionen bei strikt positiven Güterpreisen p_1 und p_2.

b) Betrachten Sie als Ausgangssituation den Fall $p_1 = p_2 = 1$ und $y = 2$. Zeichnen Sie die Marshallsche und die Hicks'sche Nachfragefunktion für das zweite Gut als Funktion von p_2 in ein Diagramm (der Preis des ersten Gutes sei gleich eins). Werden Einkommen und Nutzenniveau längs dieser Funktionen jeweils konstant gehalten?

c) Gut 2 wird mit einer Wertsteuer in Höhe von τ Prozent belegt. Die Nettopreise p_1 und p_2 der beiden Güter seien konstant. Auf welchen numerischen Wert $\bar{y}(\tau)$ muß das Einkommen erhöht werden, damit der Haushalt das Nutzenniveau der Ausgangssituation in **b)** halten kann?

d) Wie hoch ist das Steueraufkommen bei der in **c)** eingeführten Steuer, falls der Haushalt über ein Einkommen in Höhe von $\bar{y}(\tau)$ verfügt? ist das Steueraufkommen ausreichend, um die in **c)** erforderliche Einkommenskompensation zu finanzieren?

Lösung

a) Die Nutzenmaximierung liefert bei streng positiven Preisen (p_1, p_2) die Marshallschen Nachfragefunktionen

$$x_1(p_1, p_2, y) = \frac{y}{2p_1},$$

$$x_2(p_1, p_2, y) = \frac{y}{2p_2}.$$

Daraus erhält man als indirekte Nutzenfunktion

$$v(p_1, p_2, y) = x_1(p_1, p_2, y) \cdot x_2(p_1, p_2, y) = \frac{y^2}{4p_1 p_2}$$

und als Inverse dazu die Ausgabenfunktion

$$e(p_1, p_2, u) = 2(p_1 p_2 u)^{1/2}.$$

Die Hicks'schen Nachfragefunktionen lauten dann

$$h_1(p_1, p_2, u) = \frac{\partial e}{\partial p_1} = \left(\frac{p_2}{p_1} u\right)^{1/2},$$

$$h_2(p_1, p_2, u) = \frac{\partial e}{\partial p_2} = \left(\frac{p_1}{p_2} u\right)^{1/2}.$$

b) Bei der Ausgangssituation $p_1 = p_2 = 1$ und $y = 2$ ist $x_1(1,1,2) = x_2(1,1,2) = 1$ und $v(1,1,2) = 1$. Zu betrachten sind deshalb die beiden Funktionen

$$x_2(1, p_2, 2) = p_2^{-1}$$

$$h_2(1, p_2, 1) = p_2^{-1/2},$$

die in der Abbildung dargestellt sind.

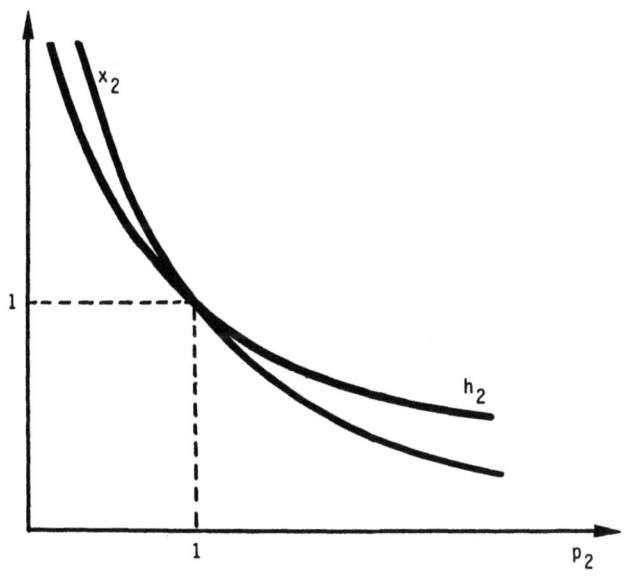

Mit wachsendem p_2 sinkt der Nutzen entlang x_2 bei konstantem Einkommen, während entlang h_2 die Ausgaben bei konstantem Nutzen steigen.

c) Die gesuchte Einkommenskompensation soll hier gerade den möglichen Nutzenverlust durch Einführung der Steuer kompensieren. Für einen Steuersatz $\tau > 0$ und die Preiserhöhung von p_2 auf $p_2(1+\tau)$ muß die Einkommensverbesserung Δ so gewählt werden, daß

$$v(p_1, p_2(1+\tau), y+\Delta) = v(p_1, P_2, y)$$

gilt. Äquivalent dazu ist

$$\Delta(\tau) = e(p_1, p_2(1+\tau), \bar{u}) - e(p_1, p_2, \bar{u}),$$

wobei $\bar{u} = v(p_1, p_2, y)$ das Ausgangsniveau ist. Für die numerischen Werte aus **b)** ergibt sich

$$\begin{aligned} \Delta(\tau) &= e(1, (1+\tau), 1) - e(1, 1, 1) \\ &= 2\left[(1+\tau)^{1/2} - 1\right] \end{aligned}$$

und damit

$$\bar{y} = 2(1+\tau)^{1/2}.$$

d) Die Höhe des Steueraufkommens $T(\tau)$ erhält man als

$$T(\tau) = \tau h_2(1, 1+\tau, 1)$$

oder als

$$T(\tau) = \tau x_2(1, 1+\tau, \bar{y}),$$

$$T(\tau) = \frac{\tau}{1+\tau}(1+\tau)^{1/2}.$$

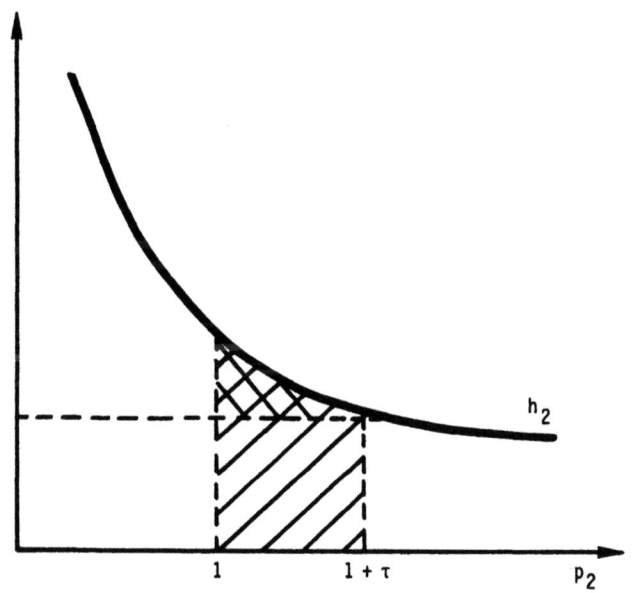

Es läßt sich nun zeigen, daß $T(\tau) < \Delta(\tau)$ für jedes positive τ, denn es gilt

$$\begin{aligned}
T(\tau) &= \frac{\tau}{1+\tau}(1+\tau)^{1/2} \\
&= 2\left[(1+\tau)^{1/2}\frac{\tau}{2(1+\tau)} + 1 - 1\right] \\
&= 2\left[(1+\tau)^{1/2}\left(\frac{\tau + 2(1+\tau)^{1/2}}{2(1+\tau)}\right) - 1\right] \\
&< 2\left[(1+\tau)^{1/2}\left(\frac{\tau + 2(1+\tau/2)}{2(1+\tau)}\right) - 1\right] \\
&= 2\left[(1+\tau)^{1/2} - 1\right] = \Delta(\tau).
\end{aligned}$$

Die Abbildung stellt den Sachverhalt anschaulich dar.

Dabei ist $T(\tau)$ die einfach schraffierte Fläche. Da ebenfalls

$$h_2(p_1, p_2, \bar{u}) = \frac{\partial e}{\partial p_2(p_1, p_2, \bar{u})}$$

ist, erhält man für den Kompensationsbetrag auch

$$\Delta(\tau) = \int_{p_2}^{p_2(1+\tau)} h_2(p_1, p_2', \bar{u}) dp_2'.$$

Daher ist $\Delta(\tau)$ die gesamte schraffierte Fläche. Die Differenz $\Delta(\tau) - T(\tau)$ stellt die durch die Steuer entstandene Zusatzbelastung dar, die auch als oder bezeichnet wird.

Index

Absatzerwartungen, 31, 32
Absatzunsicherheit, 31
Aggregation, 169
Aktien, 46, 48
Aktiennachfrage, 46, 54
Anlagezinssatz, 8
Arbeitsangebot, 3, 27, 28, 31, 83–85, 182, 185, 188
Arbeitslosenquote, 187
Arbeitsnachfrage, 31, 84
Ausgabenfunktion, 244
Autarkie, 198

Bankrott, 20, 21, 51
Beschäftigung, 67
Besteuerung, 205, 212, 222, 243
Bondangebot, 26
Bondmarkt, 19
Bondnachfrage, 14, 17, 18, 20

Chamberlin, 142, 150
Chaos, 67, 70
Cobweb-Modell, 59, 61, 64, 67, 70
complementary slackness, 89
Cournot-Gleichgewicht, 139, 140, 143, 155, 156
Cournot-Nash-Gleichgewicht, 109, 110, 114, 115, 131, 132, 134, 135, 144, 154, 234

dead weight loss, 248
Differenzengleichung, 61, 63, 64, 67, 70

Duopol
  homogenes, 109
  inhomogenes, 120, 126, 128, 155

Edgeworth-Box, 162, 166, 168, 189
Effizienz, 169, 206
Einkommenskompensation, 243, 244, 246
Emissionsstandard, 214, 215
Emissionssteuer, 218
Entsorgung, 220
Entsorgungskosten, 218
Erlösmaximierung, 79
Ersparnis, 15, 27, 29–31
Erwartungen, 16
Erwartungsfunktion, 14, 15, 17, 19
Erwartungsnutzen, 34, 38
Erwartungsnutzenfunktion, 39–41
Erwartungsnutzenhypothese, 34, 35
Erwartungswert, 34, 36, 38, 46, 50, 51
excess burden, 248
externer Effekt, 205–209, 212, 222, 235

Finanzinvestition, 46, 54
Fixkosten, 95, 96, 131, 137–139, 141, 144, 149–152, 155,

157, 159
Freihandel, 198

Gains from Trade, 198
geknickte Preisabsatzfunktion, 87, 88
Geldnachfrage, 3, 27
Gesamtmonopol, 131, 134
Gleichgewicht, 159
    allgemeines, 222, 228, 234
    bei vollkommener Konkurrenz, 95, 96, 100
    kurzfristiges, 66
    langfristiges, 64, 65, 68, 95, 132, 141–143, 150
    stationäres, 61, 63, 67, 70, 71
Grenzrate der Transformation, 207

Hesse Matrix, 4, 8

Investition, 7, 10, 34, 36

Kasse, 55
Kassenhaltung, 3, 29, 31
Konkurrenz
    monopolistische, 142, 150–152
    oligopolistische, 131, 138, 141, 142
    vollkommene, 135, 138, 139, 141, 142, 159, 161, 162, 166, 169, 176, 189, 192, 212, 222
Konsumentenrente, 241
Kontraktkurve, 177, 189
Konvergenz, 61, 64
Kooperation, 113, 119
Kosten–Nutzen–Analyse, 205, 240
Kredit, 7, 11, 13, 15, 16, 26, 51
Kreditangebot, 51, 53
Kreditnachfrage, 20, 21

Kreditzins, 51, 52
Kreditzinssatz, 8
Kuhn–Tucker–Theorem, 32
Kursrisiko, 54

Launhardt–Hotelling–Gleichgewicht, 120–122, 125–127, 129, 144, 147, 154
Leontief, 166
Lindahl–Gleichgewicht, 228, 229, 231, 240
Lizenz, 79
Lohndifferenzierung, 85
Lotterie, 34, 35, 38

Marktzutritt, 131, 138, 141, 142, 144, 149, 150, 154, 159
Marshall-Stabilität, 60, 61
Mindestlohn, 184, 185
Mindestpreis, 62, 64
Modigliani–Miller–Theorem, 7, 8
Monopol, 75, 176, 181
    bilaterales, 75, 100
    natürliches, 75, 95, 138, 159
    regionales, 81
Monopson, 75, 83, 84

Nash–Gleichgewicht, 209, 237
Nettovermögen, 51
Nutzenfunktion
    indirekte, 25, 184, 195, 240–242, 244
    intertemporale, 3, 5, 21, 23, 24
    v. Neumann–Morgenstern, 38, 40, 46, 55

öffentliches Gut, 205, 228, 229, 231, 232, 234, 239
öffentliches Projekt, 205
Oligopol

homogenes, 131, 138, 151, 154, 155
inhomogenes, 144, 154

Pareto–Optimalität, 162, 166, 169, 176, 182, 189, 190, 222, 228, 229, 232, 234
Pareto–Optimum, 166, 167, 170, 172, 173, 176, 223, 227, 230
Portefeuille, 46, 48, 54, 55
Preisdifferenzierung, 75, 81, 83
Preiserwartungen, 3, 14
Preiserwartungsfunktion, 14, 17
Preisregulierung, 76
Preisstarrheit, 87

Reaktionsfunktion, 111, 115, 116, 122, 123, 128, 129, 132, 234
Refinanzierung, 51, 52
Regulierung, 95
Rendite, 10, 46, 48
Reservationslohn, 182, 184
Risiko, 51
risikoavers, 34, 35
Risikoaversion, 35, 38, 40, 46, 47, 54
  absolute, 37, 46, 49, 55, 56
  Arrow–Pratt Maß der, 55, 56
  relative, 37, 38, 55, 56
risikofreudig, 34
Risikoneutralität, 38, 40
Roy's Identität, 240, 241
Rybczinsky-Theorem, 196

Sicherheitsäquivalent, 54, 56
Skalenerträge, 169
Sparen, 3, 27
Stabilität, 59–61, 64, 67, 70

Stackelberg-Gleichgewicht, 109, 111, 120, 121, 124, 125, 131, 135
Steuer, 75, 100, 214, 218–222, 228, 243, 244, 246, 248
Subvention, 76, 81, 82, 95, 99, 186–188

Tâtonnement, 59, 60
Tariflohn, 83, 84, 186
Tauschkurve, 179, 181
Teilversicherung, 40
Terms of Trade, 196, 198
Transferzahlung, 81–83
Transformationsfunktion, 223, 225
Transformationskurve, 170, 174, 208, 222

Überschußkapazitäten, 138, 142, 144, 150
Umwelt, 214, 215, 218
Unterbeschäftigung, 27, 184, 186, 187

Verlustausgleich, 40
Vermögen, 7, 8, 10, 15, 16, 20, 21, 40, 46, 51, 54
Versicherung, 40, 41, 46
Vollbeschäftigung, 185–188
Vollversicherung, 40

Walras-Gesetz, 14, 18, 19
Walras-Stabilität, 60
Walras-Stabilität, 60
Wertpapier, 14–16, 20, 21
Wohlfahrtsfunktion, 198, 214
Wohlfahrtsgewinn, 199, 201
Wohlfahrtsmaximierung, 214
Wohlfahrtsmessung, 240, 243

Zahlungsunfähigkeit, 51

Zentralplanung, 184
Zins, 7, 19–21
Zinsertrag, 21
Zinssatz, 7, 10, 12, 14, 15, 19, 20, 46, 48, 51, 53
Zweierzyklus, 71, 73

B. Felderer, S. Homburg
Makroökonomik und neue Makroökonomik
5., verb. Aufl. 1991. XV, 455 S.
97 Abb. (Springer-Lehrbuch)
Brosch. DM 36,-
ISBN 3-540-53415-6

Aus einer Besprechung:
„...die Autoren bieten eine längst überfällige, übersichtliche Einführung in die verschiedenen makroökonomischen Schulen, die sich in den vergangenen 200 Jahren entwickelt haben und früher oder später jedem Studenten im VWL-Studium begegnen... eine willkommene Orientierungshilfe im „Dickicht" der widerstreitenden Makroschulen... ein komplexes Standardwerk, das über das gesamte Studium hinweg einen guten Wegbegleiter abgibt." *WISU 7/87*

Hierzu lieferbar:
B. Felderer, S. Homburg
Übungsbuch Makroökonomik
1991. DM 19,80 ISBN 3-540-53703-1

J. Schumann
Grundzüge der mikroökonomischen Theorie
6., überarb. u. erw. Aufl.
1992. Etwa 500 S.
(Springer-Lehrbuch)
Brosch. i. Vorb.
ISBN 3-540-55600-1

Dieses im deutschen Sprachgebiet weit verbreitete und auch ins Spanische übersetzte Buch ist für das wirtschaftswissenschaftliche Grund- und Hauptstudium gedacht. Es vermittelt solide Kenntnisse der mikroökonomischen Theorie und schafft Verständnis für das Funktionieren einer Marktwirtschaft.

A. Pfingsten
Mikroökonomik
Eine Einführung
1989. XIV, 240 S. 56 Abb.
Brosch. DM 29,80 ISBN 3-540-50971-2

Dieses Lehrbuch der Mikroökonomik vermittelt einen Einblick in grundlegende Fragestellungen, Methoden und Modelle mikroökonomischer Theorie. Nach kurzen Abschnitten über die Stellung der Mikroökonomik in den Wirtschaftswissenschaften, Grundprobleme des Wirtschaftens und wirtschaftswissenschaftliche Modellbildung folgen mehrere ausführliche Kapitel zur Haushaltstheorie, zur Gleichgewichts- und Wohlfahrtstheorie, sowie zur Produktionstheorie. Elastizitäten und ein kurzer Abstecher in die Preistheorie bilden den Abschluß.

U. Meyer, J. Diekmann
Arbeitsbuch zu den Grundzügen der mikroökonomischen Theorie
3., verb. Aufl. 1988. X, 250 S.
132 Abb. Brosch. DM 27,50
ISBN 3-540-50046-4

Preisänderungen vorbehalten

Springer-Verlag
Berlin
Heidelberg
New York
London
Paris
Tokyo
Hong Kong
Barcelona
Budapest

MIX
Papier aus verantwortungsvollen Quellen
Paper from responsible sources
FSC® C105338

If you have any concerns about our products,
you can contact us on
ProductSafety@springernature.com

In case Publisher is established outside the EU,
the EU authorized representative is:
**Springer Nature Customer Service Center GmbH
Europaplatz 3, 69115 Heidelberg, Germany**

Printed by Libri Plureos GmbH
in Hamburg, Germany